Golo Maurer

# Rom

## Stadt fürs Leben

Mit Fotografien des Autors

Rowohlt

2. Auflage April 2024
Originalausgabe
Veröffentlicht im Rowohlt Verlag, Hamburg, April 2024

Fotos im Innenteil: Golo Maurer
Karte S. 334/5: © Peter Palm, Berlin
Satz aus der Ingeborg bei CPI books GmbH, Leck
Druck und Bindung GGP Media GmbH, Pößneck
ISBN 978-3-498-00380-7

MIX
Papier | Fördert gute Waldnutzung
FSC® C014496

*Meinem Freund G.*

# Inhalt

# Umwege nach Rom.
## Eine Vorrede

**Seinen Geburtsort kann** man sich nicht aussuchen, den Lebensort manchmal schon. Zumindest wenn man wirklich will, etwas Glück hat und einen gewissen Preis zu zahlen bereit ist, nicht nur finanziell. Vielleicht haben Sie ja auch schon mal überlegt, wie das wäre, in Rom zu *leben*. Viele denken das, wenn sie kurz mal hier sind. Die meisten bleiben nicht, sondern fahren wieder heim, was ja auch vernünftig ist. Und fragen sich dann doch manchmal, an Winterabenden, wenn die Nachbarn die Rollläden herunterlassen: Wie wäre das wohl, in Rom zu leben? Darüber würde ich Ihnen gerne einiges erzählen.

Wer hier lebt, ist kein Tourist mehr und schaut sich in der Regel nichts von den Dingen an, die sich Touristen ansehen. Warum sollte man auch. Sie laufen ja nicht davon, das Kolosseum und Sankt Peter, und auch nicht die Bocca della Verità oder der Trevi-Brunnen. Sie sind immer da, sind immer da gewesen und werden es auch immer sein, so wie man selbst. Erwarten Sie also nicht, dass ich Sie aufs Forum führe, Ihnen Kluges zu Altargemälden sage oder Sie durch die Vatikanischen Museen schleife. Nichts davon. Vielleicht sehen wir einmal die Kuppel von Sankt Peter in der Ferne oder die Bögen des Kolosseums durchs Busfenster, wenn wir dorthin fahren, wo die Römer wohnen, wo sie einkaufen, einen Kaffee trinken, ihre Kinder großziehen, schlafen, streiten, essen gehen, kurz: wo sie leben.

Ein Rom ohne Kunst und Kultur also und ohne die tausendjährige Geschichte? Nein. Selbst wenn ich das wollte, es ginge nicht. Rom ist die Stadt der Kunst, aber nicht nur der Kunst*werke*. Alles ist hier Kunst, wie auch auf jedem Zentimeter alles Geschichte ist. Kunst und Geschichte dringen überall durch, so wie das Gras durch die Ritzen im Pflaster, weil der Boden, der Untergrund, Kunst und Geschichte ist. Beides ist Teil des Lebens hier, wächst in dieses hinein, so dass man immer auch von Kunst, Kultur und Geschichte spricht, wenn man vom Leben in Rom erzählt. Nur eben nicht wie ein Reiseführer.

Rom ist auch die Stadt der Klischees und Gemeinplätze, vor allem für Deutsche. Davon will ich Sie verschonen, so gut es mir gelingt. Ich kenne kein *Geheimes Rom*, denn wenn ich es kennen würde, wäre es nicht geheim. Auch mit einem *Fremden Land* kann ich nicht dienen, denn ich bin es, der fremd ist in diesem Lande, nicht das Land. Und Goethe kommt so gut wie gar nicht vor. Dafür mein *barbiere* Marcello. Entwarnung also.

Wer sich entschieden hat, hier zu leben, mag kein Tourist mehr sein, er ist deshalb aber noch längst kein Römer, zumindest kein richtiger. Die richtigen Römer haben ein feines Gespür dafür, wer dazugehört und wer nicht. Ich selbst werde da zuverlässig aussortiert, mit Takt und großer Herzlichkeit, aber eben doch. Und das wird sich nicht ändern, da mache ich mir keine Illusionen. Ich bin der Fremde hier, der *tedesco*, und ich werde es bleiben, bis ich ins Gras beiße. Das hat freilich auch Vorteile. Man genießt Sonderrechte, eine gewisse Narrenfreiheit, ist sozial ungebundener, kann sich freier bewegen. Aber man zählt am Ende nicht. So viel zu dem erwähnten Preis, den man bezahlen muss. *Pazienza* – ein in seiner vollen Bedeutung unübersetzbares Wort, das alle hier ständig im Munde führen und das so viel sagen will wie: Egal, nicht so schlimm, nur Geduld, machen wir es halt anders – aber ohne jede Form von Bitternis. Es steht für ein lächelndes Sich-Fügen in die Dinge, wie sie eben sind. Ohne dieses Wort könnte man in Rom nicht leben. Es ist eine Art sprachliches Grundnahrungsmittel.

Dieses Dasein zwischen dem diplomatischen Status des Touristen und jenem des Römers erlaubt eine ganz eigene Perspektive auf Rom und die Römer, eine privilegierte und zugleich interessante Mischung aus Vertrautheit und Distanz. Man bekommt viel mit, ohne wirklich drinzustecken mit Haut und Haaren. Keine schlechte Voraussetzung für ein Buch über Rom.

Bekanntlich führen alle Wege nach Rom, aber die meisten davon sind Umwege, so wie der meine. Es bedurfte mehrerer Anläufe. Wie aber kommt nun einer wie ich dazu, in Rom leben zu wollen? Es ist der Beruf, könnte man sagen, in meinem Fall der des Kunsthistorikers. Aber ich hätte erstens auch etwas anderes werden oder, zweitens, anderswo mein Auskommen finden können. Kunsthistoriker werden bekanntlich überall gebraucht. Warum also ausgerechnet Rom? Natürlich gab es da ein Schlüsselerlebnis, und das ist die erste Geschichte, die ich Ihnen erzählen will. Sie beginnt in den letzten Jahren des letzten Jahrtausends, tief im Brunnen der Vergangenheit.

*

An irgendeinem Januartag dieser Jahre stand ich mit einem schweren Koffer, der damals noch keine Räder hatte, oberhalb der Spanischen Treppe, und Rom leuchtete um mich herum. Ich atmete durch. Vor mir, in der Wintersonne, die Kirche Trinità dei Monti, hinter mir trübe Monate eines missglückten Erasmus-Stipendiums in Florenz.

Florenz war damals der falsche Ort zur falschen Zeit. Ich fühlte mich elend dort, es war kalt, eng und grau. Und so lief ich im Regen durch die tristen Straßen und dachte an Rom, wo ich einige Jahre zuvor, noch als Teenager, schon einmal gewesen war. Vor allem erinnerte ich mich an Farben: das Orangerot der Ziegel, das ins Oliv gehende Ocker des Tuffsteins, das buttrige Weiß des Travertin, das schwärzliche Grün von Pinie und Zypresse und, all diese Farben der Erde mächtig überspannend, das Blau des Himmels, der am Abend rosa, orange und violett werden konnte und nachts pflaumenschwarzblau. Dahin! Ich entschied, fast von einer Minute auf die andere, in Florenz alles liegen und stehen zu lassen, und kaufte einen Fahrschein nach

Rom, *solo andata*, ohne Rückfahrt. Von der Uni habe ich mich gar nicht erst abgemeldet. Wahrscheinlich bin ich dort immer noch eingeschrieben, im bald sechzigsten Semester.

Nun stand ich also hier in Rom. Schräg gegenüber, zwischen Via Sistina und Via Gregoriana wie ein Tortenstück sich zuspitzend, lag ein kleiner, hexenhausartiger Barockpalast, Sitz der hochberühmten Bibliotheca Hertziana. Dort gedachte ich, meine Magisterarbeit in Kunstgeschichte vorzubereiten, als Ersatz für das sang- und klanglos abgebrochene Erasmusjahr. Irgendwo in der Nähe, so meine Idee, wollte ich auch unterkommen. Mein Blick fiel auf einen riesigen Gebäuderiegel neben Trinità dei Monti, der in seiner ganzen Länge auf Rom blickte, leuchtend im Glanz des Nachmittags. Hundert Fenster sahen hinab auf die Kuppeln und Häuser. Wo so viel Platz ist, dachte ich, da wird auch Platz für mich sein.

Ich stieg den schmalen Treppenlauf zum Eingang hinauf und läutete. Eine Asiatin in Ordensgewand öffnete, es schien dies ein Kloster zu sein, was in Rom ja vorkommen kann. Sie sprach mich auf Italienisch an, das ich in den Monaten der Florentiner Studien nur sehr unvollkommen erlernt hatte. Die Nonne bemerkte meine Not, hieß mich ihr folgen und führte mich an einen hölzernen Verschlag, eine Art Conciergerie, hinter deren hübsch geputzten Scheiben eine andere, offenbar höhergestellte Nonne saß, die mich förmlich anblickte und *buongiorno* sagte, oder besser: *buongiornó*, denn sie war Französin. Ich atmete auf, Französisch konnte ich aus meiner Pariser Zeit. Also stellte ich mich vor, erklärte meine Lage und mein Anliegen, und zwar in der artigsten Weise, die mir in der Sprache Voltaires zu Gebote stand.

Die Augen der Schwester wurden strenger und ihr Mund schmaler. Meine Rettung war, dass aus dem Dämmer des Verschlags ein adrettes jüngeres Fräulein in Zivil hinzutrat, die, wie sich herausstellte, aus Dijon kam und in der Bibliotheca Hertziana an ihrer Dissertation arbeitete, eine Kollegin gewissermaßen. Meine Geschichte und ich selbst gewannen an Glaubwürdigkeit, Listen wurden studiert und schließlich eine Unterkunft gefunden, *la chambre №3*. Ich hatte ein Zimmer in Rom, ja sogar eine *chambre*.

Diese war nichts anderes als ein hölzerner Verschlag, nämlich das durch eine Verriere abgetrennte Ende des hohen, gewölbten Korridors. Ein schmales Bett passte der Länge nach so hinein, dass noch Platz für einen cremeweiß lackierten Waschtisch blieb, wie sie in Internaten der Vorkriegszeit üblich gewesen sein mögen. Das herausragende Merkmal dieser *chambre* aber war ein riesiges Fenster, das ehemalige Korridorfenster nämlich, das die gesamte Wand ausfüllte und auf den rückwärtigen Klostergarten blickte. So passten ich selbst und mein Koffer gerade hinein in dieses so herrlich zur Welt sich öffnende Hieronymus-Gehäuse, die bescheidenste und zugleich fürstlichste aller Behausungen, halb Heiligen-Klause, halb Taugenichts-Romantik, eine Enklave in der Enklave, denn schon das Kloster der Sacré-Cœur-Schwestern – denn das war der Orden – erschien, kaum war das Tor der hohen Gartenmauer durchschritten, als ein der Welt zauberhaft abhandengekommener Ort.

Das Gästehaus stand hoch oben auf dem Rücken des Monte Pincio, von der Stadt getrennt durch den abfallenden, sehr weitläufigen, mit Zypressen, Pinien und Lorbeer bestandenen, in gepflegter Verwahrlosung liegenden Garten. Es gab Hecken, Gebüsche und Beete, wo im Schatten modriger Tuffsteine der wilde Akanthus blühte. Der Hang war durchzogen von Wegen und Treppen, Absätzen und bröckelnden Mäuerchen, dazwischen offen gelassene Gewächshäuser, aus deren zerbrochenen Scheiben die Brennnessel quoll. Hinter dem Haus setzte sich der Garten als feldartige Wiese fort, die sich bis zur uralten Mauer der Villa Medici erstreckte, in deren Fugen die Kapern wuchsen. Am andern Ende die Villa Malta des Königs Ludwig von Bayern, deren romantischer Turm herübergrüßte. Auf einem etwas heruntergekommenen Sportplatz aus verwittertem Beton lagen Eidechsen in der Sonne. Im rückwärtigen Teil leer stehende, den scharf-staubigen Duft ihrer verschwundenen Bewohner bewahrende Hühnerställe – Erinnerung an eine gar nicht so ferne Vergangenheit bäuerlich-urbanen Wirtschaftens, wie es von Beginn der Tage an bis vorgestern das Leben dieser einst halb aus Gärten, Weinbergen und Äckern bestehenden Hauptstadt der Welt geprägt hatte.

Es sind solche greifbaren Relikte einer verschwundenen städtischen Bukolik, denen ich die Gewissheit verdanke, Goethes Rom in letzten Ausläufern erahnt zu haben. Tatsächlich kann man mein Fenster und den Garten davor auf einem der Rom-Panoramen des Johann Christian Reinhart von 1829 in der Münchner Neuen Pinakothek ziemlich unverändert wiederentdecken.

Vor Ostern fielen Horden von Staren in den Garten ein und weckten mich mit ihren unwahrscheinlichen Pfeif-, Rassel- und Knacklauten. Ihre wie feucht glänzenden Körper glitzerten metallisch in der Morgensonne, wenn sie mit der Emsigkeit kleiner Pinguine in der Wiese umherstiegen oder, die Hälse reckend, auf den langen glatten Ästen des Feigenbaums saßen, aus denen die ersten Blätter dick und hellgrün sprießten. Herrlich war das anzusehen, während ich mich am offenen Fenster rasierte, zwei Emailkrüge vor mir auf der marmornen Fensterbank, einen mit sauberem und einen mit gebrauchtem Wasser. Davor das kleine Silberschälchen, das ich noch in Florenz in einem Pfandleihhaus erworben hatte und aus dem nun heißes, in einem Kocher bereitetes Wasser wie Opferrauch empordampfte. Geheiligte Morgenstunden, köstlich und erregend durch ein leichtes Frösteln, während schon spürbare Tageswärme die nächtliche Frühlingsfrische aus den Winkeln des Gartens und den dicken Mauern des alten Hauses zog.

Um acht Uhr gab es Frühstück unten in einem turnhallenartigen Speisesaal, zu dem Mère Marie-Thérèse in ihrer Eigenschaft als Leiterin des Gästehauses – nicht als Oberschwester, das war eine hagere Nonne aus südtirolischem Adel, die man selten zu Gesicht bekam – alle Fremden, die im Kloster weilten, um sich sammelte. Das konnten ganz wenige sein, ja Einzelne nur, so dass wir an einem kleinen Tisch Platz fanden, während der Rest des Saals stillgelegt unter einer Wolke aus ammoniakhaltigem Putzmittel vor sich hin dämmerte. Oder aber bis auf den letzten Platz gefüllt von Schulklassen, liebenswert wohlerzogene, trotz aller Ausgelassenheit fast militärisch disziplinierte und erstaunlich hübsche Kinder, Franzosen natürlich, die auf chevalereske Namen wie Louis, Bertrand, Bérénice oder Margaux hörten. Angeführt wurden sie von jungen, stendhalschen Romanen entsprungenen Priestern, mit denen sie auf minutiös geplanten Gewaltmärschen die Sehenswürdigkeiten der Urbs anhand mitgeführter Lehrbücher überprüften. Auch Familien wohnten bei uns und gaben mir die seltene Gelegenheit, Kindern beim Siezen ihrer Eltern zuzuhören, was reizend sein kann.

Ab und zu stiegen auch allein reisende Geistliche bei uns ab, die wie Teilhard de Chardin aussahen und entweder aus Kairo kamen oder ins Heilige Land weiterzufahren im Begriffe standen. Angezogen von jenen frommen Studentinnen, die, wie die Lyonerin, im Kloster als Reiseleiterinnen wohnten, ließen sich regelmäßig schmucke Insassen des französischen Priesterseminars blicken, meist zu zweit oder zu dritt, mit denen wir dann – als höchste der heiklen Unternehmungen – ein Eis bei Giolitti essen gingen. Einmal gesellten sich drei weniger fromme junge *Principi* mit alten römischen Namen dazu, mit denen die Mädels dann am Wochenende vorübergehend verschwanden. Marie-Thérèse hat nie davon erfahren. Dazwischen ich, der deutsche Sonderling, den Fremden nach einiger Zeit als *notre ami bavarois* vorgestellt, als unser bayerischer Freund, was für französische Ohren versöhnlicher und auch eleganter klingt als ein gewöhnlicher deutscher Michel.

Es war eine goldene Zeit, deren anfänglich langsames, dann immer rascheres Dahinfliegen mein einziger Kummer war. Es hatte mich erwischt. Nie wieder weg von hier, für immer Rom – das stand fest, als ich nach vier Monaten eines Morgens betrübt meinen Koffer auf die grüne, dreirädrige Ape lud, in deren enger Kabine Roberto, das war einer der beiden Gärtner, mich zu jenem Tor fuhr, das aus dem Paradies der Schwestern von Sacré Cœur in das profane Rom und von dort ins trübe München führte. Am Ende brauchte ich ihn doch, den Rückfahrschein. Roma – Monaco di Baviera, falsche Richtung.

Es folgte die Zeit der Umwege nach Rom, der vorübergehenden Aufenthalte. Man muss gehen, um wiederkommen zu können – das war, in etwas verquerer Logik, der Trost vieler Jahre. Und irgendwann bleib ich dann dort, dachte ich, und sei es nach der Pensionierung. Ganz so lange hat es dann doch nicht gedauert. Am Ende hatte ich es, unter starkem Zutun von Zufall und Schicksal, tatsächlich geschafft. Jetzt lebe ich hier, und die Rückfahrkarten, die ich kaufe, sind solche für die Rückfahrten nach Rom, Heimreisen.

Ich erzähle also von Dingen, die ich in Rom seitdem gesehen und erlebt habe, einiges ist dreißig Jahre her, anderes gestern geschehen, das meiste irgendwann dazwischen. Aber gesehen habe ich das alles wirklich, und zwar mit eigenen Augen. Wobei natürlich jede Ähnlichkeit mit lebenden Personen, existierenden Orten oder historischen Ereignissen rein zufällig ist.

# I.
# Roma Aeterna

# Von Hügeln und Bergen

**Die römische Topographie** ist verzwickt, auch für den Kenner. Mitten hindurch, die Stadt in eine größere *rive gauche* und eine kleinere *rive droite* teilend, fließt der Tiber. Das ist nicht schwer zu verstehen, auch wenn die weit ausholende Schleife, die er macht – das sogenannte Tiberknie –, zur Folge hat, dass er immer dort ist, wo man ihn gerade nicht vermutet. Man kennt das vom Canal Grande in Venedig. Anderswo, in Florenz etwa oder in München, fließen die Flüsse ehrlich gerade dahin, klare Verhältnisse schaffend. Nicht so der Tiber.

An natürlichen Landmarken gibt es noch *colli* und *monti* sowie die vom Menschen gemachten Einteilungen in *rioni*, *quartieri* und *municipi*. Beginnen wir mit den Colli, den berühmten Hügeln. Von denen gibt es der Sage nach sieben, wie bei den Zwergen im Märchen, und wie bei jenen fällt einem auch hier immer einer nicht ein, mindestens. Meist ist es der Viminal oder der Caelius, manchmal auch der Esquilin oder der Aventin. Nur das Kapitol und den Quirinal hat man zuverlässig drauf. Und den Colle Oppio. Aber der – Vorsicht, Falle – gehört gar nicht zu den gelisteten Hügeln, obwohl er so heißt, und hat auch keinen rechten Gipfel. Eher ist er ein Fortsatz des Esquilin. Fehlt also noch einer. Wir kommen schon noch drauf.

Neben den Hügeln, die Hügel heißen, aber keine Hügel sind, gibt es noch Hügel, die wie Hügel aussehen, aber Berge heißen, nämlich den Monte Pincio und den Monte Gianicolo. Und den Monte Mario natürlich. Und den Monte Cavo. Aber der liegt weit außerhalb und ist ein richtiger Berg, während die Colli Albani im Osten auch richtige Berge sind, aber Hügel heißen. Dann gibt es noch einen Ort mitten in der Stadt, der Montecitorio heißt, aber nicht einmal ein Hügel ist, allenfalls eine leichte Erhebung. Dort sitzt das Parlament. Gleiches gilt für den Monte Giordano, den Monte Testaccio, Scheinberge allesamt. Im Mittelalter wurde auch der Quirinal im Volksmund Monte Cavallo genannt, Pferdeberg, na ja. Richtung Tiber liegt der Monte di Pietà, was weder ein Berg ist noch ein Hügel, sondern ein frommes Pfandleihhaus, gegründet im 15. Jahrhundert, um gute Christen vor jüdischen Pfandleihern zu bewahren. Vielleicht liegt diesem Monte ja das Bild von Dagobert-Duck'schen Geldbergen zugrunde. Und dann gibt es natürlich noch das *Monti* genannte Viertel, das aber nicht mehrere Berge einschließt, wie man meinen könnte, sondern lediglich die südlichen Abhänge von Quirinal und Viminal bedeckt.

Dieses Durcheinander hat zwar kein System, aber Geschichte. Schon in der Antike war unklar, was nun die *montes* sind und was die *colles*, ja wer überhaupt im Siebenhügel-Club des *Septimontium* mitmachen darf. Prominenteste Mitglieder wie Quirinal und Viminal verloren in der Spätantike vorübergehend ihren Septimontium-Status, heute undenkbar. Man müsste einmal eine toponomastische Kommission einberufen mit dem Auftrag, die althergebrachte Hügel-Berg-Nomenklatur Roms ein bisschen in Ordnung zu bringen, wofür es bestimmt eine europäische Richtlinie gibt.

Von Reisenden der alten Zeit ist gelegentlich bezweifelt worden, dass es all diese Hügel und Berge überhaupt gibt, und zwar mit Argumenten, die nicht ganz von der Hand zu weisen sind. Otto Friedrich Wehrhahn etwa, im Jahr 1819 wie alle Deutsche von Norden her auf Rom zumarschierend, stellte kurz vor dem Ziel enttäuscht fest, dass die Stadt *keineswegs siebenhüglig* sei, *sondern flach wie Breslau.* Wumm! Und er hat recht, zumindest, wenn man von Norden kommt. Denn die Hügel sind keine echten Hügel, die sich wie die Muränenhügel bei Murnau allseitig über ihr Umland erheben. Es sind Ausläufer der mehr oder weniger flachen Campagna di Roma, die zum Tibertal hin erodieren, also wie lange Finger in dieses hineinragen. Bei Kapitol, Caelius und Palatin ist der verbindende Steg zum Umland verschwunden, was ihnen das Ansehen freistehender Hügel gibt. Aber eben nur das Ansehen. Ach, richtig! *Der* hat noch gefehlt, der Palatin, ausgerechnet, der Hügel aller Hügel, von dem der Begriff *Palast* sich ableitet.

Geologisch gesehen ist Rom also keine Landschaft aus Hügeln, sondern eine aus Tälern. Aber wir wollen nicht päpstlicher sein als der Papst auf seinem Mons Vaticanus, der auch kein richtiger Berg ist und noch nicht mal zu Italien gehört, wohl aber zu Rom. Auch so eine Eigenheit: eine Stadt, deren Teile nicht zum selben Land gehören, so wie früher einmal Berlin. Das heißt keineswegs, dass ich den Vatikan mit Ostberlin vergleichen wollte, obschon es durchaus Anknüpfungspunkte gäbe.

Bei Rom ist es so, dass man manchmal die Hügel merkt und manchmal nicht, je nachdem. Durchquert man, wie ich das früher immer machte, die Altstadt auf der Nord-Süd-Achse, so kann man beginnend in Trastevere eine Stunde geradeaus gehen, ehe man an der untersten Stufe der Spanischen Treppe auf eine erste Erhebung stößt. Ist man jedoch im Norden auf der Quer- oder Diagonalachse unterwegs, sieht man vor lauter Hügeln die Berge nicht mehr. So muss ich, um von meiner Wohnung zur Arbeit zu kommen, zuerst vom Esquilin hinabklettern, nur um sofort den Viminal hinaufzusteigen, dann wieder runter ins Tal zum Quirinal, diesen hoch und wieder runter zur Piazza Barberini (Achtung: *die* Piazza, *der* Ponte, *die* Torre, *der* Comune), wo der lange, entbehrungsreiche Anstieg zum Gipfel des Monte Pinicio beginnt. Meistens fahre ich deswegen U-Bahn, die einfach unter den Hügeln und Tälern hindurchfährt. Wie in Paris heißt sie in Rom *metro*, was aber weiblich ist (von *linea metropolitana*) und auf der ersten Silbe betont wird.

Im Norden liegen auch zwei der drei großen städtebaulichen Hindernisse Roms, breitgelagerte, undurchdringliche Riegel, die alle, die nicht U-Bahn fahren oder über Hubschrauber verfügen, zu weitläufigen Umgehungen nötigen. Da ist zum einen der mastodontische Bahnhof Termini mit seinem etwa einen Kilometer breiten Gleisbett, das man nur alle fünf Kilometer unter- oder überqueren kann, sowie zum anderen der Quirinalspalast samt Gärten und Pferdeställen, eine Art Verbotene Stadt in der Stadt, wo der Staatspräsident in tausend Zimmern wohnt und von riesenhaften Parade-Carabinieri mit in der Sonne blitzenden Brustpanzern bewacht wird, deren schwarz glänzende Stiefel mir bis an die Hüfte reichen. Unter diesem Palasthügel hindurch wurde im späten 19. Jahrhundert ein Tunnel gebohrt, der berüchtigte Traforo, durch den donnernd Autos und Busse rasen. Man kann ihn zu Fuß in fünf Gehminuten durchqueren, eine Nahtoderfahrung, zu der ich alle fünf Jahre Mut und Kraft aufbringe.

Der dritte Riegel ist das Konglomerat aus Forum Romanum und Palatin im Zentrum. Früher konnte man hier ohne Ticket frei umherschlendern, sich auf Kapitelle setzen, Eidechsen beobachten, die in den marmornen Kanneluren der Säulenstümpfe lagen, und über die Vergänglichkeit alles Irdischen nachdenken. Und natürlich auf der anderen Seite wieder hinausgehen. Jetzt teilen Zäune, Mauern und Gitter die Stadt zwischen Piazza Venezia und Kolosseum in zwei Hälften, und wer in der einen wohnt, kennt die andere in der Regel nur vom Hörensagen.

Zurück zu den Bergen: Im Norden Roms schießt ohne Vorwarnung ein gewaltiger Berg 691 Meter in die Höhe, der Monte Soratte, *Sorakt* auf Deutsch. *And from out the plain / Heaves like a long-swept wave about to break, / And on the crest hangs pausing*, so Lord Byrons wie immer treffendes Bild der vom Sturm aufgetürmten Welle, verweilend im Moment ihres Brechens. Man sieht den Sorakt immer wieder von hohen Punkten Roms aus, wie auch, bei gutem Wetter, weit drunten im Süden den Monte Circeo, den im Meer stehenden Bruderberg, auf dem einst Odysseus bei Circe weilte und bei dessen Ersteigen mir einmal vor lauter Blau von unten und von oben so schwindelig wurde, dass ich knapp vorm steilen Gipfel umkehrte, bevor mich die Circe in ein Schwein verwandelte.

Von meiner neuen Wohnung aus sehe ich sie alle beide sowie im Norden – ungewohnt – die Kette der Abruzzen, die sich vor den Garmischer Alpen meiner Kindheit nicht zu verstecken brauchen und bis tief ins Frühjahr mit verschneiten Gipfeln zum Meer hin leuchten: Gran Sasso, Terminillo, und wie die Berge heißen. Man kann hier im Winter tagsüber Ski fahren und am Abend am Meer einen Fisch essen. Vom Gran Sasso aus sieht man bei gutem Wetter sowohl die Adria als auch das Tyrrhenische Meer. Und dazwischen, also zwischen *mare e monti*, sieht man Rom mit seinen Hügeln und Bergen, den echten und den falschen, mit seinen Kuppeln und Glockentürmen und all den Römerinnen und Römern. Und den *campi*, den Feldern, die keine Felder sind, sondern nur so heißen. Der Campo Marzio etwa, Mutter aller Marsfelder und Märzwiesen, ist schon lange weder Feld noch Wiese, sondern dichtbebautes Altstadt-Rom. Oder der Campo de' Fiori, wo längst keine Blumen mehr wachsen (nur welche verkauft werden), wohl aber die Außenbereiche der Bars und der nächtliche Lärm, beides die Anwohner, sofern noch welche da sind, in den Wahnsinn treibend. Und, natürlich, der Campo Santo Teutonico, das Heilige Teutonische Feld im Schatten der Peterskuppel, ein kleiner, feiner Friedhof, wo man, wenn man teutonisch (also zur Not auch Österreicher), katholisch und adelig ist sowie der betreibenden Bruderschaft angehört, gute Chancen hat, in einem der dicht stehenden Grabhügel unterzukommen. Rom kann mehr sein als nur Stadt fürs Leben.

# Wo man leben möchte

**Ich will mich nicht** allzu sehr aufhalten mit der verwaltungstechnischen Aufteilung Roms. Wichtiger als die *rioni* und *municipi*, deren Grenze kein Mensch kennt, sind die *quartieri*, die Stadtviertel, die keine offiziellen Grenzen haben, dafür aber sehr präsent sind in den Vorstellungen der Römer. Sie sind die eigentliche topographische Währung, deren man sich tagtäglich bedient, etwa wenn es um die nicht unbedeutende Frage geht, wo man wohnt oder wohnen möchte. Niemand würde sagen: Ich würde gerne im Rione Colonna wohnen oder im dritten Municipio. Man spricht von Quartieri oder von Zonen. Das reicht meistens schon für den Rest der dem Gespräch zubemessenen Zeit.

Der Diskurs über die Stadtviertel ist seit Längerem insofern ein exzentrischer, als zu den wenigen unstrittigen Punkten die allgemeine Einsicht gehört, dass man im historischen Zentrum, dem *centro storico*, also dem, was der Tourist meint, wenn er an Rom denkt, eigentlich nicht wohnen will. Das hat zwar auch mit den dortigen Preisen zu tun, doch ist das ein vordergründiges Argument, denn Geld zirkuliert hier jede Menge. Die Preise im Centro sind um das Jahr 2000 sprunghaft angestiegen, als die Mafia auf die Idee kam, ihre Einkünfte in Immobilien zu investieren und diese Immobilien an jene Touristen und Pilger zu vermieten, die zum großen Jubiläum in die Stadt fluteten. So zumindest hat man mir das erklärt. Vorher waren Wohnungen im Centro billig, nur dass schon damals nicht jeder dort wohnen wollte. Die feinere Gesellschaft aus *alta borghesia* und Adel, sofern sie das Schicksal nicht an einen der alten Familienpaläste gekettet hatte, zog schon in den Fünfziger- und Sechzigerjahren in den höher gelegenen Norden nach Parioli oder an den Corso Trieste, wo vor allem zwischen den Kriegen bonbonfarbene, von Magnolien- und Oleanderalleen durchzogene Viertel entstanden sind. Schön ist es dort.

Ich erinnere mich noch, wie eine alte Freundin, eine Wiener Dame und Witwe eines amerikanischen Diplomaten, die jahrzehntelang bis zu ihrem Tod in einer gewaltigen Wohnung an der Piazza Navona lebte, mir erzählte, ihre Freundinnen hätten es nicht glauben können, dass sie tatsächlich im plebejischen Zentrum wohnen wollte, in *Roma bassa*. Damals, in den Sechzigerjahren, war sie mit der Entscheidung für das noch ganz von Handwerkern, Gemüseständen und kleinen Läden geprägte Tiberknie eine Vorreiterin gewesen. Dessen Gentrifizierung *avant la lettre* machte, wie immer, der pittoresken Volkstümlichkeit – *la vecchia Roma* – ein baldiges Ende.

Natürlich ist *la vecchia Roma* eine Chimäre und im Verlauf der letzten zweihundert Jahre schon mindestens siebenmal verschwunden, um von früheren Saecula und Jahrtausenden gar nicht zu sprechen. Das erste *alte Rom* der Neuzeit, das verschwand, war jenes rumpelige der Goethezeit, verschandelt durch die vor allem von zeitgenössischen Deutschen als geschmacklos beklagten Modernisierungen der Franzosen nach 1800 (Piazza del Popolo zum Beispiel), dann jenes *alte Rom*, das bis 1870 sich mit den zaghaften Erneuerungen der Päpste hier und da europäischen Standards zwar nicht wirklich annäherte, aber doch, o Graus!, dorthin hinüberblickte (der erste Bahnhof, einige Eisenspannbrücken etc.). Der richtige, große Schock kam nach 1870, als das gute alte päpstliche Rom zur Hauptstadt Italiens wurde und, in mehreren Schüben, so grundlegend verändert wurde, dass Kenner der *tempi passati* wie Ferdinand Gregorovius nach Jahrzehnten römischen Lebens abreisten, um das nicht mitansehen zu müssen. Das *neue Rom* – also jenes um 1880 – sei nur noch ein *übertünchtes Grab*. Wer aber um 1910 im *alten Rom* gewesen war und in der Zwischenkriegszeit wiederkam, berichtete entsetzt von den grässlichen Veränderungen, durch die das *neue Neue Rom* nun völlig entstellt sei. Und wer das Glück hatte, in den Neunzigerjahren noch mit Leuten zu sprechen, die das *alte Rom* der Zwischenkriegszeit gesehen hatten, hörte mit angehaltenem Atem und Tränen in den Augen von einem Zustand, der jenem der Zeit Goethes noch sehr nahe gewesen sein muss: Schafe auf der Piazza Venezia! Wer die Fünfzigerjahre erlebt hatte und die frühen Sechziger, schätzte sich glücklich, das alte Rom der Dolce Vita noch gesehen zu haben, und erklärte das den Neuankömmlingen der Achtzigerjahre, die davon keine Ahnung mehr hatten. Diejenigen, die in den Siebzigerjahren schon da waren, erzählen mit leuchtenden Augen, das Rom der Dolce Vita zwar nicht mehr erlebt zu haben, aber vieles sei noch genauso gewesen wie zu Fellinis Zeiten. Wer dagegen das alte Rom der Achtzigerjahre gesehen hat, versichert, man könne sich von der Stadt, die Rom damals *noch* gewesen war, gar keinen Begriff machen. *La vecchia Roma* eben. Und so suche schließlich ich selbst auf manchen melancholischen Gängen das Rom meiner Jugend, also jenes der Neunzigerjahre, leider meist vergeblich. Ja, manchmal finde ich auf dem Heimweg am Abend jenes Rom nicht wieder, das ich am Morgen noch durchquert habe. Und was, Sie kennen nicht das *Rom vor der Pandemie*? Wenn Sie wüssten!

Das Sonderbare daran ist, dass wir selbst, indem wir die Orte der Jugend suchen, alt werden und sterben, während das neue Rom, dem die Jugend nachläuft, sich dieser als das alte präsentiert – und ewig jung bleibt. Trotzdem wäre es absurd, wenn die Alten so täten, als sei das neue Rom so gut wie das alte. Es wird immer schlechter, muss schlechter werden. Jede Generation hat also das Recht und die Pflicht, den Verlust des alten Rom zu beklagen, und wir werden dieser noblen Aufgabe in angemessenem Rahmen nachkommen.

Im Zentrum jedenfalls, das wollten wir eigentlich sagen, wohnt man nicht mehr, wenn man nicht Tourist, Amerikaner, Milliardär oder Principe ist. Möchte man wirklich der einzige Bewohner eines *palazzo* sein, in dem sonst nur Airbnb-Wohnungen sind? Will man wirklich, wenn man aus einem solchen auf die Straße tritt, aus jedem anderen Tor zu vorgerückter Vormittagszeit die unvermeidlichen Touristenpärchen auftauchen sehen, er mit gepflegtem Bärtchen, sie mit angeföhntem Haar und funkelnagelneuen Turnschuhen, beide gänzlich epiliert, gecremt, gegelt, conditioned, gewaxed und frisch hairgecutted und, vor allem, felsenfest überzeugt, für stylische Italiener gehalten zu werden? Will man wirklich, wenn man essen gehen will, lange Strecken zurücklegen, um zwischen Gastronomien (schon das Wort geht auf den Magen), die gegenüber unserem Pärchen so tun, als seien sie Trattorien, nach der letzten wirklich verblieben Trattoria zu suchen, wo man noch halbwegs anständig bedient und bekocht wird? Will man nachts nur mit geschlossenen Fenstern oder gar nicht schlafen, weil Gruppen geschlechtsreifer Jugendlicher, die sich noch nicht zu Pärchen sortiert haben, bis früh in den Morgen plärrend vorbeiziehen, schwatzend und kreischend vor der nächsten Bar herumstehen oder sich gleich auf den Gehsteig übergeben? Will man schließlich alles bei Amazon bestellen, weil es im Umkreis von fünf Kilometern kein Geschäft mehr gibt, in dem man anderes erwerben könnte als Futter, T-Shirts, Handyhüllen, Turnschuhe oder Markenkleidung? Nein, das will man eigentlich nicht, und damit wäre das Centro Storico erledigt.

Mit dieser Feststellung aber verlassen wir bereits den Boden dessen, worauf sich alle oder doch fast alle am Ende verständigen können. Die Frage *Wo wollen wir wohnen?* reißt tiefe Gräben auf. Da das Centro Roms in der Mitte der Stadt liegt, kann man es nach allen Himmelsrichtungen hin verlassen. Nehmen wir den Norden, Parioli und Triste, also die Exilviertel der oberschichtlichen Centro-Flüchtlinge der Sechzigerjahre. Es ist nicht so, dass jeder dort wohnen wollte, so schön es hier auch sein mag. *Roma Nord* ist in gewissen Milieus ein Kampfbegriff, der die Heimat des Bösen bezeichnet, der bornierten, saturierten, arroganten, faschistoiden Bourgeoisie, der Unternehmer, Advokaten, Immobilienhändler, Neureichen und Steuerhinterzieher, wo man jenem Typ des wohlhabenden mittelalten Manns mit etwas längeren, geföhnten grauen Haaren begegnet, braungebrannt im lila Lacoste-Hemd mit Taucher-Rolex und Segelschuhen, den jungen Frauen auf Beine und Hintern guckend, im Zwei-SIM-Karten-Handy die Geliebten verwaltend, früher Berlusconi und neuerdings Meloni wählend, strukturell eher ungebildet, was ihn nicht hindert, die Welt zu erklären. Er hat ein Motorboot in Anzio (Fly, elf Meter) und unversteuertes Geld aus einem Immobiliendeal (1,3 Millionen) in der Schweiz liegen, das er bei der nächsten Steueramnestie gegen symbolische fünf Prozent Gebühr reinzuwaschen hofft. Er ist die Edelversion dessen, was man in Rom so schön einen *cafone* nennt, was irgendwo zwischen dem altmodischen Grobian und dem modernen Proll angesiedelt ist. Eine sehr gängige Bezeichnung übrigens.

Seine Frau ist nicht wirklich besser: Schon seit Längerem (erfolglos) gegen die Geliebten des Mannes angeliftet, der Körper ein Monument unterschiedlicher Grade und Methoden des Bodyshaping, ähnlich gebräunt wie der Gatte, riesige Sonnenbrille, ebenfalls eine Rolex, allerdings keine für Taucher, gerne mit Goldelementen und Diamanten, sehr teuer gekleidet, wenn auch vielleicht ein wenig zu sehr wie die eigene Tochter, dazu irgendein Hund, den man so nicht wirklich wollte, ein Pudel oder so. Sehr lautes Wort führend, sehr sicher, sehr schlechte Laune, die philippinische Haushälterin zittert ihrem Heimkommen entgegen.

Am schlimmsten aber der siebzehnjährige Sohn. Musste sich der Vater auf der nach oben offenen Stronzo-Skala erst mühsam emporarbeiten, so kann er schon von ziemlich weit oben starten. Noch irgendwie Kind, zwischen Babyspeck und Fitnessmuskeln steckend, den vollen, ausdruckslosen Mund im leicht zurückgelegten Haupt stets etwas geöffnet, eine Folge selbstsicherer Tiefenentspannung im vollständigen Standby, mächtige ondulierte Haarmähne, flaumiger Sieben-Tage-Bart und ausgeprägter römischer Dialekt mit starkem Hang zu *parolacce*, zu Schimpfwörtern also, die in ihren deftigsten Steigerungsformen in der eher laut geführten Rede mit Ebenbürtigen einfließen wie Konjunktionen. Auch er hat meistens schon eine Rolex, wenn auch eine etwas billigere, und wird im Juli zusammen mit zwölf seiner Standesgenossen die Insel Ponza unsicher und vielleicht auch die ersten Drogenerfahrungen machen. Seine Schwester hat bereits die schlechte Laune der Mutter, die irgendwie als schick gilt, so als habe man schon alles gesehen und nicht so toll gefunden. Sie ist abgebrüht, kennt das Leben. Irgendwann wird sie einen Freund ihres Bruders heiraten, der sie betrügen und dem sie im Gegenzug das Leben zur Hölle machen wird.

Wie gesagt, das Viertel kann schön sein, berückend schön. Aber will man da wohnen? Nein, das will man eigentlich nicht.

*

Wo gerade kurz von den Parolacce die Rede war, von den Schimpfwörtern, schließe ich einen Exkurs an, das Thema ist wichtig. Sie bilden ein Kernstück gesellschaftlicher Kommunikation, weswegen gewisse Grundkenntnisse sich anzueignen ratsam scheint. Wir können hier nur den Anfang machen, Grundkurs eins sozusagen, aber wir machen ihn. Ich denke, liebe Leserinnen, wir sind erwachsen genug, um einige Dinge durchaus bei ihrem Namen zu nennen. Dass es besser ist, von der passiven Kenntnis nur sparsam aktiven Gebrauch zu machen, versteht sich von selbst.

Die Parolacce sind in Italien und Rom von eindringlicher Bildhaftigkeit und unterliegen gleichzeitig ziemlich eng gefassten, ja geradezu kanonischen Konventionen. Konstituierende Elemente sind, wen wundert's, primäre und sekundäre Geschlechtsteile. Da ist zum einen der *cazzo* [m], der gute alte Schwanz, *di etimologia incerta*, von unsicherer Wortherkunft, wie das ehrwürdige Dizionario Treccani schmallippig vermerkt. Der *cazzo* ist universal und, als figuratives Element, in zahllosen Kombinationen einsetzbar. Wenn jemand einfach *Cazzo!* schreit, ist das nicht notwendigerweise gegen Sie gerichtet. Er ärgert sich einfach, in etwa so, als würde man im deutschen Sprachraum *Scheiße* sagen. Nichts Schlimmes also, man hört es ständig, vor allem durch die Konjunktion *di* mit einem Gegenstand phraseologisch verbunden, dessen Eigenschaften damit näher bezeichnet werden sollen. Dazu ist der Cazzo ein zentrales Element der verneinenden Rede. *Non capisco un cazzo*, ich verstehe keinen Schwanz, also gar nichts. Sagt jemand zu Ihnen: *Ma che cazzo dici?*, so will er sagen, dass Sie Unsinn reden. Das kann, unter Freunden und Eheleuten, auch nett gemeint sein. Sagt er dagegen: *Ma che cazzo vuoi?*, also: *Was zum Schwanz willst du?* (man wird in solchen Situationen in der Regel geduzt, auch von Fremden), fixiert Sie dabei mit starrem Blick und geht langsam auf Sie zu, ist es besser, einzulenken oder auch gleich davonzulaufen. In Rom kann es lange dauern, bis ein Rettungswagen kommt. Waren Sie schon mal in einer der hiesigen Notaufnahmen? Nicht ganz so bedrohlich ist die Aufforderung, sich seine eigenen Schwänze zu machen, *fatti i cazzi tuoi*. Was immer bildlich damit verbunden sein mag, gemeint ist, sich um seinen eigenen Kram zu kümmern. Eine Steigerung des gewöhnlichen *cazzo* ist der *cazzo di merda*, also die *scheiß Scheiße*, gleichfalls maskulin, obschon die *merda* weiblich ist. Dann gibt es noch die *testa di cazzo*, den *Schwanzkopf* (Achtung: feminin!), oder aber den *pezzo di merda*, das Stück Scheiße, wegen des männlichen Stücks wiederum maskulin. Wer so tituliert wird, darf gerne einen *figlio di puttana* [m] zurückgeben, einen *Hurensohn*. *Cagare il cazzo* (scheißen auf Schwanz) könnte man in etwa mit *einem auf den Sack gehen* übersetzen. Ein *cagacazzo* ist jemand, der dies dauerhaft tut.

Sehr oft, eigentlich ständig, sagt oder tut jemand etwas, das von anderen als *cazzata* bezeichnet wird, als *Schwanzerei*, in etwa Unsinn, Quatsch. Mit diesem Vorwurf kann man leben, er rührt nicht an den Grundfesten der eigenen Würde, auch nicht, wenn es in jenem Sinne gemeint ist, für den wir im Deutschen den seltsamen Ausdruck des *Scheißebauens* haben. *Ho fatto una cazzata*. Den *cazzo* gibt es sogar als intransitive Verbform, als *cazzeggiare* nämlich, *herumschwanzen*. Wer dies tut, also ein *cazzaro* ist, nimmt die Welt und ihre Verpflichtungen nicht allzu ernst, sei es momentan oder auch ganz generell, und gibt das durch seinen Lebenswandel zu erkennen.

Neben dem Cazzo gibt es selbstverständlich den *culo* [m], also den Arsch, der oft mit eher Versöhnlichem in Verbindung gebracht wird. Einen *culo* gehabt zu haben meint, dass man großes Glück beziehungsweise Schwein hatte. Aber es geht noch mehr: *Ho avuto un culo della Madonna*, wörtlich: *Ich hatte einen Madonnenarsch*, will sagen, dass man wirklich unglaubliches Glück gehabt hat. Wer dagegen einer *faccia di culo* [f], eines Arschgesichts, bezichtigt wird, spricht mit größter Gelassenheit Ungeheuerlichkeiten – meist Lügen – aus. Wirft Ihnen eine nahestehende Person vor, einen *culo di piombo* zu haben, einen Bleiarsch, so meint er (oder sie), dass Sie zu faul seien. Beweg deinen Hintern! Auch die Aufforderung, einen strittigen Gegenstand, welcher Form und Größe auch immer, ebendort unterzubringen, gehört in diese Schimpfwortfamilie: *Ficcatelo nel culo!* (Imperativ).

Das in seiner Intention seltsamste und zugleich geläufigste Schimpfwort gehört von Wortstamm und grammatikalischer Konstruktion ebenfalls hierher: *Vaffanculo!*, manchmal auch eingeleitet durch ein *Ma*. Abgekürzt kann man auch einfach nur *Vaffa!* sagen, dann immer in Verbindung mit *Ma*. Was das bedeutet? Wörtlich: *Gehe zu machen in Arsch*. Ich kann mir beim besten Willen nicht vorstellen, was zum Cazzo damit gemeint sein soll.

Ist das nun nicht alles furchtbar vulgär? Oh ja, schrecklich, noch dazu wenn man es so schwarz auf weiß geschrieben sieht, übertragen ins derbe Idiom Martin Luthers. Aber ich versichere Ihnen, dass all diese Ungeheuerlichkeiten aus dem Munde eines Römers, der qua Geburt verankert ist in der uralten lateinisch-romanischen Sprachkultur, ganz beiläufig und liebenswert geraten. Ja, das Fluchen ist hier von jener Grazie und Disinvoltura, wie sie der schimpfende Bayer weder erreichen kann noch will. Natürlich ist der Gebrauch solcher Schimpfwörter keineswegs auf Parioli beschränkt, sondern durchzieht als das wahrhaft egalitäre Element die italienische Gesellschaft von oben nach unten, von links nach rechts, vom *Principe* zum Bauarbeiter, vom Philosophieprofessor zum Bademeister. Eine Ausnahme ist die soziale Insel des gebildeten Kleinbürgertums, das sich solche Freuden kastenstolz versagt. In den feineren aristokratischen und hochgebildeten Kreisen, wo man (vor allem in reiner Herrengesellschaft beim Tennisspielen oder Skifahren) flucht, dass sich die Balken biegen, sind die Schimpfwörter nur offiziell verboten, die Kinder müssen vor der Mutter so tun, als kennten sie sie nicht. Sind die Kinder nicht da, haben dieselben Mütter keinerlei Probleme damit, ihre Freundin am Telefon mit fröhlicher Beiläufigkeit als *vecchia zoccola* zu grüßen (bitte nachschauen), und das ganz öffentlich im Zugabteil erster Klasse. Im manchmal doch notwendigen Vermeiden von Schimpfwörtern haben sich gewisse sprachliche Notausgänge eingespielt, welche dann offenstehen, wenn man im Überschwang falsch angesetzt und schon *ma che cazzo dici* zu sagen begonnen hat. Bis zur ersten Silbe des *cazzo*, also eine knappe Sekunde, hat man nun Zeit, den rettenden Sprung in den Kohl zu tun, in den *cavolo* nämlich, was dann wirklich nicht mehr schlimm ist: *Ma che cavolo* …

Parolacce, das ist wichtig, sind situationsgebunden und

eigentlich nur als ephemere Elemente performativer Auftritte zulässig, begleitet von Gesten, Mienen und Bewegungen, moduliert in Tonfall und Lautstärke, flüchtig und unaufgeregt. Vor allem sind sie ganz und ausschließlich Geschöpfe der gesprochenen Sprache, für die in der geschriebenen kein Lebensraum vorgesehen ist. Manchmal muss das Unmögliche aber doch sein, etwa wenn in den wichtigen Zeitungsmeldungen des Tages diverse Protagonisten des öffentlichen Lebens in wörtlicher Rede zitiert werden, etwa bei der eigentlich illegalen Wiedergabe polizeilicher Abhörprotokolle. Meist ist das dritte Wort bereits ein Schimpfwort, das wegzulassen ganz unmöglich ist, ohne dem Zitat seine spezielle Färbung, ja seine zentrale Aussage zu nehmen. Da man aber nicht schreiben darf, was man nicht schreiben kann, wird schamvoll abgekürzt, was wir hier nur zu Ehren der Wissenschaft unterlassen haben. Da steht dann beispielsweise *Ma che str...* Wenn Sie das irgendwo lesen, ist keineswegs von einer *Straße* die Rede, sondern vom *stronzo* [m], vom Arschloch.

Natürlich treffen all diese Übersetzungen nicht wirklich den semantischen Kern des Signifikats. Sie können nur Verständnisbrücken schlagen, über die jeder selbst zu gehen hat. So ist der *stronzo* nicht wirklich ein *Arschloch*, schon weil man ihn viel lockerer im Munde führt, auch sprachtechnisch. Muss man, um *A...* korrekt und wohlartikuliert auszusprechen, den inneren wie äußeren Sprechapparat doch erheblich in Bewegung setzen, so reicht es beim *str...*, die Lippen etwas zu schürzen, leicht auszuatmen und die Zunge einmal von unten nach oben und wieder zurück wandern zu lassen. Probieren Sie es zu Hause aus. So viel zu den Parolacce, *come non detto*.

*

Wo wollen wir also wohnen? Wie sieht's mit Prati aus, im Nordwesten? So wie Parioli und Trieste ist auch Prati relatives Neuland, erbaut um und nach 1900 auf dem platten Tiber-Schwemmland hinter Sankt Peter, auf grünen Wiesen, daher der Name. Kernstück von Prati ist der gewaltige, kurz vor dem Ersten Weltkrieg fertig gewordene Palazzo della Giustizia, der sich aus vielen Perspektiven so vor Sankt Peter schiebt, dass es scheint, als gehöre die Peterskuppel zu ebendiesem Justizpalast, oder umgekehrt. Diese durchaus nicht unbeabsichtigten oder, wo wir schon beim Juristischen sind, *billigend in Kauf genommenen* Überlagerungen des Päpstlichen durch das Königlich-Unitarische gehören zu den großen Begabungen des neuen Italien. Wo früher die Kurie das Sagen hatte, gelten nun italienische Gesetze, das und nichts anderes ist die Aussage dieses Riesenbaus, der ein ganzes Viertel an Gerichten, Anwalts- und Notarkanzleien um sich herum versammelt hat. Große Achsen, Plätze, Bäume, Sternstraßen – Rom gibt sich hier als eine mitteleuropäische Hauptstadt mit einem Schuss Kolonialexotik, erreicht vor allem durch das gezielte Anpflanzen von Palmen.

Ich gehe nicht ungerne nach Prati, selten aber ohne Anlass. Will man hier wohnen? Unbedingt, wenn man oft zum Gericht muss, ständig einen Anwalt braucht oder jede Woche etwas beglaubigen lässt. Das ist in Rom nicht so selten, wie Sie vielleicht glauben, schon weil die Leute immerzu Wohnungen kaufen und sich dabei streiten. Aber sonst? Eigentlich hat das Viertel alles, was man zum Leben braucht und was es im Centro Storico kaum mehr gibt: Eisenwarenhandlungen, Schuhgeschäfte, Bettwäschegeschäfte, Matratzenhandlungen, Stoffgeschäfte, Möbelgeschäfte, Elektrogeschäfte, Lebensmittelgeschäfte, Apotheken, Drogerien, Parfümerien, Haushaltswarengeschäfte, Weinhandlungen, Babynahrungs- und Kleidungsgeschäfte, Damenunterwäschegeschäfte, Schuster, Reinigungen, Kinos und natürlich jede Menge halbwegs anständige Bars. Die U-Bahn fährt durch und jede Menge Busse.

Dennoch sind die Meinungen, um es vorsichtig auszudrücken, geteilt. Prati polarisiert. Dem Viertel lastet unausrottbar der Ruch des arriviert Kleinbürgerlichen an, völlig zu Unrecht, versteht sich. Also jenes Milieus, das gerne in Parioli wohnen würde, sich aber nur Prati leisten kann. *Vorrei ma non posso*, ist eine der großartigen Wendungen der italienischen Sprache, die solch komplexe Gemengelagen umstandslos auf den Punkt bringen: *Ich wollte, aber ich kann nicht*. Am anderen Ende steht das inzwischen selten gewordene aristokratische Ideal des *Potrei ma non voglio*, also Leute, die in Parioli wohnen könnten, aber in Prati wohnen. Prati ist ein bisschen spießig, ein bisschen beliebig, ein bisschen zu wenig echtes Rom, dafür ordentlich, praktisch, funktionierend, anständig, hübsch, *per bene* – oder vielleicht doch nur *per benino*, also genau das, was man vor hundert Jahren haben wollte. Hier sollten gerade jene tüchtigen, aufstrebenden Leute wohnen, die jedes Land braucht und von denen es in der Welthauptstadt der Priester und Künstler zu wenige gab. Aber will man dort wohnen? Nicht so wirklich.

Machen wir gleich mit San Lorenzo weiter, Nordosten. Im Gegensatz zu Prati gibt es hier eine wirklich alte, also römische Straße, die Via Tiburtina, die heute immer noch so heißt und von der Porta Tiburtina ins Land hinaus zum antiken Tibur hinaufführt, dem heutigen Tivoli. Wenige Hundert Meter hinter der Stadtmauer geht sie an der altehrwürdigen, bis in die Spätantike zurückreichenden Basilika von San Lorenzo vorbei, weswegen San Lorenzo auch San Lorenzo heißt, ein sehr ordentlicher Name, und nicht einfach nur Prati. Die Basilika wurde im Zweiten Weltkrieg übrigens von alliierten Fliegerbomben getroffen (auch wenn der Durchschnittsrömer felsenfest davon überzeugt ist, dass es deutsche waren, was nicht sein kann, da die Deutschen damals gerade Rom besetzt hielten). Überhaupt wurde das Viertel für römische Verhältnisse stark in Mitleidenschaft gezogen, wohl wegen des Bahnhofs, der, so riesig er sein mag, aus der Luft offenbar schwer zu treffen war. Getrennt von der Stadt ist San Lorenzo (also das Viertel) durch ebenjenen verhängnisvollen Bahnhof und den breiten Schienenstrang, absolute Sperrzone, nur zwei Unterführungen schaffen die Verbindung zum Esquilin, wir sprachen schon davon.

Trotzdem kann man San Lorenzo beim besten Willen nicht als Bahnhofsviertel bezeichnen. Die alte Aurelianische Mauer, die ursprünglich die innere Stadt, an deren Rand der Bahnhof liegt, vor dem Umland schützte, schützt nun umgekehrt das außerstädtische San Lorenzo vor dem Bahnhof. So ändern sich die Dinge. Die Mauer ist, verschiedentlich abgeändert, auf diesem Abschnitt noch fast vollständig erhalten, ein erhebender Anblick, den man auf der Stadtseite freilich nur vom Zug aus flüchtig genießen kann. Bebaut wurde San Lorenzo überwiegend im Faschismus, der, das muss man ihm lassen, ganz ordentlich gebaut hat. Gute, große, wohlproportionierte Häuser, die wie jene im Rom der *Insulae* aussehen, das man aus Asterix-Heften kennt. Hier könnte man wunderbare Low-Budget-Filme drehen, die im antiken Rom spielen, mit meinem *barista* als Gladiator.

Auch die Straßennamen entstammen dem *ventennio*, der zwanzigjährigen Herrschaft der Faschisten, und erinnern systematisch an alle Völkerschaften, die innerhalb eines in seinen Grenzen ziemlich weit gefassten Italien lebten, gelebt hatten oder leben sollten, reale, halbreale und mythische. Die meisten der heutigen Italiener, die nicht gerade in San Lorenzo leben, dürften noch nie von ihnen gehört haben: die Ramni, Tizi und Luceri, also die drei ältesten römischen Volksstämme, die Frentani vom Flusse Frentum, die Volscer natürlich, die Sabelli aus den Sabinerbergen, die Reti aus Südtirol (ganz wichtig), die Piceni aus den Abruzzen, die Dalmati aus Dalmazien (wichtig, da noch nicht italienisch, weder damals noch heute), die Ausoni aus dem Süden und so weiter. So ist er, der italienische Faschismus, proletarisch und doch von pathetischer Gelehrsamkeit, futuristisch und gleichzeitig historistisch, gewalttätig und würdevoll, eine Mischung aus Sportstunde, Schlägertrupp und Lateinunterricht. Er ist aus Instinkt darwinistisch, ohne notwendigerweise von Darwin gehört zu haben. *VBI LABOR, IBI VBER*, steht auf einer dieser Mietskasernen in riesigen Lettern, frei übersetzt: *Wo gearbeitet wird, gibt's auch was zu beißen* (und wo nicht, da eben nicht).

Will man hier leben? Ja, unbedingt, zumindest wenn man tot ist, denn im Norden erstreckt sich mit dem Campo Verano, kurz: *il Verano*, einer der schönsten Friedhöfe Europas. Dieser ebenfalls bei Hauptstadtwerdung eingerichtete Friedhof ist eine wahre Nekropolis, eine Stadt der Toten, mit einer ganz eigenen stadtplanerischen Geschichte, ein vollkommener Spiegel der Stadt der Lebenden sowie des modernen Italien. Da gibt es die alten, historischen Gründerzeitviertel mit ihren prächtigen, mal römisch-griechischen, mal Renaissance-barockhaften, mal ägyptisierenden oder jugendstilisierenden Mausoleen, die sich den zypressenbestandenen und akanthusbewachsenen Hang hinaufziehen. Grabinschriften, die alles aufbieten, was lateinische Rhetorik und italienischer Bombast zur Verfügung stellen, Reliefs, Büsten und Statuen, Bronzetüren, Gitter und Gatter, Ketten und Kränze. Der Sandstein bröselt, der Rosenmarmor glänzt wie am ersten Tag, Lettern aus Blei und Messing purzeln aus den Halterungen, Stufen schwanken, Obelisken stehen schief, und vollbusig-geflügelte Odalisken, die wohl Engel sein sollen, räkeln sich auf den Grabplatten. Hier könnte man es aushalten.

Aber das Leben geht weiter und mit ihm auch die Geschichte, die Grabstätten werden roher, technischer und schließlich geradezu martialisch, Bunkeranlagen aus Granit, um am Ende in die große Jenseitsnachkriegsgemeinschaft christlich-demokratischer Bürger auszulaufen, die viele sind und wenig Platz haben, la *Repubblica dei Morti*. Und wie im echten Leben baut man in die Höhe, es entstanden veritable Mietskasernen, die in Italien natürlich Eigentumskasernen sind, also *palazzi condominiali*, mit mehreren Stockwerken und Treppen, *Scala A, Scala B, Ascensore*, Aufzug, genauer zwei Aufzügen, einem etwas größeren für die horizontal fahrenden Toten in ihren Särgen (wir sprechen hier nicht von Urnenbestattung) und einem kleineren für die, die noch aufrecht unterwegs sind und ihre Toten im dritten Stock des Hinterhauses besuchen kommen. Wahrscheinlich gibt es hier auch Eigentümerversammlungen, himmlische wie irdische. Auf jedem Stockwerk sind Korridore, die in Balkonen enden. Rechts und links, wiederum in vier bis sechs Etagen, dann die flachen, langen Mauernischen, in die man die Särge hineinschieben kann. Die werden anschließend mit einer Stein- oder Betonplatte verschlossen, wo Platz ist für Inschriften, auf Keramiktäfelchen gedruckte Fotos und kleine elektrische Lämpchen. Der Tote geht also nicht ein ins Erdreich zu den Würmern und Maden, sondern wird langsam in derselben römischen Luft getrocknet, die er ein Leben lang atmen durfte. Er wird sich in diesem neuen Dasein wohl gut zurechtfinden. Im Grunde ist der einzige Unterschied zu früher, dass er nun tot ist.

Aber wir waren ja eigentlich auf der Suche nach einer Bleibe für das Hier und Jetzt. Und da ist die Situation in San Lorenzo durchaus komplex. Denn neben dem Bahnhof vor den Toren, der Basilika und dem Friedhof gibt es auch noch die Universität La Sapienza, die älteste der drei römischen, genauer, ihre zentrale Campusanlage, wiederum eine Stadt in der Stadt, wie schon der Friedhof. Faschistische Architektur von der Sorte, die man gut finden darf. Anders als der Friedhof, der über seine Mauer hinaus allenfalls durch Blumengeschäfte und Grabsteinmetzereien (*marmoristi*) ausstrahlt, prägt die Universität auch die nicht universitären Teile des Viertels. Denn eine Universität, das darf man nicht vergessen, zieht naturgemäß Studenten an, und diese Studenten studieren nicht die ganze Zeit, sondern müssen auch schlafen, essen und trinken. Das können sie in der Universität nur tagsüber tun, abends wirft man sie hinaus. Im ehemaligen Viertel der faschistischen Arbeiter fanden sie ein anfänglich sogar ziemlich günstiges Habitat, das sich rasch mit Studentenbuden und Studentenkneipen zu füllen begann. Jede Witwe hatte irgendwo ein Zimmerchen zu vermieten, Damenbesuch unerwünscht. Zwangsläufig zogen noch ein paar Künstler und Kreative hinzu, die, aufgelockert durch die alternden Reste der zünftigen Urbevölkerung, das Viertel komplett machten.

San Lorenzo war gut, ich habe hier gerne gelebt, vor zwanzig Jahren. So hätte es bleiben können, bleiben sollen, bleiben müssen. Aber es kam, was kommen musste: spanische Hipster, deutsche Pärchen, amerikanische Spring-Break-Truppen, alle Divisionen der touristischen Invasion Force, Jugendabteilung. Sie wohnen in Wohnungen, aus denen man die letzten Opas und Omas zum Campo Verano umgesiedelt hatte. Aber auch für die meisten Studenten sind die Studentenbuden inzwischen zu teuer. Aus den Studentenkneipen wurden Fress- und Saufstationen, der Pizzateig gärt nur noch fünf Minuten statt achtundvierzig Stunden.

Ach, die Pizzerien von San Lorenzo. Früher gab es hier die Pizzeria Il Maratoneta, der Marathonläufer, benannt nach der sportlichen Vorliebe des Gründers und Besitzers, dessen in die Siebzigerjahre reichende Heldentaten in blassen Farbfotografien, vor allem aber auf riesigen, schrägen Wandgemälden in psychedelischen Akrylfarben gefeiert wurden. Als ich ihn kennenlernte, also vor mehr als zwanzig Jahren, lief er, glaube ich, nicht mehr, sondern führte nur noch sein Lokal. Wie er das tat, weiß ich nicht, denn er war Sarde und redete als solcher nie ein Wort. Er stand, klein und zierlich von Gestalt, immer nur an irgendeinem strategisch gelegenen Vorsprung und dirigierte von dort das Geschehen wie Napoleon, der Korse, seine Schlachten, aufrecht, den dunkel melancholischen Blick in eine ungewisse Ferne gerichtet, die Hände stets auf dem Rücken. Natürlich kannte er uns über die Jahre, aber er hätte sich lieber in seinen Pizzaofen schieben lassen, als dieses Kennen und Erkennen auch nur durch geringste Anzeichen anzudeuten. Er ließ einen einfach stehen wie nicht vorhanden, und man musste warten, bis einer der gleichfalls sardischen Kellner sich erbarmte und mit zwei Worten oder auch nur einem Blick einen offiziellen Platz in der Reihe der bereits Wartenden zuwies.

Was soll man lange von Dingen erzählen, die es nicht mehr gibt. Aber der Maratoneta war Heimat und Verheißung, Höhepunkt und Ziel langer Arbeitstage, vor allem im Sommer, im August, wenn Rom halb leer und halb geschlossen ist, vielleicht nicht mehr ganz so leer wie in Dino Risis großartigem Film *Il Sorpasso* von 1962 (*Verliebt in scharfe Kurven*, so der schwachsinnige deutsche Titel), aber doch so anders als sonst, in einem schwer beschreiblichen, unendlich leichten und sehr melancholischen Ausnahmezustand, eine Gemeinschaft der Hiergebliebenen, Nicht-ans-Meer-Gefahrenen, die alleine durch ihr Hierbleiben und Nicht-ans-Meer-Fahren schon etwas geleistet haben, sich also etwas leisten dürfen, was immer sie an den langen, trocken-heißen Tagen im Einzelnen auch tun mögen. Eine Pizza beim Maratoneta hat man sich auf alle Fälle verdient. Eine lange Schlange, andere Läden sind zu, man reiht sich ein in sommerlicher Entspannung, keine Hektik wie sonst, irgendwann sieht einen auch der Kellner, der auch hiergeblieben und irgendwie etwas besser gelaunt ist als sonst, und plötzlich, wenn man es gar nicht mehr erwartet, wird flugs irgendwo zwischen parkenden Autos ein Sperrholztischchen aufgestellt.

Man sitzt, alle sind glücklich, denn es ist Sommer, und zwar Hochsommer, sagen wir 11. August, noch steigert sich das Ganze bis zum 15., *Ferragosto*, dem von Kaiser Augustus zu seinem Geburtstag eingerichteten und seitdem geheiligten Feiertag, wo dann wirklich alles stillsteht. Sitzt man erst einmal, dann geht alles zackzack. Der Kellner fliegt herbei mit wehendem Papiertischtuch, Besteck, Gläsern und Servietten und ruft, während er all das in Windeseile verteilt, die Bestellung ab. Will man ein bisschen länger sitzen und erst mal zu sich kommen, kann man die Pizza durch einen Antipasto, in der Regel frittierte Fiori di Zucca oder Filetti di Baccalà, noch hinauszögern, aber nur ein wenig und auf Kosten einer verdoppelten Kalorienaufnahme. Außerdem muss man die Pizza sofort mitbestellen, und sie kommt dampfend auf den Tisch geknallt, wenn man noch am Zipfel der Fiori kaut. Zuvor, aber nur kurz zuvor, kommen die Getränke, wobei die Römer überzeugt sind, dass man seit alters her zur Pizza ausschließlich Bier trinkt. In Wirklichkeit hängt das mit der Erteilung einer Lizenz zum Ausschank niedrigprozentiger Alkoholika aus dem Jahr 1956 an Lokale wie Pizzerien zusammen, die damals keine höherprozentigen Getränke verkaufen durften. Heute dürfen sie es, ich trinke Wein.

Die Pizza. Ich habe noch viele Jahre erlebt, in der die Pizza so war, wie sie zu sein hat: dünn, knusprig und zugleich saftig – köstlich. Ältere bestätigten das. Dann kam der Sommer, wo plötzlich alles anders war, so wie in der ganzen Welt nach 9/11. Die Pizza war auf einmal so trocken, als ob Sägemehl in den Teig gemischt worden wäre. Die ehemals so souveränen Kellner waren nervös und fahrig, und der Maratoneta blickte noch finsterer aus seiner Ecke hervor. Das wiederholte sich über Wochen und Monate. Dann gingen wir über eine längere Zeit nicht mehr hin, verließen Rom. Als ich einmal nach vielen Jahren wiederkam, im Winter, wollte ich nachsehen, was aus dem Maratoneta geworden war. Erleichterung schon von Ferne: Die grün-weiß geschwungene Neonschrift aus den späten Siebzigerjahren leuchtete über den regennassen Gehsteig, alles war noch da. Beim Eintreten dann der Schock: Die linke Hälfte des Lokals, also die Seite zu den Klos und der Küche hin, war dunkel und leer, ganz offenbar stillgelegt, die rechte dagegen beleuchtet und besetzt, aber keineswegs voll. Wo man früher untertänigst um einen Platz vorstellig werden und zeremonielle Wartezeiten absolvieren musste, wurde man jetzt gleich platziert. Das allein hätte als Menetekel, als Zeichen des unweigerlichen Untergangs, schon gereicht. Doch dann fiel mein Blick auf ein kleines Männchen mit dunklen, lichten lockigen

Haaren, einem hängenden Schnauzer und pechschwarzen Augen – der Maratoneta. Er stand da wie früher, die Hände hinter dem noch etwas schmäleren Leib verschränkt, doch nun löste sich sein dunkler Blick von jenem napoleonischen Punkt in der Ferne, richtete sich auf mich, sah mich an, und der Kopf nickte. Da wusste ich, dass alles verloren war. Wenig später schloss der Maratoneta für immer.

Warum? Weil die Pizza so schlecht wurde, dass immer weniger Gäste kamen? Ich glaube nicht. Etwas anderes ist geschehen, unmerklich: Wir sind älter geworden, und mit uns die Pizza. Früher gehörten wir mit etwa fünfunddreißig zu den jüngeren Besuchern. Sitze ich jetzt in einer der noch verbliebenen, sehr mäßig frequentierten Pizzerien, so gehöre ich mit Anfang fünfzig immer noch zu den Jüngsten. Um mich herum nur gebeugte Graubärte mit ihren gefärbten Begleiterinnen, die in bedächtiger Unterhaltung versunken langsam an ihren Pizzen herumkauen und, noch langsamer, an ihrem 1956er-Lizenz-Bier schlürfen. Pizza essen gehen ist etwas für ältere und alte Leute geworden, die früher einmal jung gewesen sind. Hier kann man in Ruhe zusammensitzen, reden oder schweigen. Allein die Vorstellung, irgendwo hinzugehen, sich dort zu setzen und erst einmal zu bleiben, ohne dass sonst viel passieren würde, scheint für die Jüngeren nicht mehr attraktiv zu sein. Die Pizzeria war, zumindest im linken San Lorenzo, früher der Ort, wo man sich mit Freunden getroffen und diskutiert hat, über Politik vor allem und ein bisschen über Fußball. Kein Mensch, vor allem nicht die Jüngeren, diskutiert heute mehr über Politik. Was sollte man also die ganze Zeit, wo man sitzt und auf die Pizza wartet, tun? Der Input muss von außen kommen, und das ist am besten dann gewährleistet, wenn man nicht für eine Stunde an einem Ort festgenagelt sitzt, sondern steht, allenfalls hockt und sich jederzeit bewegen und wegbewegen kann. Das soziale Leben ist, auch durch technischen Support, interaktiver und performativer geworden, beweglicher, spontaner.

Dafür sind andere Speisen besser geeignet als die Pizza, die man, in ihrer klassischen Ausführung als große, runde Scheibe, nur schlecht im Stehen essen kann. Sushi, Kebab und alle Arten von Paninis oder Reisnudelgerichten passen sich diesem Mobilitätstrieb, aber auch den epidemisch sich verbreitenden Lebensmittelunverträglichkeiten geschmeidiger an als die gute alte Pizza. Große Menschentrauben denn auch vor solchen Stationen, die wie Pilze aus dem Boden schießen.

Immer muss ich an das Zunicken des Maratoneta denken, erster und zugleich letzter Gruß des Kapitäns dieses dereinst so stolzen und nun in den Abgrund sinkenden Schiffes an einen seiner späten Passagiere. Will man da wohnen, wo man solches hat erleben müssen?

Sie sehen, es ist gar nicht so einfach, in Rom eine Gegend zu finden, in der man vorbehaltlos wohnen möchte. Ich übergehe das Kapitel Trastevere, obschon es hier einiges zu sagen gäbe. Vielleicht nur so viel: Überall dort, wo es flach und mit Altbauten bedeckt, also wo es hübsch ist, hat dieses so pittoreske Viertel den Weg alles Touristischen genommen. Es zählt wohnungstechnisch zum Centro Storico, wie auch das hiervon länger verschonte Ghetto. Monteverde, also der höhergelegene, überwiegend im 20. Jahrhundert bebaute Teil zum Gianicolo hin, ist dagegen ganz in Ordnung. Ein bisschen weit weg vom Bahnhof vielleicht, wenn man Rom verlassen muss oder will. Zum Flughafen ist es freilich nicht weit. Gleiches gilt für San Giovanni. Dort *kann* man wohnen, muss es aber nicht.

Dann gibt es Viertel, die ich überwiegend vom Hörensagen kenne und von denen viele sagen, dass man genau da jetzt wohnen muss. Das sind vor allen Pigneto im Osten sowie Garbatella im Süden. Weder im einen noch im anderen bin ich je gewesen, was auch damit zusammenhängen mag, dass sie, aus der Sicht des Zentrums, relativ schwer erreichbar sind. Das trifft vor allem für Pigneto zu, ein von unüberwindlichen Schienensträngen vom Rest der Welt abgeschnittener Vorstadtzipfel: Im

Norden verlaufen die Gleise zwischen Termini und der Stazione Tiburtina wie ein vielfacher Todesstreifen, im Süden jene in Richtung Neapel. Die U-Bahn, die im Viertel mit falscher Verheißung Station macht, ist die Linie C, die keineswegs ins Zentrum führt, sondern irgendwie drum herum. Will man dort wohnen? Offenbar schon, zumindest wenn man jünger ist, nicht in die Stadt muss zum Arbeiten, ja vielleicht am besten überhaupt nicht arbeitet, sondern nur zum Feiern hier ist für ein paar Tage oder Wochen. Vielleicht stimmt das alles gar nicht, aber ich habe doch den Verdacht, dass es am Ende genau so ist. Über Garbatella weiß ich nur, dass es irgendwo draußen im Süden liegt, ebenso schlecht erreichbar ist, früher sehr proletarisch war und heute sehr begehrt – und dass Giorgia Meloni dort aufgewachsen ist, wie man an Habitus und Sprache deutlich erkennen kann. Will man da wohnen? Geschmacksache. Aber bloß keine Vorurteile.

# Auf dem Esquilin

**Wo also will man in Rom** denn nun wohnen? Es gäbe da noch ein Viertel, das ich beinahe vergessen hätte, obschon ich selbst dort wohne: den Esquilin.

Der Esquilin ist ein Ort, an dem die Großartigkeit Roms zumindest in Spuren überlebt hat, die noch dicht genug sind, um eine halbwegs intakte urbane Textur zu bilden. Zunächst versammelt er einige unbestreitbare formale Vorteile auf seiner flachen Hügelkuppe. Er zählt zu den sieben Hügeln Roms und darf von sich behaupten, zumindest in seiner westlichen Hälfte in den Ring der ersten Stadtmauer, der Servianischen, einbezogen worden zu sein. Älter geht nicht, stadttopographischer Uradel, wenn wir die zwar älteren, aber doch recht windigen Hüttensiedlungen auf dem Palatin einmal beiseitelassen. Der Esquilin stand nie im Zentrum des antiken Trubels. Hier gibt es kein Kolosseum, kein Marcellustheater, kein Forum Romanum, keine Markthallen und was sonst noch Plebs und Pöbel, Krethi und Plethi angezogen haben mag. Es ging fein und ruhig zu hier oben: Weitläufige Villen prägten das Bild, wie jene des Maecenas, aber auch, keineswegs zu verachten, ein ausgedehnter Sklavenfriedhof. Wer hat das schon?

Auch zählt der Hügel zu den vier Ur-Regiones, in welche der vorchristliche römische König Servius Tullius die Stadt einst eingeteilt hat. Als unter Augustus diese vier Regiones zu vierzehn erweitert wurden, war der Esquilin als Nummer fünf ganz vorne mit dabei. Erst das geschichtsvergessene Mittelalter schlug den altehrwürdigen Hügel dem benachbarten Monti zu, eine historische Fehlentscheidung zweifelsohne. In den folgenden Jahrhunderten wechselte die Zahl der Rioni, wie man die

Viertel jetzt nannte, zwischen acht und vierzehn, ohne dass der Esquilin wieder seine Eigenständigkeit erlangt hätte. Die gaben ihm erst die verständigen Gründungsväter des neuen Italien wieder: 1874 wurde der Esquilin nach eineinhalb Jahrtausenden wieder das, was er *ab urbe condita* gewesen ist: ein eigener Hügel und ein eigenes Viertel, der Rione Nummer 15, eine altrömische Glückszahl. Dass nach dem Ersten Weltkrieg sieben weitere, an sich völlig unbedeutende Rioni hinzukamen, muss uns nicht weiter beschäftigen.

Der Esquilin ist aber nicht nur Hügel und Bezirk zugleich, sondern gehört, und das ist wichtig, zum *primo Municipio*, zum ersten Regierungsbezirk der italienischen Hauptstadt. Das tun zwar Viertel wie Prati auch, aber doch insofern ohne historische Grundlage und Berechtigung, als Prati einfach auf die grüne Wiese gebaut wurde. Der Esquilin dagegen ist immer *intra muros* gewesen, innerhalb der Stadtmauern, kein schnödes, von Kaisern und Päpsten unverteidigtes Schwemmland, wo das Vieh weidete und die Hirten ihre Notdurft verrichteten. Vor allem aber ist der Esquilin mit dem Rest der Welt durch die Linea A verbunden, die Königin der U-Bahnlinien. Auch die Buslinie 71, der Moby Dick unter den Buslinien, streift auf ihren seltenen Fahrten dieses ehrwürdige Viertel. Von beiden wird noch zu sprechen sein.

Wenn man vom Esquilin spricht, muss man freilich unterscheiden, denn das Viertel ist, so wie es heute dasteht, doch sehr heterogen. Ursprünglich war das nicht so, ja es gibt in Italien wohl kaum ein Stadtviertel dieser Ausmaße, das einheitlicher geplant und in derart kurzer Zeit tatsächlich auch gebaut worden ist. Ziel war es, den aus den Interimshauptstädten Turin und Florenz ab 1870 nach Rom strömenden Regierungsmitarbeitern und Verwaltungsbeamten Unterkünfte zu verschaffen, wie sie einer großen modernen europäischen Nation würdig, im vorgefundenen Rom der Päpste aber offenbar nicht vorhanden waren. Das Viertel entstand auf der flachen Kuppe des Esquilin, und zwar in unmittelbarer Nachbarschaft des 1867 noch vom Papst begonnenen Bahnhofs Termini. Die Regierungsmitarbeiter sollten es, wenn sie mit ihren Familien aus dem Norden per Zug eintrafen, nicht weit haben in ihr neues Zuhause. So wie ich jetzt.

Das Herzstück des Viertels bildet die mit mächtigen Platanen, Palmen, Zedern und allerlei sonstigen Gewächsen bepflanzte Piazza Vittorio Emanuele II. Mit ihren Brunnen, Wegen, Plätzchen, Kaffees, Rasenflächen, Dog Runs und Bänken könnte man sie den Central Park Roms nennen, wäre nicht der Central Park in Wirklichkeit die Piazza Vittorio Manhattans. Diese Piazza nun, das musste unbedingt so sein, ist größer als der Petersplatz und damit die größte Platzanlage Roms, Italiens und vielleicht sogar der Welt. Nun, der Tian'anmen-Platz in Peking mag noch ein wenig größer sein, aber dort müssen ja auch Panzer ungehindert fahren können, was in Rom nicht nötig ist, zumindest noch nicht. Früher war hier ein wundervoll unhygienischer Markt von orientalischen Ausmaßen, der sich in Hunderten Ständen um den Platz herumzog, ein beglückendes Delirium an Lärm und Gerüchen, wo auf offener Straße die Schweineschädel gespalten wurden. Ich nehme an, dass er, wie auch die offenen Zuckerdosen in den Bars, irgendeiner europäischen Richtlinie zum Opfer gefallen ist, die umzusetzen man sich rätselhafterweise bemüßigt fühlte. Heute ist er in einer trüben, schlecht gelüfteten Halle untergebracht.

Bebaut wurde das riesige Areal zwischen Bahnhof und dem Colle Oppio von privaten Investoren, die jedoch gewissen Vorgaben der städtischen Baubehörden zu folgen hatten. So sollten die Gebäude um die Piazza herum besonders hoch und monumental sein. Man wollte ein neues, grandioses Zentrum schaffen, das sich vor der barocken Pracht der Päpste – aber auch vor Paris und London – nicht zu verstecken brauchte. Die zentralen Palazzi auf der Querachse mussten besonders aufwendig dekoriert werden. Sie sind das erste große Werk des später berühmten Architekten Gaetano Koch, ein Enkel des Tiroler Malers Joseph Anton Koch, der in den Jahren danach das unitarische Rom durch öffentliche und private Großaufträge prägen sollte wie kein Zweiter. Kochs architektonisches Vokabular greift mit intimer Kenntnis und gleichzeitig großer Freiheit die Sprache der klassischen Hochrenaissance auf, was automatisch für eine gewisse *romanità* sorgt. Auf die Ecken der über fünfunddreißig Meter hohen Palazzi setzte Koch triumphbogenartig ausgestaltete Türmchen, kleine, in den römischen Himmel ragende Luftschlösser, die den schweren Unterbau mit heiterer Festlichkeit abschließen und gleichzeitig die alte römische Bautradition der über den Dächern thronenden Altanen aufgreift. Es sind Meisterwerke des frühen Meisters. Wollte man dort wohnen? Aber ja, unbedingt!

Alle den Platz umstehenden Paläste ruhen auf durchgehenden Kolonnaden aus massiven Granitsäulen, die so lang sind, dass ihr Ende gar nicht absehbar ist. Man kann also, geschützt vor Sonne und Regen, in diesen prächtigen, hohen, mit farbigen Marmorplättchen gepflasterten Gängen um den ganzen Platz herumgehen, einkaufen, sich in Cafés setzen, die Leute anschauen. Das wiederum ist ganz und gar nicht römisch, sondern eher norditalienisch. Der Verweis auf die alte Savoyer-Hauptstadt Turin ist denn auch überdeutlich, so dass das ganze Viertel auch Turiner-Viertel genannt wird. Der Bruch mit alter, also päpstlicher römischer Tradition war, wie an anderer Stelle auch, durchaus gewollt. Jeder sollte sehen, dass hier ein neues Kapitel aufgeschlagen wurde und Rom nun einer neuen europäischen Großmacht als Hauptstadt diente. Zumindest war das der Anspruch.

Für mich hat das Viertel, und speziell die Piazza Vittorio, sogar etwas in den Mittelmeerraum bis hinüber nach Südamerika Weisendes, diese Mischung aus strenger Schwere und einer heiter-südlichen Urbanität, eine Verbindung aus Sonne und Macht, aus kühler Bürokratie und vitalem Leben, diese leicht heruntergekommenen, in aller Pracht des letzten Historismus blühenden Fassaden mit ihren schweren Portalen und Ädikulen, den Palmen des Parks und den Oleanderbäumen auf den Gehsteigen. Madrid oder auch Buenos Aires stelle ich mir so vor, ohne jemals dort gewesen zu sein. Dieses Buenos-Aires-Gefühl hat mich immer sofort erfasst, als ich früher ab und zu in dieses Viertel kam, hauptsächlich um im Kaufhaus MAS militärische Restposten von wundervollen Betttüchern aus herrlichem Leinenstoff für so wenig Geld zu erwerben, dass ich einen halben Schrank voll davon habe. Jedes Stück dieser elfenbeinweißen Tücher trägt einen datierten Inventarstempel des Heeres, so um das Jahr meiner Geburt herum und älter, Jahrgangsleintuch sozusagen, heute Morgen erwachte ich in einem von 1969. Es ist wohl auch eine gewisse Melancholie, eine immerwährende, ziehende Bandoneon-Musik, die in den großen Straßenachsen zu hängen scheint. Es ist die Stadt zu Astor Piazzollas *Vuelvo al Sur.* Zumindest geht es mir so, wenn ich in die Nähe dieses magischen Platzes komme, auf den von allen Seiten her die gewaltigen Avenidas zulaufen. *Vuelvo al Sur. Como se vuelve siempre al amor ...*

*

Tatsächlich ist der Esquilin noch weit fremdländischer. Er rührt nicht nur assoziativ an diverse Vorstellungen von Ferne, sondern weist auch ganz handfest in alle Himmelsrichtungen des Erdkreises hinaus, vor allem nach Süd und nach Ost. Darin liegt, nur scheinbar paradox, seine eigentliche *romanità*, sein Römisch-Sein, das ja schon immer das Anziehen, Versammeln, Verdichten und Römisch-Machen des Fremden gewesen ist. Das Rom der Spätantike war ein bunter Schmelztiegel aus griechischen Taugenichtsen, thrakischen Köchen, nubischen Konkubinen, assyrischen Stallknechten, germanischen Zuckerbäckern und maurischen Abdeckern. Alle zusammengenommen ergeben reinstes Römerblut.

Das sehen die echten Römer, also die, deren Großväter in den 1950ern aus den Abruzzen oder aus Sizilien nach Rom gekommen sind, gelegentlich etwas anders, wie man in Italien in letzter Zeit ohnehin um nationale Identität im Sinne homogener Bauart (*razza italiana*, wie viele tatsächlich sagen) besorgt ist. Die Ansicht, direkt von Julius Cäsar abzustammen, und damit von Venus Genetrix, ist allgemein sehr verbreitet. Wenn ich dann erzähle, dass ich auf dem Esquilin wohne, schauen diese Ur-Römer immer etwas erstaunt drein. Wirklich? Da wohnen doch die ganzen Ausländer, die *stranieri*. Tatsächlich ist der Zuzug von Ausländern das, was so viele Römer neben dem administrativen Verfall ihrer Stadt am meisten umtreibt. Genau genommen sind es die *extracomunitari*, also jene Ausländer der Klassen B und C, die nicht der Europäischen Union angehören. In diesem Sinne *nicht* vollwertig ist die EU-Bürgerschaft von Rumänen, Bulgaren, Kroaten und Polen, während Amerikaner, Kanadier und natürlich Briten (obschon im technischen Sinne auch Extracomunitari) noch über den Deutschen gehandelt werden, AAA+ sozusagen. Zur Anwendung kommen also Kriterien, die zwar nicht offen ausgesprochen, aber weitgehend unbekümmert gebraucht werden. Wer ein bisschen nordisch aussieht, hat es leicht in Rom.

Dem alteingesessenen Römer ist es nicht immer verständlich, wie der Angehörige einer A-Nation bei den Stranieri zu wohnen sich entschließen kann. Nun, sage ich dann manchmal, um sie zu ärgern, als Ausländer und speziell als Deutscher könne ich Italiener und Pakistaner gar nicht so richtig auseinanderhalten. Aber natürlich kann ich mir vorstellen, was diese Menschen beunruhigt. Es ist für sie einfach ein Unterschied, ob ihnen aus dem Gemüseladen der typische unrasierte römische Kürbiskopf entgegengrinst oder dort ein junger Mann aus Bangladesch steht und die Fremden, die sie nun selber sind, höflich, aber mit distanzierter Teilnahmslosigkeit bedient, dazu am Handy Gespräche führt, denen sie nicht folgen können, und nebenbei Dinge verkauft, die sie nicht kennen, während im Fernsehen an der Decke verschleierte Frauen zu sehen sind. Ich verstehe, dass das etwas anderes ist als das, was die Leute hier als Kinder, als Jugendliche, ja noch als junge Leute erlebt haben. Es ist eine Änderung, die man nicht – wie ich – selbst durch Weggang verursacht und ein bisschen auch gesucht hat, sondern eine Änderung, die ungefragt und ohne dass man darauf Einfluss gehabt hätte, in die vertraute Welt von gestern gekommen ist. Man selbst hat sich keinen Zentimeter bewegt und ist dann plötzlich Teil des globalen Südens, von dessen Existenz man gar nichts geahnt hat.

Insofern tue ich mich – Heimatland, Vaterstadt und Muttersprache mit einer gewissen Mutwilligkeit hinter mir gelassen habend und zudem als Ausländer der Kategorie A – leicht damit, mich mit dem Neuen und Fremden anzufreunden, ich war ja auf der Suche danach. Und dass ich nun neben Rom kostenlos auch noch Islamabad dazubekommen habe, plus Addis Abeba, Colombo, Manila, Dakar, Asmara, Shenzhen und Guangzhou – wunderbar, ich muss nur aus meinem Bett steigen, und schon bin ich draußen in der weiten Welt. Manchmal nicht einmal das: Neulich, an einem Sommermorgen, wurde ich kurz nach Sonnenaufgang vom Gesang eines bangladeschischen Straßenpredigers sanft vom Morgenschlummer in das Morgenland überführt, und als ich dann etwas später auf der Piazza im Park, der mit seinen Palmen, Papageien und Gummibäumen ohnehin an Fernes denken lässt, ganze Familien in ihren traditionellen Gewändern auf den Alleen wandeln und im Gras sitzen sah, wehten mich Reiselust und Fernweh an, Orientsehnsucht. Es war wie das Gefühl, das ich als Student hatte beim Betrachten des Bildes *Orientalischer Seehafen* des Barockmalers Claude-Joseph Vernet, wunderbar und insofern prophetisch, als dieser *orientalische* Seehafen vom architektonischen Setting her eher *italienisch* aussieht, nur eben orientalisch bevölkert, genau wie die Piazza Vittorio.

Mein Nachbar freilich, der hier seit siebzig Jahren wohnt, Vernet vermutlich nicht kennt und das Orientalische nicht bestellt, aber doch bekommen hat, sieht das wahrscheinlich ein wenig anders. Er mag bei Silhouetten von Kaftanen unter Palmen im Gegenlicht nicht an Sindbads Reisen denken, also an meinen sentimentalen Kolonialkitsch, sondern daran, dass genau hier noch vor dreißig Jahren die Klosterschwestern im vollen Habit ihre Schülerchen in den netten blauen Kitteln mit den weißen Krägelchen über die Straße gelotst haben. Verschwunden nun beide. Das ist ein Unterschied, den man zur Kenntnis nehmen muss und der auch zu den Ursachen gehört, warum viele dieser Leute, die in der *Prima Repubblica* noch kommunistisch, sozialistisch oder zumindest christdemokratisch wählten, nun Rechtsradikale, Post- und Neofaschisten in die Regierung gebracht haben. Den *Partito Democratico* wählen dagegen nur noch die wenigen, die Claude-Joseph Vernet kennen oder etwas in der Art im Salon hängen haben. Die Wähler der Rechten – überwiegend nette, harmlose Leute – nennen diese bürgerlichen Linken der teuren Innenstadtbezirke gerne *i radical chic*, die radikalen Schicken, vergleichbar der Pariser *gauche caviar* – ein Beleg für die Langlebigkeit der Vorstellung, dass etwas progressivere politische Ansichten unvereinbar seien mit einer gehobenen Lebensführung.

Solche radikale Schicke also haben vor etwa zwanzig Jahren angefangen, den Esquilin zu besiedeln. Bei dieser sanften Gentrifizierung muss man freilich genau unterscheiden. Es gibt eine imaginäre Linie, die genau durch die Mitte der Piazza Vittorio verläuft und auch die darauf zuführenden Avenidas der Länge nach in eine nördliche und eine südliche Hälfte teilt. Es ist diese Demarkationslinie, die den Soziologen Mirco di Sandro von einem *rione diviso* sprechen lässt, von einem geteilten Viertel. Nördlich hiervon, also dem Bahnhof zugewandt, sei die *area dei flussi*, die *Strömungszone*, wo sich die Ströme der Touristen mit denen der Migranten mischen. Tatsächlich beherbergen die riesigen, kastenartigen Palazzi dieser Gegend, deren breite, schnurgerade Straßen prunkvolle Namen der Savoyer-Dynastie tragen, vor allem billigere Hotels und sonstige Absteigen. Hier bleibt niemand länger, als er muss. Die kleinen Läden zu den Gehsteigen hin, früher von Afrikanern geführt, sind inzwischen fast vollständig in chinesischer Hand. Es werden dort die immergleichen, für das tägliche Leben weitgehend irrelevanten Produkte angeboten, von denen man den Eindruck hat, dass sie in erster Linie zum preiswerten Füllen der Regale bestimmt sind. Es ist nicht meine Aufgabe herauszufinden, auf welcher wirtschaftlichen Basis dieses zugleich umsatzlose wie offenbar lukrative Geschäft beruht, aber es expandiert ständig.

Auf die andere Seite, südlich der imaginären Grenze, schwappt diese merkwürdige Ökonomie bislang nicht über. Dort findet man traditionelle Geschäfte und vor allem auch solche, die deutlich machen, dass ihre Kundschaft gewisse Ansprüche hat und dazu etwas Kleingeld mitbringt. Bio-Gemüsehändler, Bäckereien mit cooler Jazz-Musik und schwulen Bäckern, schicke Optiker und Kosmetiker, ein Laden, der ausschließlich Spezialitäten aus Schweinefleisch führt, was auf einen christlichen Kundenstamm hindeutet, Buchläden, Schneidereien, Künstlerbedarf, Weinhandlungen, Rahmenmacher, Konditoreien, wo immer alle Schlange stehen, Schallplattenläden, Bars und Kaffees, auf die der Prenzlauer Berg neidisch sein könnte. Vielen Schriftstellern, Journalisten, Schauspielern, Filmemachern und sonstigen Kreativen scheint das zuzusagen, sie wohnen hier, im südlichen Esquilin. Radikale Schicke eben.

Die Piazza Vittorio ist, das soll nicht verschwiegen werden, auch Heimat derer, die kein Heim haben, Obdachlose, *barboni*, *fannuloni*, also Nichtstuer, wie man sie hier nennt, Gescheiterte, Gestrandete. Die in Rom so ungewöhnlichen Portiken haben auch für sie den unabweislichen Vorteil, dass es nicht hineinregnet. Außerdem sind sie nicht *suolo pubblico*, also kein öffentlicher Raum, sondern gehören den Eigentümergemeinschaften dieser Palazzi, was diese aber meistens gar nicht wissen. Ein Niemandsland also, die Polizei schert sich nicht. Drüben bei den Chinesen scheint ein anderer Wind zu wehen, dort übernachtet niemand. Im Winter, wenn es kalt und feucht ist, verschanzen sich die Obdachlosen in wahren Burgen aus Kartons, Decken und Planen. Neuankömmlinge krümmen sich in dürftigen Decken. Manchmal stehen respektable alte Ehepaare lange bei ihnen und unterhalten sich, auch eine Art der Grundversorgung in Form von Almosen findet statt, freilich in jener prekären Tradition der katholischen Caritas, die dem Bedürftigen gerade so viel spendet, dass er als Bedürftiger für künftige Taten der Barmherzigkeit erhalten bleibt.

Nachts, vor allem im Winter, kommt manchmal der Krankenwagen, und vor kurzem kam jede Hilfe zu spät. *Pregate per Adrian*, betet für Adrian, steht auf einem kleinen Pappschild mit Foto, das neben einer schmächtigen Topfblume, die der Blumenstand gestiftet hat, auf dem Gehsteig an der Mauer lehnt, und zwar in etwa dort, wo der Mann bevorzugt gelegen hatte, die Beine der Länge nach ausgestreckt, so dass man darübersteigen musste.

*

Zum Esquilin gehört meiner Meinung nach auch das elegante, oleanderblühende Viertel auf der anderen Seite der Via Merulana, der Colle Oppio, gewissermaßen das Westend des Esquilin. Behördlicherseits wird es sonderbarerweise zu Monti gerechnet, ein klassischer Verwaltungsirrtum, der die Via Merulana als Grenzstraße missdeutet. Wenn aber die Piazza Vittorio das Herz des Esquilin ist, dann pulsiert die Via Merulana als dessen vitale Lebensader. Von Santa Maria Maggiore, der nicht gerade geringen Haus-Basilika, führt sie, zunächst abfallend und dann wieder ansteigend, in gerader Linie zum Lateran, auf weiten Strecken von riesigen, knorrigen Platanen beidseitig umstanden, die dem Straßenzug etwas Urwaldartiges verleihen, wie ein tief schattiges Mangrovenufer, Lebensraum unzähliger Spezien. Sie ist die schönste aller Straßen, alles kann man hier kaufen und sehen.

Martin Mosebach schrieb in *Wiedersehen mit Rom*, einem der besten und schönsten Romtexte, die ich kenne (Romtexte sind eine schwierige Gattung, vielleicht die schwierigste), einmal sinngemäß, dass solche aus Frankreich eingeschleppten Platanen aus ikonographischen Erwägungen in Rom – der Stadt der Pinien und Zypressen – fehl am Platze seien. Ich widerspreche ihm selten und ungern, aber in diesem Punkt bin ich anderer Meinung, oder besser, ich würde die Baumfrage unter anderen historisch-soziologischen Prämissen beurteilen. Zunächst einmal: In einer ordentlichen vormodernen Stadt haben Bäume ohnehin nichts zu suchen. Stadt ist Zivilisation, ist Kultur, der Natur durch mühsame Prozesse des Rodens, Ausreutens, Ausgrenzens, Fernhaltens und Abschirmens abgerungen. Die Natur – das ist der wilde Belagerer, der vor den Stadtmauern auf das erste Zeichen der Schwäche wartet, des Nachgebens, Nachlassens, auf die erste Ritze, worin er den Samen, seine das Mauerwerk sprengenden Würzelchen einpflanzen kann. Die Leistung des Menschen ist es – historisch gesehen –, diesem niemals schlafenden Feind ein sauber ausgemauertes und gepflastertes Geviert abgetrotzt und es verteidigt zu haben. Die Zierde der Stadt ist der Palast, die Säule, der Obelisk, der Brunnen, aber nicht der Baum. Marie Luise Kaschnitz nennt es die *edle Baum- und Strauchlosigkeit römischer Renaissancestraßen*. Hier hebt der Hund sein Bein an der Marmorsäule.

Ein Baum hat in diesem Umfeld nichts zu suchen, er stört, macht Dreck, versperrt den Blick auf die Baukunst. Eine solche *Verbaumung* der Altstädte ist Ausdruck einer doppelten kulturellen Krise und nicht genug zu beklagen. Diese Krise besteht zum einen darin, dass die übergroße Mehrheit der Stadtbewohner den erhabenen Werken der Vergangenheit in weitgehender Unkenntnis gegenübersteht. Ich meine nicht etwaige Unsicherheiten in der Benennung klassischer Säulenordnungen, sondern die blanke Ahnungslosigkeit gegenüber jeglicher Ordnung *tout court*. Vor diesem Hintergrund werden historische Baudenkmäler als etwas eher Unbehagliches empfunden, das es durch frisches, freundliches Grün zu überdecken gilt. Vielleicht steckt hinter der urbanen Baumsucht aber auch ein diffuses und durchaus nicht unberechtigtes schlechtes Gewissen jener Natur gegenüber, die man draußen vor den Stadtmauern in nicht enden wollenden Massakern zu Grunde richtet. Das Bäumchen in der Stadt ist das Feigenblatt für den gerodeten Wald draußen im Land. Man täte besser daran, die Bäume aus der Stadt fernzuhalten und die Häuser aus dem Wald.

Etwas anderes ist der innerstädtische Garten. Er ist Ausdruck einer noch höheren Kulturleistung, als es die Errichtung der Stadt an sich schon ist, ja vielleicht ist er überhaupt der Gipfel menschlichen Siedelns. Der mühevoll der Natur entrissenen Stadt wird nun wiederum und trotz aller Enge ein Geviert abgerungen, wo, umhegt und ummauert, die Natur als Gast und Zögling des Menschen ihre Kunst in ebenjenem Maße zur Schau stellen darf, wie es dem Errichter der Gartenmauer gefällt. Ein höherer Luxus ist kaum denkbar. Betritt der Mensch den städtischen *Hortus Conclusus*, so kehrt er als Herr und Gebieter in jenen Garten zurück, aus welchem seine Vorfahren einst als ungehörige Missetäter vertrieben wurden.

Rom nun war lange Zeit ein solcher Hortus Conclusus, wenn auch ein riesiger, war doch jener gewaltige, von der Aurelianischen Mauer umschlossene Bereich seit dem frühen Mittelalter nur in kleinen Teilen städtisches Gebiet im eigentlichen Sinn. Der große Rest war unbesiedeltes Land, der sogenannte *desabitato*, geprägt von Villen und Vignen, von Äckern, Zier- und Nutzgärten. Vorherrschend waren – neben der forensischen Trias aus Olivenbaum, Feige und Weinstock – Zypresse und Pinie. Sie sind, da hat Mosebach völlig recht, die Bäume des päpstlichen und patrizisch-adeligen Roms, während Ölbaum, Feige und Weinstock die ikonischen Gewächse der *contadini* waren, der Bauern, immer schon.

Nun aber wurde die soziale Stratographie Roms seit spätestens 1870 um ein weiteres, nicht gerade unwesentliches Element ergänzt, nämlich um jenes der weltlichen Beamten und des unternehmenden Bürgertums. Diese Gruppen haben, das kann man natürlich beklagen, die Stadt gründlich umgekrempelt, haben Straßenzüge in die mittelalterliche Barockstadt geschlagen, den Tiber eingehegt und riesige neue Viertel geschaffen, wie eben den Esquilin. Und sie haben einen neuen Baum mitgebracht, die Platane nämlich, wahrscheinlich aus Paris oder Avignon, wo ja immerhin einmal römische Päpste gelebt und sich nach ihren römischen Zypressen gesehnt haben.

Die Platane ist ganz klar ein Epochenbaum aus dem späten 19. Jahrhundert, nicht zuletzt der impressionistischen Rinde wegen, die in ewigen Schälungen als hellgrün-beige-oliv-braune Macchia den Blick erfreut, geschaffen dafür, mit gröberen Pinseln von Malern in Strohhüten und Leinenjacken gemalt zu werden. Sie sind hell und freundlich und werden – obschon sie *das unpassende Betragen* haben, *im Sommer schon zu altern* (Mosebach) – rasch groß genug, um die gewaltigen Boulevards des Bürgers noch zu Lebzeiten des Pflanzers zu beschatten. Sonst würde er nämlich schwitzen in seinen Anzügen und steifen Kragen, die er selbstredend auch im Sommer trägt. Und da diese Epoche in der Architektur weniger das Unikat, also einzelne Meisterwerk im Sinn hat als vielmehr die flächige Matrix, ein serieller Stil, mit dem die Oberflächen dieser Boulevards kilometerlang verkleidet werden, ist der durch Bäume partiell verstellte Blick auf sie kein Unding mehr. Ja, die Architektur des 19. Jahrhunderts wird erst eigentlich interessant und reizvoll, wenn sie aus den Laubmassen parkartigen Grüns hervorschaut. Die Platane ist der Baum jenes bürgerlichen Zeitalters, welches das päpstlich-aristokratische Rom ummantelt und am

Leben hält. Deswegen das bürgerliche Lob der Platanen Roms, sofern man sie nicht gerade vor dem Pantheon pflanzt.

*

Rechnet man den Colle Oppio, wie es recht und billig ist, zum Esquilin hinzu, muss man dieses Viertel gar nicht verlassen, wenn man laufen gehen will. Denn dort gibt es, zwischen den malerischen Resten der Trajansthermen und des Kolosseums, einen kleinen Park, unter dessen Steineichen, Palmen und Oleander die sogenannte Domus Aurea des Kaisers Nero im Erdboden ruht. Der Park ist winzig klein, eigentlich viel zu klein, um sich darin für Größeres vorzubereiten, einen Stadt-Marathon zum Beispiel. Solcher Ehrgeiz aber liegt mir fern. Und wie man in Japan bewiesen hat, dass große Gartenkunst keines großen Gartens bedarf, so kann man auch im kleinen Park zum großen Läufer werden.

Ich liebe ihn, diesen kleinen Park. Am Eingang erhebt sich wie ein großes Torwärterhaus ein beinahe ländlich anmutendes Gebäude, das in seinem anmutigen Zustand einer nur auf nötige Reparaturen achtenden Erhaltung mich an jenes Rom erinnert, das ich vor dreißig Jahren gerade noch habe verschwinden sehen. Diese romantische, zweifellos aus einer frühen Landwirtschaft überkommene und von einem eigenen Gärtchen umgebene Klause wird durch Flagge sowie Messingschild als *Centro Culturale della Repubblica Araba d'Egitto* ausgewiesen, als Kulturabteilung der ägyptischen Botschaft. Was immer dort tagsüber oder auch nachts geschehen mag – es bleibt mir verborgen. Nie habe ich ein Licht gesehen im Winter oder ein geöffnetes Fenster im Sommer, das Gärtchen liegt still, und das Haus träumt leer in der Abendsonne. Wohnt ein Spion darin, werden im Keller Oppositionelle gefoltert? Man kann die Arabische Republik nur beneiden um diese köstliche kleine Liegenschaft, von der sie so diskreten Gebrauch macht.

Der Faschismus war in Rom auch die große Zeit der Landschaftsgärtner, die um bestehende, sorgsam präparierte Ruinen herum mit sicherer Hand, guter Materialkenntnis sowie viel Ziegelstein und Travertin Parkarchitekturen aus Treppen, Mauern, Brunnen und Geländern schufen, die, wie alles aus dieser Zeit, in staatstragender Romanità private Garten-Intimität gar nicht erst aufkommen lässt. Anspielungsreich in den archäologischen Zitaten, immer ein wenig stereotyp und pathetisch, ist sie ein bisschen zu laut und zu bedeutungsschwer, aber doch in formaler Hinsicht gut gemacht. Was an auftrumpfender Monumentalität stören könnte, hat die eher zurückhaltende Parkpflege des demokratischen Italien dem versöhnlichen Zustand würdiger Verlotterung anheimgegeben. Die Stufen gebrochen, die Brunnen trocken, das Gras einmal im Jahr gemäht wie die Waldwiesen meiner Kindheit. Ansonsten ist alles ziemlich robust und hat die stürmischen Zeiten ganz anständig überdauert. Fest gefügt die Mauern und Brüstungen, dick und massiv aus Marmor, Stein und Eisen, keine billig aus Täfelchen zusammengeklebten Travertinblöcke, wie man sie bei Richard Meiers schicken römischen Architekturen nach wenigen Jahren zerbröckeln sieht. Manchmal spart die Demokratie an der falschen Stelle.

Vielleicht trägt dieses Ambiente auch dazu bei, dass sich neo- oder postfaschistische Aktivisten auf dem Colle Oppio wohlfühlen. Sie betreiben hier eine Art Jugendzentrum, wie es schon eines unter Mussolini an gleicher Stelle gegeben hat. Die derzeitige Premierministerin ist aus diesem Verein hervorgegangen, und so mancher ihrer Gefolgsleute. Möglich, dass sie die Schule in der Garbatella geschwänzt und bei ihren Fascho-Kameraden auf dem Colle Oppio abgehangen hat, als im Italienischunterricht die Genus-Lehre drankam. Sie lässt sich nämlich *Herr Premierminister* nennen, *Signor Primo Ministro*, obschon sie ganz zweifellos eine Frau ist, auch so aussieht und man in Italien sonst recht penibel zwischen Männchen und

Weibchen unterscheidet, etwa im Tierreich. Gerade die Rechten müssten das wissen, war doch die Zentrale der Postfaschisten lange in der Via della Scrofa, in der Sau-Straße also, denn die *scrofa* ist – unter anderem – das weibliche Schwein. Wie auch immer.

Zur faschistischen Infrastruktur des Viertels gehört auch, neben einer Buchhandlung und einem Restaurant, die sogenannte Casa Pound, das Hauptquartier einer nach dem amerikanischen Dichter Ezra Pound benannten neofaschistischen Schlägergruppierung mit einer runden weißen Schildkröte als Wappen, deren Beinchen hakenkreuzartig abgewinkelt sind, im schwarzen Kreis auf rotem Grund. Es erinnert ganz deutlich an eine andere Fahne, ich komme bloß nicht drauf, an welche. Unweit vom Bahnhof halten diese Leute seit eh und je ein imposantes Gebäude illegal besetzt, aus dessen Fenstern die rot-weiß-schwarzen Fahnen mit der Hakenkröte hängen und das zu räumen sich trotz entsprechender Stadtratsbeschlüsse kein Bürgermeister traut. Solche Leute verärgert man besser nicht. Daran wird vermutlich auch der Herr Premierminister nichts ändern. Wenn Sie in dieser Gegend übrigens einen Kreis mit einem Blitz darin an Mauerwände gesprüht sehen, so ist das nicht das Graffito eines Opel-Fans, sondern stammt vom faschistischen Blocco Studentesco, der Jugendabteilung der Schildkrötler.

Von der Piazza Vittorio, also von Sindbads Bagdad, herkommend, betritt man im Park des Colle Oppio eine Welt, die bildlichen Stoff zu ganz anderen, dabei nicht weniger artifiziellen Lebensgefühlen bereithält. So überkommt mich jedes Mal, wenn ich um die Ecke eines der von den Thermen übriggebliebenen haushohen Mauerbrocken aus Ziegel und Opus Caementitium biege, jenes Glücksgefühl der Überraschung, mit der ich alle paar Jahre den kleinen Claude-Lorrain-Saal der Münchner Alten Pinakothek betrete, den es, wie ich höre, nicht mehr gibt. Überraschung nicht, weil ich noch nie dort gewesen wäre, im

Gegenteil, ich weiß genau, was dort hängt, aber ich vergesse doch immer, mit welch herrlich mildem Leuchten mich dort die altbekannten Bilder des Lothringers begrüßen. So auch hier, wenn ich wie beschrieben um die Ecke an der baumartigen Bougainvillea vorbeilaufe, mich gerade noch an den blühenden Kapernbüscheln erfreut habe, die aus der Mauer hängen, und nun plötzlich das Kolosseum im Gegenlicht der sinkenden Sonne liegen sehe, genauer einen Teil desselben, ein Stück dieser mächtig sich in die Tiefe abrollenden Trommel, vorzüglich ins Bild gerückt durch die mit Sicherheit faschistischen Zypressen und Pinien, die in den Jahrzehnten der Demokratie genügend Zeit hatten, in die von ihren Pflanzern vorgesehenen Formen und Größen hineinzuwachsen. Da stehen sie nun in ihrer römischen Mächtigkeit, fast schwärzlich gegen den Abendhimmel und nur an den äußersten, der milchigen Sonne zugekehrten Rändern silbriggrün schimmernd. Manchmal wird die Kunst dann doch von der Natur übertroffen, zumindest in Rom.

Der eigentliche Reiz des Gartens aber ist, dass in den Abendstunden die Bevölkerung des Colle Oppio sich darin vergnügt, und zwar ohne sichtbares ästhetisches Kopfzerbrechen. Niemand fällt vor dem Claude Lorrain in die Knie, zieht den Zeichenblock oder auch nur das Handy hervor, um ein Foto zu machen, zumindest nicht vom Kolosseum. Eher von den kleinen Kindern, die hier mit Bällen, Rollern und Rädern zwischen springenden Hunden umherwuseln, überwacht von adretten Müttern und romantisch bärtigen Vätern, die in Gruppen herumstehen und schwatzen, über die Kinder und Hunde, die Mühen des Tages und des Lebens und die Planung des Wochenendes. Die Älteren und Alten, die gerade nicht zum Kinderdienst abgeordnet sind, ziehen sich in einen Winkel des Gartens zurück, wo um einen grüngestrichenen Kiosk einige Tischchen und Stühle im Schatten stehen. Eine gewisse legendäre Nunzia, die diesen Kiosk fast fünfzig Jahre geführt und fast alle noch lebenden Generationen des Colle Oppio mit Eis und Campari versorgt hat, ist neulich gestorben, was das Viertel in kollektive Trauer versetzt hat. Der *Corriere della Sera* berichtete darüber und natürlich die römische *Repubblica*. Gemeinsam mit Mustafa, ihrem aus Afrika eingewanderten Gehilfen, sieht man sie auf dem Filmplakat von Abel Ferraras Dokumentation *Piazza Vittorio*. So wurden sie, die kleine, der römischen Urbevölkerung entstammende Nunzia und der riesige, über das Meer gekommene Mustafa, zum Symbol einer sehnsuchtsvollen Utopie, dass doch alles gut gehen kann und gut gehen wird.

Ich sagte ja schon, dass der Colle Oppio so etwas wie die gute Stube des Esquilin ist und als solche eine gewisse Empfänglichkeit für gesellschaftliche Utopien entwickelt haben mag. Alles ist hier ein bisschen schöner, schicker und teurer als weiter im Norden, die Mütter, die Väter, ihre Kinder, die Hunde und die Wohnungen. Auch hier hört man ausländische Sprachen, aber weniger Bengali, wie an der Piazza Vittorio, sondern eher Französisch, und zwar nicht das der Elfenbeinküste, sondern der Pariser Rive Gauche. Eine wirklich hübsche kleine Welt hier, fast zu schön, um wahr zu sein.

Und tatsächlich: Man braucht nur eine unsichtbare, aber scharf gezogene Demarkationslinie zu überschreiten, um festzustellen, dass das Modell von Nunzia und Mustafa nicht für alle gilt. Dort liegen und hocken, unter den Bäumen und Sträuchern, Migranten, überwiegend aus Afrika. Sie tun das nicht der frischen Luft wegen; sie *leben* hier, Tag und Nacht. Sie schlafen hier, sie essen hier, und manchmal machen sie auch ein kleines Feuerchen in einem Geviert aus Tuff- und Ziegelsteinen, um etwas darauf zu grillen. Es ist sozusagen *ihre* Hälfte des Parks. Sollte ich wirklich hier durchlaufen, was zwar immer noch ein öffentlicher Park ist, aber doch gleichzeitig ihr Zuhause? Dies und Ähnliches ging mir durch den Kopf, als ich beim ersten Mal mechanisch geradeaus weiter- und durch ihren Bereich hindurchgelaufen bin. Hätte ich haltmachen, umkehren und in Zukunft nur noch in der Bullerbü-Hälfte meine

Runden drehen sollen, gerade so, als ob es sich um Aussätzige handeln würde? Ich habe mich, halb aus Ratlosigkeit, halb aus Trägheit, anders entschieden. Es gibt, so mein Fazit, kein richtiges Laufen in einer Situation, die so grundsätzlich falsch ist, dass man einiges mehr ändern müsste als nur seinen Parcours. Seitdem bin ich unzählige Male hier entlanggelaufen und kenne fast jeden Einzelnen der Männer vom Sehen, und sie kennen mich wahrscheinlich auch. Man lässt mich laufen, wie ich sie sitzen und liegen lasse. Aber natürlich beobachten wir uns, sie mich und ich sie.

Es ist, das muss man zugeben, kein schlechter Winkel, den sie sich ausgesucht haben. Wer auf der Flucht ist, hat ein Gespür für Sicherheit, und sei sie noch so relativ. Ein großes, dreieckiges Grundstück, das an zwei Seiten durch eine alte, in Teilen antike Mauer sowie einen Gitterzaun abgeschirmt ist. Von da droht keine Überraschung. Dort, wo sie – in Gestalt von Polizeiautos – an der Langseite des Dreiecks über die Straße zwischen Kolosseum und Via Merulana kommen könnte, sieht man sie schon von weitem und kann sich überlegen, was zu tun ist. Die meisten tun gar nichts, weil sie entweder tatsächlich nichts zu befürchten oder aber, wahrscheinlicher, gelernt haben, dass die Polizisten in der Regel zu faul sind, um sie zu schikanieren.

Dazu gibt es einen in üppigem Strahl herrlich kaltes Trinkwasser spendenden Brunnen. So etwas findet man nur in Rom, und zwar fast überall, noch. Geplant und eingerichtet wurden diese *nasoni*, benannt nach dem nasenähnlich gebogenen Rohr, als Nachfolge und Erweiterung der alten Brunnen im späten 19. Jahrhundert, und zwar als ganz normale Wasserversorgung für die Bevölkerung. In kaum eines der Häuser, auch nicht der neu gebauten, führten damals eigene Wasserleitungen. Man ging mit Eimern und Kanistern an die Ecke. Heute, wo die Römer ihren sozialen Status an der Anzahl der Badezimmer bemessen, gibt es sie immer noch, diese großen Nasen, immer weniger zwar, aber sie sind noch da und spenden auch im Sommer eiskaltes Bergquellwasser, Tag und Nacht. Ungefähr 0,01 Prozent davon dient den Vorübergehenden als hochwillkommene Erquickung, der Rest fließt in den Orkus. Das ist einerseits eine völlig irrsinnige Verschwendung – und andererseits gerade deswegen eine wunderbare, in ihrer elementaren Freigiebigkeit völlig aus der Zeit gefallene Reminiszenz an altrömische *magnificentia*, ein köstlicher Luxus in Zeiten wie diesen, wo in den schönsten Marmorbrunnen nur mehr gechlorte Brühe herumgepumpt wird. Es gab immer wieder Vorschläge, diesen *spreco* einzustellen und die Nasoni abzudrehen. Oder sie mit einem Ventil zu versehen. Dann aber, so das Gerücht, würden die sie speisenden unterirdischen Wasserleitungen, alt und marode, wie sie sind, durch den gewaltigen Wasserdruck umgehend gesprengt werden und das Wasser gleich im Erdreich versickern, so wie im Übrigen bis zu sechzig Prozent des nach Rom geschafften Trinkwassers durch lecke Leitungen abhandenkommt. Zumindest behauptet man das immer dann, wenn mal wieder August ist und das Wasser völlig überraschend knapp zu werden droht. Dann kommen die Septemberregen, und kein Mensch spricht mehr davon.

Für die Gestrandeten im Park des Colle Oppio ist der Nasone nicht nur angenehm, er ist Grundlage ihres Überlebens. Um ihn herum hat man einen üppigen Wall aus tiefschwarzer Erde angehäuft, in der Tomaten und anderes Gemüse in tropischer Üppigkeit gedeihen. Man kann sich keinen entzückenderen Garten vorstellen. An der Wasserstelle selbst stehen Batterien von Eimern, die auch zur Körperpflege dienen. Fast immer steht dort jemand, seift sich ein und übergießt sich mit den Kübeln. Oder das Wasser wird weggetragen zu anderen Orten, wo gegossen, gekocht oder gewaschen wird.

Die Männer hier kommen, soweit ich das beurteilen kann, überwiegend aus Senegal, Nigeria oder Sierra Leone. Und es sind nicht, wie man meinen könnte, die Letzten der Elenden, sondern die Glücklichen, die es bis hierher geschafft, also die Sahara durchquert haben, den libyschen Camps entkommen sind, die Schlepper bezahlt und die Reise in brüchigen Fischkuttern nach Lampedusa überlebt haben. Die den Internierungslagern auf italienischer Seite entkommen konnten, gesund, kräftig und jung sind. Und die nun hier, einen Steinwurf vom Kolosseum, ihr Haupt auf römische Erde betten, während so viele auf dem Grund des Mittelmeers liegen oder in den Dünen der Sahara. Sie sind nicht nur nicht tot, sie haben Hoffnung, nämlich die Hoffnung, irgendwie eingegliedert zu werden in jene Kette der Ausbeutung, die von kampanischen Tomatenfeldern über römische Kellerküchen bis zum Dasein als Strand- und Straßenhändler reicht. Das ist die nächste, heiß ersehnte Stufe zu Füßen einer Treppe, an deren Ende dann vielleicht, wenn Glück und Gesundheit halten, der *permesso di soggiorno* steht, die Aufenthaltsgenehmigung. Wer es ganz nach oben schafft, groß ist und gut aussieht, wird Türsteher bei Gucci oder Prada in der Via dei Condotti, mit Zylinder, schwarzem Frack und weißen Handschuhen, ein menschliches Accessoire sozusagen, was den aktuellen Vorstellungen von postkolonialem Luxus besonders zu entsprechen scheint.

Zwischen Colle Oppio Rive Gauche und Colle Oppio Äquator gibt es noch eine Zwischenwelt, nämlich die Wiese auf der schickeren Seite der Grenze, wo auch schon viel Müll herumliegt, aber niemand übernachtet. Es ist der Ort unschuldiger Liebespärchen, die hier auf den Travertinbänken sitzen und sich küssen, auch im Winter, wenn es kalt und dunkel ist und von den Sommerbewohnern auf der anderen Seite niemand mehr geblieben ist. Die Pärchen sind unempfindlich gegen die Kälte, sie fürchten sich nicht vor der Nacht, und der Müll im Rasen um sie herum leuchtet im Mondschein wie große weiße Blumen. Aber natürlich werden sie irgendwann nach Hause gehen, jeder in das seine, und dann sind die Afrikaner wieder alleine unter römischem Himmel mit dem Müll und den Sternen.

# II.
# Wohnen in Rom

# Immobilien und Immobilität

**Die Beziehung der Italiener** zu dem, was wir Wohnung nennen, ist von jener in Deutschland doch sehr verschieden. Das fängt schon bei der Benennung an. Den Begriff *Wohnung* gibt es zwar (*appartamento*), er ist aber eher technischer Natur, etwa um eine Wohneinheit von einer anderen zu unterscheiden. Spricht man von der eigenen Wohnung, so ist fast immer von *casa* die Rede, vom Haus also, was gleichzeitig auch das Zuhause ist, das Heim. *Vado a casa, cerco casa, ho comprato casa.*

Die Casa selbst, wenn sie kein Haus, sondern nur eine Wohnung ist, befindet sich ihrerseits nicht in einer Casa, also einem Haus, sondern in einem *palazzo*, einem Palast. Besteht dieser Palast aus Eigentumswohnungen, was in Italien meistens der Fall ist, so wird diese Eigentümergemeinschaft als *condominio* bezeichnet, die Miteigentümer sind die *condomini*, die Mitherren. Auch Eigentümerinnen heißen so, *condomina* wäre missverständlich. Gemeinsam bewohnen diese Mitherren den Palazzo. Laut ISTAT, dem Istituto Nazionale di Statistica, das für alles und jedes eine Statistik bereithält, gibt es davon in Italien derzeit 14 515 795 Stück, also vierzehneinhalb Millionen Paläste im Land der blühenden Zitronen. Dass nicht bei jedem dieser Paläste das Dach auf Säulen ruht, tut der Benennung keinen Abbruch. Dies nur um anzumerken, dass der Immobiliensektor im Italienischen einem ähnlichen sprachlichen Upgrade unterliegt wie die Sitzmöbel in Österreich, wo der Stuhl bekanntlich ein *Sessel* ist.

Ihre Casa ist den Italienern inzwischen wichtiger als ihre *bambini*, zumindest haben sie, laut ISTAT, davon im Durchschnitt mehr. Vom Mieten wollen wir hier gar nicht sprechen, das machen Ausländer, Putzfrauen (und da auch nur die ausländischen), klamme Studenten und andere *poveracci*. Der Rest, also fast alle, besitzen selbstverständlich eine Casa. Die Frage ist also nicht, ob man Wohnungseigentümer ist, sondern wie viele Wohnungen man besitzt. Dass dies selten nur eine ist, wird immer dann deutlich, wenn die Regierung an den Immobiliensteuern herumschraubt. Berlusconi, solchen Dingen gegenüber immer aufgeschlossen, hatte unter den vielen seiner populären Maßnahmen die *prima casa* von der Steuer befreit, die in Italien IMU heißt und sehr unbeliebt ist. Die Prima Casa ist also steuerfrei, als absolutes Existenzminimum gewissermaßen. Und wo es eine Prima Casa gibt, da gibt es logischerweise auch eine *seconda*, nicht selten auch eine *terza* und *quarta casa* und so weiter. Die Seconda Casa ist in der Regel (auch so ein feststehender Begriff) die *casa al mare*, das Haus am Meer. Diese Casa al Mare dürfen wir uns nun nicht als Böcklins Villa am Meer vorstellen, wobei es auch solche gibt. Eine *villa* kann es aber durchaus sein, da in Italien jedes freistehende, mit mindestens fünfhundert Quadratmetern zementierter Fläche umgebene Bauwerk so bezeichnet wird. Ist das Haus kleiner und die zementierte Fläche geringer, so spricht man von einer *villetta*, einem Villchen. Das kann dann auch eine ausgebaute Garage sein.

Doch sind die Case al Mare keineswegs alle freistehend. Es gibt, auch wenn das Niveau französischer Küstenbebauung nicht erreicht wurde, alle Formen der Reihung und Schichtung in Höhe, Breite und Tiefe. So entstanden – vor allem in den Sechziger- und Siebzigerjahren – ganze Städte in Seenähe, die fast nur aus Case al Mare bestehen und also neun bis zehn Monate im Jahr völlig verlassen sind. Ihre Bewohner sind derweil in ihrer Prima Casa, wofür sie keinen IMU bezahlen, oder auch in der *terza*, wofür die Steuer bedauerlicherweise fällig ist.

Warum denn die Italiener so viele Wohnungen hätten, werde ich oft gefragt, etwa von deutschen, zur Miete wohnenden

Professoren und Journalisten, nicht ohne unterschwellige Empörung. Die Antwort ist komplex und führt zum historischen Kern der italienischen Zustände. Zum einen ist Italien ein außerordentlich wohlhabendes Land, viel wohlhabender, als man sich das im Norden gerne vorstellt, wo man beim Stichwort Italien noch immer an bunte Vespas und knautschige Fiat 500s denkt. Die italienischen Regierungen haben es bisher erfolgreich verstanden, diesen privaten Reichtum vor den angeblich so reichen Nordländern zu verbergen. Diesen werden nur der klamme Staat und seine Staatsschulden vorgeführt, die in der Tat so riesig sind, dass ihr Nicht-Bedienen alle in den Abgrund reißen würde, also auch die im Norden. Die still und leise gehorteten italienischen Privatvermögen dagegen betragen ein Vielfaches der Staatsschuld, und das nicht ganz zufällig. Denn das Geld, mit dem sich der Staat verschuldet hat, haben die Italiener nicht ins Meer geworfen. Es wanderte nur von den öffentlichen in die privaten Taschen – ob als Wahlgeschenk, als Privileg oder sonst wie –, wo es wohl verwaltet, vermehrt und, wo immer möglich, vor Steuern geschützt wird, auf dass es die Besitzer und deren Erben über Generationen hinweg erfreue.

Das Geld, das vom Staat zum Bürger fließt, bleibt dort. Der Staat wird es nie wiedersehen, und er scheint das auch gar nicht zu wollen, hält er doch den Erbschaftssteuersatz seit Jahrzehnten auf einem rekordverdächtig niedrigen Niveau. Auch hohe und höchste Vermögen werden, wenn überhaupt, im Erbfall mit einem mittleren einstelligen Prozentsatz versteuert. Lieber macht man Schulden, bei deren Rückzahlung ja vielleicht eines Tages die gebeutelten deutschen Erbinnen und Erben mithelfen werden. Das ist das eine. Das andere sind die zwar durchaus vorhandenen, im Vergleich zu Deutschland aber doch relativen und regional begrenzten kriegsbedingten Eigentumsschäden. Ausgebombt wurden hier nur wenige, vertrieben ebenfalls, so dass die Generationenarbeit der Besitzvermehrung allenfalls unterbrochen, selten aber zunichtegemacht wurde.

Der wichtigste, in die Abgründe der italienischen Psyche hinabreichende Faktor bei der obsessiven Vermehrung des Immobilienbesitzes aber ist das tiefgreifende Misstrauen gegenüber dem Staat und allem, was dieser tut und sein lässt. Am Ende, so der nicht ganz unbegründete Argwohn, kann man sich auf keines seiner teils ziemlich irrwitzigen Versprechen verlassen, etwa darauf, die Steuern zu senken. Von der Wiege bis zur Bahre ist man hier im Wesentlichen auf sich und seinen Clan gestellt. Vom Staat gibt es kein Elterngeld, kein Kindergeld, kaum Stipendien, kein BAföG, keine nennenswerten Fördergelder für Kunstschaffende und so weiter, keinen Mindestlohn, mickriges Arbeitslosengeld und fast keine Rente. Dafür sind die Konsum- und Einkommenssteuern sehr hoch und müssen es sein, da nur wenige sie so zahlen, wie sie müssten. Ein guter Teil der Staatseinnahmen entfällt auf den Unterhalt einer gewaltigen Bürokratie sowie eines eindrucksvollen Apparats von Polizei- und Ordnungsorganen, von denen nicht immer klar ist, ob sie für den Bürger da sind oder umgekehrt. Das Einzige, was in dieser chronischen Misere Sicherheit verspricht, ist die Casa, oder der *mattone*, der Ziegelstein als Goldbarren nicht nur des kleinen Mannes.

Daraus ergibt sich das, was ich *mattonismo* nenne, die Ziegelwirtschaft, neben dem *sistabenismo* (von dem noch zu sprechen ist) eines der Grundübel der italienischen Gesellschaft. Der Mattonismo – deutsch: Mattonismus [m] – besagt vereinfacht: Wenn der Staat mir schon keine Sicherheit und keine Perspektiven geben kann oder will, so baue ich mir eben mein Haus, das er mir zwar besteuern, aber nicht wegnehmen kann. Und wenn ich dafür keine Genehmigung bekomme, dann baue ich es trotzdem. Irgendwann, wenn der Staat mal wieder besonders klamm ist, wird er einen *condono* aussprechen, eine gegen Bezahlung ausgesprochene Amnestie für alle Bausünden der Vergangenheit, was indirekt auf die Vergebung auch der künftigen hinausläuft. Ein solchermaßen vom Makel des

Schwarzbaus befreites Haus, Stockwerk oder Fenster ist dann *condonato* und darf in den Kataster eingetragen werden.

Haus geht immer. Wenn alles schiefgeht – und es wird schiefgehen –, so habe ich zumindest *la casa mia*. Das ist an sich keine unvernünftige Überlegung. Aber der Mattonismo geht weiter: Wer weiß, was aus meinen Kindern in diesem Land und in diesen Zeiten werden soll. Der Staat wird ihnen nicht helfen. Also setze ich alles daran, auch ihnen rechtzeitig eine Casa zu verschaffen, dann mag kommen, was wolle.

Genau hier *è sepolto il cane*, liegt der Hund begraben, wie man in Italien sagt: Denn diese Seconda oder Terza Casa, die sofort und selbstverständlich schenkungssteuerfrei auf die Kinder als Prima Casa überschrieben wird, damit die IMU-Steuer entfällt, diese Kinder-Casa liegt ja nicht immer im Centro Storico von Rom, Florenz oder Mailand. Ist dies glücklicherweise der Fall, so können die Kinder eine der zwei Wohnungen, die ein Ehepaar in der Regel von zu Hause mitbringt, steuersparend an Touristen vermieten, was, sofern gerade keine Pandemie herrscht, ein sicheres Geschäft ist. Liegt die Casa aber am Stadtrand von Civitavecchia, Taranto oder Potenza – und die meisten Case sind genau dort –, so wird das Eigenheim zur Falle. Denn dort gibt es zwar die Casa, aber keine oder nur schlechte Arbeit, und dennoch bleibt man am besten dort, wo man zwar keine Arbeit, aber zumindest eine Casa hat, also am Stadtrand von Civitavecchia, Taranto oder Potenza, um beliebige Orte in den sogenannten strukturschwachen Gebieten zu nennen. Der Mattonismo, von den Eltern als aufopfernder Liebesdienst an den Kindern verstanden, zementiert die Unbeweglichkeit der Gesellschaft, den *immobilismo*. Denn unbeweglich ist per Definition ja nicht nur die Immobilie, sondern auch, wer darin wohnt. Gekettet an das rettende Eigentum, ist der Eigentümer zur Unbeweglichkeit verdammt.

Wäre es nicht besser gewesen, die hundert- oder zweihunderttausend Euro, die eine solche Casa im Durchschnitt maximal wert ist, in die Ausbildung der Kinder zu investieren, in einen Auslandsaufenthalt etwa? So etwas Abwegiges kann nur ein Fremder vorschlagen. Ein Studium – das ist ein Stück Papier, ein Nichts gegen die Sicherheit des Ziegels und der Casa. Denn was nützt das Auslandsstudium, wenn man im Inland keine Casa hat? Dann hat man weder Casa noch Arbeit, denn die Kinder sollen schon dort wohnen, wo die Eltern sind. Also besser dort in der eigenen Casa arbeiten, so gut es da eben geht, und am Sonntag die Eltern besuchen, als heimlos in der Fremde herumziehen wie alle Hungerleider, die gegangen sind, gehen mussten, weil sie nicht einmal eine Casa hatten, nach Mailand oder nach Duisburg. Viele kamen zurück, und das Erste, was sie mit ihrem in der Fremde verdienten Geld taten, war, sich eine Casa zu kaufen oder zu bauen. Was für ein dynamisches Land wäre Italien, wenn nicht jeder drei Wohnungen am Bein hängen hätte.

Es ist merkwürdig, dass sich der hohe Stellenwert der Casa in Italien keineswegs immer in einem entsprechend ehrgeizigen Inneren spiegelt. Italien gilt in Deutschland als Land des Designs, des Möbelbaus und des guten Geschmacks, der ultimativen interioren Eleganz. In den gewöhnlichen Wohnungen – abseits der großen Interieurs, die unerreichbar sind – ist davon wenig zu sehen. Die meisten Inneneinrichtungen sind von bedrückender Prosaik. Ich spreche hier nicht von Schlichtheit oder Einfachheit und auf keinen Fall von Ärmlichkeit. Natürlich gibt es hier und da noch die spartanisch möblierten, fahl ausgekalkten Räume, wie man sie aus den Arbeiterwohnungen der Filme des Neorealismo kennt. Billige Holzschränke mit ovalen Spiegeln, Kommoden mit vier Schubladen und Steinplatte, Holztische und Flechtstühle, ein gedrucktes Heiligenbild, manchmal wie ein Altar eine attrappenartige Anrichte mit schon im Ansatz verzagender barocker Geste und industrieller Spitzendecke. Solche Interieurs sind verschwindende Stilikonen, kein Vergleich zu jenen der kleineren und mittleren Schichten von heute, die ihre Wohnungen – ähnlich den Trattorien – mit dem gewissen Etwas an zu viel Geld zugrunde gerichtet haben.

So fehlen bei älteren Wohnungen so gut wie immer die originalen Böden, die zwischen etwa 1850 und 1950 in der Regel aus reizenden Steingussplatten bestanden, eine industrielle, in Kacheln konfektionierte Form des hochnoblen Terrazzo der Villen des Veneto vergangener Jahrhunderte, mal mit antikischen Mustern wie Mäandern oder laufenden Hunden, mal mit Blumen, Ranken oder sonstigem Dekor. Dunkelrot, Dunkelgrün und Ockergelb sind die tragenden Farben. Durch sie erhielten auch die Zimmer der Arbeiter in San Lorenzo einen Abglanz von herrschaftlicher Würde. Heute findet man sie manchmal in Obstkisten aus Plastik geschichtet auf Flohmärkten, wo sie auf die radikalen Schicken, Bobos und junge Architekten warten. An ihrer Stelle leuchten entweder Badezimmerkacheln oder Laminatböden, was gut mit den dicken Plastikrahmen der neuen Fenster harmoniert. Die alten, zierlichen Fenster mit ihren zitternden Scheiben, den Messinggriffen und dem edlen Gestänge findet man nicht einmal mehr auf dem Flohmarkt. Der Rest ist schnell erzählt und besteht aus der Misere dessen, was man aus kleinen und mittleren Möbelhäusern gemischt mit Ikea und zweifelhaften Erbstücken zusammenstellen kann.

Da nun die Wohnung in Italien so wichtig ist und die meisten Italiener mehrere davon haben, ist ständig irgendwo vom Wohnungskauf die Rede. Jede zweite Werbung im Fernsehen bewirbt ein Immobilienportal. Ständig denkt jemand darüber nach, eine oder noch eine oder eine andere Wohnung zu kaufen, sucht schon ganz konkret nach einer solchen, steckt mitten im verzwickten Prozedere des Kaufs oder hat dieses gerade hinter sich. Ein unerschöpfliches Thema, bei dem man so gut wie immer von einem fachkundigen Gegenüber ausgehen kann.

Auch ich habe diese Prozedur vor einiger Zeit hinter mich gebracht. Es hat, vom Finden der Wohnung bis zum Einzug, etwa zwei Jahre gedauert und mich fast den Verstand gekostet. Jede denkbare Komplikation ist eingetreten, alles, was schiefgehen konnte, ist schiefgegangen. Fast alles, denn am Ende hat es dann ganz wunderbar geklappt, auch das ist Rom. Jetzt bin ich ein Römer unter Römern und kann mitreden beim verbalen Monopoly. Vor allem aber habe ich einen neuen Blick auf das Thema Wohnen gewonnen. Wenn einem eine Wohnung gehört, sieht man sie anders, als wenn man zur Miete wohnt. Was vorher pittoresk oder romantisch schien, offenbart sich als Problem. Und römische Wohnungen sind ausgesprochen pittoresk und romantisch, jede auf ihre Weise.

# Meine römischen Wohnungen

**In einem Land wie Deutschland,** wo Häuser aus den 1920er Jahren als Altbauten bezeichnet werden, macht man sich keine Vorstellungen vom Eigenleben einer typisch römischen Wohnung. Sie scheidet beispielsweise andauernd Flüssigkeiten aus, meist auf der Basis von Wasser. Wenn man unter dem Dach wohnt, das in Rom oft flach gedeckt ist, kommt das Wasser im Zweifel von dorther. Das liegt daran, dass bei den Abdichtungsarbeiten, die mit Teerpappen, Pech und Gasflammen durchgeführt werden, meist ein Eckchen vergessen, aus irgendeinem Grund ausgelassen oder anders behandelt wird als der Rest. Da kommt dann das Wasser rein, nicht sofort, aber nach drei, vier Jahren, wenn der verantwortliche Bauunternehmer sich nicht mehr an den Fall erinnert.

Es beginnt mit einem Blitzen an der Zimmerdecke, das man ganz zufällig im Vorübergehen aus dem Augenwinkel wahrnimmt und das sich als kleiner Tropfen herausstellt, in welchem sich das Licht der Glühbirne bricht. Blickt man dann zu Boden, so sieht man, dass diesem ruhig an der Decke hängenden Tropfen schon etliche vorausgegangen sind. Ist dieser Boden ein Parkett, so ist es manchmal schon zu spät, aber die meisten römischen Wohnungen sind ja ohnehin wie ein Badezimmer ausgekachelt. Das weiß man – praktische Erwägungen den ästhetischen voranstellend – nun zu schätzen. Denn die Frequenz des Abtropfens verdichtet sich bald bis zu einem Takt von etwa einer halben Sekunde. Spätestens hier ist dann ein Eimer gefragt. Man sollte stets einige davon in der Wohnung haben.

Aber auch, wenn das Dach nicht flach ist, sondern geneigt

und mit hübschen Ziegeln bedeckt – *Mönche* und *Nonnen* nennt man diese Art –, kommt das Wasser zuverlässig. Das wiederum liegt daran, dass die Römer immer noch viel fernsehen (oder zumindest immer den Fernseher laufen lassen) und wenig Vertrauen in ihre Nachbarn haben. Jeder will seine eigene Antenne haben, die er auf eigene Faust und Rechnung vom *antennista* seines Vertrauens auf dem Dach anschrauben lässt, wo es halt gerade geht. Ich liebe das, diese Tausende von Antennen, jede ein wenig anders, die wie Härchen über dem Häusermeer wachsen und leider langsam verschwinden, verdrängt von Satellitenschüsseln. Vor meiner Terrasse steht noch ein kleiner Hain aus solchen größtenteils wohl abgestorbenen Fernsehantennen, in deren stählernen Zweigen die Vögel rasten. Seit kurzem hat sich dort eine Zikade eingenistet, deren rostig-blechernes Zirpen meine Sommerabende untermalt.

Von jeder dieser Antennen weg verläuft ein dickes weißes Kabel quer über das Dach zur Traufe, von wo es so weit hinunterhängt, bis es die Etage des Auftraggebers erreicht, wo es durch ein gebohrtes Löchlein in dessen Wohnung schlüpft. Ein Palazzo kann viele Wohnungen haben, so dass oft ganze Bündel dieser Antennenkabel die Fassade beleben, nicht die vordere natürlich, sondern die hintere zum Hof hin, die man von der Straße aus nicht sieht und wo auch alle Wasser-, Abwasser-, Gas- und Stromleitungen die Mauern hinauf- und hinunterstreben, manchmal auch *canne fumarie*, also Rauchabzüge, gerne aus Asbest. Als die Häuser erbaut wurden, gab es in der Regel weder das eine noch das andere, das Wasser holte man vom Brunnen auf der Straße, und abends erleuchteten jene dreiflammigen, auf hohen Messingstielen sitzenden Öllämpchen die Zimmer, wie man sie heute noch oft auf Flohmärkten findet. So war das zu Goethes Zeiten, und so war das noch bis ins 20. Jahrhundert hinein. Als die zivilisatorischen Neuerungen dann nach und nach kamen, verlegte man die entsprechenden Installationen unter behutsamer Schonung der historischen Bausubstanz kurzerhand an der Oberfläche. Das ist praktisch, da man – etwa im Falle der Wasserdruckleitung – sofort sieht, wenn irgendwo ein Leck ist. Beim Gas riecht man es.

Für jede dieser oberflächlichen Installationen ist ein anderer Fachmann zuständig, und zusammen bereichern sie als erweiterter Familienkreis das Leben eines jeden Römers. Sie haben edle, den Altphilologen erfreuende Berufsbezeichnungen. So sorgt für alles, was mit Wasser zu tun hat (historisch gesehen die älteste Neuerung), der Wassermann, der *idraulico*, der sich manchmal auch um das Gas kümmert, obwohl er das eigentlich gar nicht darf. Das ist Aufgabe eines speziell ausgebildeten *posatore di tubazione di gas*, den freilich niemand so nennt und der somit keine eigentliche Berufsbezeichnung hat, dessen Fähigkeiten jedoch vom Gesetzgeber genau festgelegt sind. In der Praxis scheint das gut zu funktionieren, denn es kommt in Rom nur selten zu größeren Gasexplosionen. Der schlimmste Unfall dieser Art, die sogenannte *Strage di Via Ventotene* mit acht Toten und vielen Schwerverletzten, liegt schon mehr als zwanzig Jahre zurück. Für das Jahr 2022 habe ich im Internet Hinweise auf lediglich elf Gasexplosionen gefunden, also nicht einmal eine pro Monat.

Die Stromleitungen, die meist vor oder nach dem Zweiten Weltkrieg verlegt wurden und seitdem gute Dienste tun, stehen unter der Aufsicht des *elettricista*, wovon es – wie vom Idraulico – sehr viele gibt, jeder kennt mindestens einen und empfiehlt ihn den Freunden. Ganz zum Schluss, in den Sechziger- und Siebzigerjahren, kamen dann die Fernsehantennenkabel hinzu, und mit ihnen ein völlig neuer Berufsstand, der schon erwähnte Antennista, eine Sezession des Elettricista. Die Figur des Fernsehantenneninstallateurs ist eine im römischen Familienleben sehr zentrale und präsente, in etwa dem Hausarzt vergleichbar. Wie der Arzt ist auch der Antennista immer einsatzbereit, man kann ihn auch sonntags anrufen oder in der Nacht, bei Regen oder bei Sturm. Er geht ans Telefon (*Pronto!*), hört sich die Meldung an, sagt nur: *Arrivo!*, legt auf, erhebt sich fluchend vom Fernsehsessel (*Porca Madonna!*), greift nach Wetterjacke und Werkzeugbeutel, schwingt sich aufs *motorino* und fährt los. In zwanzig Minuten ist er da, so schnell ist in Rom keine Notfallambulanz.

Ich hatte, als Neuling, in einer ehemaligen, damals gerade neu bezogenen Wohnung den Einfall, ein vor meinem Fenster hängendes und die liebliche Aussicht auf die römische Stadtlandschaft störendes Antennenkabel einfach mit der Gartenschere abzuschneiden – nach dem sehr deutschen Grundsatz, dass etwas, was dort nicht hängen sollte, dort auch nicht hängen darf. Über die Funktion dieses gekappten Kabels machte ich mir keine weiteren Gedanken. Nach etwa zwanzig Minuten klingelte das Telefon, und der *amministratore*, also der von der Eigentümergemeinschaft bestellte Hausverwalter, meldete sich mit der Nachricht, dass man im zweiten Stock nicht mehr fernsehen könne. Wie man so schnell darauf gekommen war, dass ich damit zu tun haben könnte, weiß ich nicht.

Ich leugnete es gar nicht erst. Vielmehr vertrat ich den formaljuristischen Standpunkt, dass ein in dieser Weise vor meinem Fenster herabhängendes Kabel wohl kaum *in regola* sein könne. Außerdem seien wir hier in der vornehmen Via Gregoriana und nicht im Tiburtino bei den Studenten. Ich habe mich also gleich beliebt gemacht im neuen Zuhause. Niemand aber ging darauf ein, man machte mir auch gar keine Vorwürfe. Wichtig war nur, dass in kürzester Zeit der Antennista auf den Plan trat – und bald darauf aufs Dach, wozu ich ihm den Zugang verschaffen musste. Deswegen legte man auf meine Kooperation so großen Wert. Der Antennista hatte eine dicke Rolle eines schneeweißen, funkelnagelneuen Antennenkabels dabei, das nun respektvoll an meinem Fenster vorbeigelegt wurde.

Der Antennista ist, wenn er kommt, schlecht gelaunt, wortkarg, unrasiert und unfrisiert, aber er ist da. Sofort wird er – den Kaffee lehnt er ab – aufs Dach steigen, um nachzusehen, wo der Fehler liegt. Auf die eigene Sicherheit achtet er dabei in beunruhigend geringem Maße, aber auch das Wohl des Daches berührt ihn nur wenig. So stiefelt er über die Ziegel hinweg, die unter seinen Tritten krachend nachgeben wie morsche Knochen. Was nicht zerbricht, wird verschoben, sei es durch das Gehen auf dem Dach oder weil es zur Montage der Antenne eben erforderlich ist. Recht so, der Antennista ist Antennist und kein Dachdecker, er macht das, wofür man ihn bezahlt. Für das Dach sind andere zuständig.

Die ruft man dann, wenn es in beschriebener Form durch ein geneigtes Ziegeldach hineinregnet. In der Regel wendet man sich an einen *muratore*, einen Maurer, der alles macht, wofür weder der Idraulico, noch der Gasmann, noch der Elettricista und noch weniger der Antennista zuständig ist. Valerio heißt der Muratore in der Regel, oder Cesare, Claudio, Marco, Antonio. Wie man in Rom eben so heißt. Valerio also steigt hoch zum Dach und sieht mit einem Blick, dass der Antennista da gewesen ist. *Beh!*, sagt er, und mehr Verachtung für diesen liederlichen Berufsstand lässt sich nicht ausdrücken. Maurer gab es schon im Alten Rom, die Antennisti dagegen ... Valerio will aber nicht selbst aufs Dach, denn er ist nicht mehr der Jüngste. Er verspricht, mit seinem Sohn Marco wiederzukommen, und er tut das auch. Marco klettert aufs Dach, um den schlanken Leib ein Seil gewunden, das er zur Sicherung um den Schornstein gelegt hat und dessen Ende in den Händen des Vaters ruht. Etwas vorsichtiger als der Antennista bewegt er sich über die wackelnden Dachziegel, rückt hier und da einen zurecht, versucht, durch das Hervorziehen eines noch heilen einen zerbrochenen so gut es geht abzudecken, wirft einen Möwenkadaver in den Innenhof und tut ansonsten, was er kann.

Hundert Euro kostet das Ganze, bar auf die Hand. Dafür

würde sich ein deutscher Herbert erst gar nicht in Bewegung setzen. Eigentlich müsste man das ganze Dach neu decken, meint Marco. Aber das Dach ist Sache der Eigentümergemeinschaft, und jene, die nicht gerade darunter leben, haben wenig Lust, dafür Geld auszugeben. Man versucht es lieber mit Valerio und Marco.

Ich habe lange gebraucht, um mich von der sehr deutschen Vorstellung zu befreien, Probleme müssten gründlich, also endgültig gelöst werden, ein für alle Mal. Heute verstehe ich, dass in der Haltung, immer nur gerade so viel zu tun, wie unbedingt nötig ist, eine tiefe Weisheit liegt. Auch das Wasser kräuselt sich nur in dem Maße, wie es vom Wind bestrichen wird. Warum sollte es in der Brise Wellen schlagen? Das alte China und das neue Italien teilen, neben manch anderem, auch diese Erkenntnis über geheimnisvolle Kanäle. Italien wäre nicht Italien und Rom nicht Rom, wenn man immer und überall die Sachen gründlich machen wollte. Es ist schon schlimm genug, dass in den letzten Jahren, um die Wirtschaft anzukurbeln, die italienische Regierung den Hausbesitzern die Renovierung der Fassaden ihrer ersten, zweiten und dritten Häuser komplett spendiert hat, auf Pump, versteht sich. Seitdem glaubt man in Rom, irgendwo in Salzburg oder Rothenburg ob der Tauber zu sein, so sauber und bunt leuchtet es von überallher. Möge die römische Luft noch viele Jahre so schlecht bleiben, wie sie derzeit ist. Schon sehe ich zu meiner unendlichen Befriedigung hier und da wieder Risse, Verfärbungen und bröckelnden Putz. Man hat auch hier die Sache nicht allzu gründlich gemacht.

Aber ich komme vom Thema ab, dem Eindringen von Wasser in die eigenen vier Wände. Erfolgt dieses über eine Terrasse, wo man keine Ziegel verrücken kann, sind andere Mittel gefragt. In Deutschland würde man in diesem Fall alles abräumen – den Belag, die Pflanzen, alles – und die Sache von Grund auf neu machen, auf dass es Jahrzehnte halte. Fünfzigtausend

Euro. Hier dagegen hält man klugerweise nichts von derart massiven Eingriffen. Stattdessen wird eine kunstvoll gebraute Flüssigkeit ausgegossen und über die gesamte Oberfläche verteilt, ja in diese geradezu einmassiert, in der nicht immer unberechtigten Hoffnung, dass diese auch in das unsichtbare Loch vordringen möge, durch welches bereits das Wasser seinen Weg nach unten gefunden hat. Dort verhärtet sie, das Loch ist dicht. Gelingt dies, ist die allgemeine Zufriedenheit groß und man hat wieder einen sorglosen Sommer vor sich.

Die römischen Sommer lassen den Gedanken, dass jemals wieder ein Winter kommen könnte, als drollige Einbildung erscheinen. Dabei wäre es gerade jetzt Zeit, sich für diesen zu rüsten, die Federbetten zu waschen, die man – gesegnete Entscheidung! – aus Deutschland mitgebracht hat, die Fenster abzudichten, die Heizung zu überprüfen und das Dach zu reparieren. Nichts dergleichen geschieht. Dann kommt, völlig überraschend, der Winter, wie zum ersten Mal seit Menschengedenken, niemand hat damit gerechnet, ist darauf vorbereitet. Und mit ihm kommt das Wasser. Diesmal freilich nicht durch die Decke – dort hat das Flüssigharz tatsächlich gewirkt –, sondern seitlich durch die Wand. Auf einmal ist er da, ein kleiner brauner Fleck. Schnell wird er größer, bildet Ableger, ein unseliges Atoll aus Haupt- und Nebeninseln, die zunächst nur graue Schatten bilden und sich dann tabakbraun verfärben.

Ich kam einmal auf den Gedanken, die fantastischen Umrisse dieser Inselchen mit dem Bleistift nachzuziehen und zu datieren, so dass ihr Wachstum dokumentiert, fotografiert und dem Vermieter mitgeteilt werden konnte. Einige Wochen, nachdem ich das getan hatte, kamen Valerio und Marco vorbei, sahen lange auf die Flecken, stiegen aufs Dach, rückten einige Ziegel hin und her und gingen dann wieder. Wenig später bin ich umgezogen.

Sicher ist, bevor ein neuer Mieter gefunden und die Miete um weitere tausend Euro erhöht wurde, der *imbianchino* geschickt worden, der Anstreicher, der in unserem Berufe-Quartett noch fehlt. Er hat dann wohl über alle braunen Inselchen hinweggestrichen, wo es nötig war auch in *seconda* oder *terza mano*, wie man sagt, und mit der schneeweißen Farbe verschwanden nicht nur die Flecken, sondern auch die Erinnerung an sie. Die Unschuld der Mauern ist wie durch ein Brautkleid wiederhergestellt, und man genießt einen unbeschwerten Sommer. Niemand kann einem diese römischen Sommer wieder nehmen, sie sind da, eingezahlt auf das Lebenskonto, und auch auf dem Bankkonto bleibt noch Geld übrig, da Valerio und Marco ja immer nur hundert Euro wollen, bar auf die Hand. Ist das nicht wunderbar?

Ein recht origineller Wasserschaden hat sich einmal über Neujahr ereignet, in einem extrem kalten Winter, als es so was noch gab. Aus den Ferien zurückkommend, auf dem Weg vom Bahnhof zur Wohnung, bestaunte ich noch die gefrorenen Wasserkaskaden des großen Brunnens an der Piazza della Repubblica. Zu Hause angekommen, bestaunte ich dann einen etwa zwei Zentimeter hohen Wasserspiegel im Flur und ein tüchtiges Rinnsal, das, aus dem Nichts kommend, die Wand herunterlief. Kaum hatte ich die Tür aufgeschlossen, als auch schon die Nachbarin von unten auf dem Absatz stand. Das Wasser habe bei ihr alles zerstört.

Was geschehen war, wurde erst nach und nach klar. Knapp unter der Oberfläche eines Mäuerchens auf meiner Terrasse verlief eine Wasserleitung, die ursprünglich wohl dazu gedient hatte, die Wohnung am Zähler vorbei mit Wasser zu versorgen. Großartige Idee! Als dies ruchbar wurde, hatte man die Leitung abgesägt, verplombt und überputzt. Sie stand aber weiterhin unter vollem Druck, der in diesem Viertel gewaltig ist. Eingemauert und von allen vergessen wartete diese Wasserleitung auf ihren Moment, der mit meinem Urlaub zusammenfiel. Die durch den Frost geplatzte Leitung wurde schließlich von Valerio und Marco freigelegt, unterhalb der Bruchstelle abgesägt, neuerlich verplombt und wieder eingemauert. Dort wartet sie seitdem geduldig.

Die ganze Aktion kostete diesmal zweihundert Euro, bar auf die Hand. Das war sie auch wert. Den Wasserschaden – mein Parkett (Badkacheln wären besser gewesen) verwandelte sich in eine Gebirgslandschaft – zahlte die Versicherung. Das heißt, die Versicherung zahlte, und das Parkett wurde mit Gewichten wieder halbwegs nach unten gedrückt und festgeklebt (durch Valerio und Marco). Und wieder genossen wir einen unbeschwerten Sommer.

Verwandt mit dem Wasser, das hereinkommt, obschon es draußen bleiben sollte, ist das Wasser, das rechtmäßig drinnen ist, aber nicht abfließen will. Ich erinnere mich an ein Küchenwaschbecken meiner frühen römischen Jahre, in dem das Wasser immer nur langsam absackte, statt im gesund gurgelnden Strome abzulaufen, bis es schließlich durch irgendeine Rohrthrombose völlig stockte. Ich ging zum *ferramenta* (ein im maskulinen Singular gebrauchter Plural von *ferramento*), einer jener großartigen Eisenwarenhandlungen, die man überall doch noch findet, eben weil jeder sie braucht. Denn jede Wohnung hier ist wie ein Mann von fünfundsiebzig Jahren, dem immer irgendetwas fehlt und der ständig in die Apotheke muss. Die Ferramenta sind die Apotheken der Wohnungen. Ich erwarb dort zunächst ein Basic, Aspirin gewissermaßen, nämlich einen Spurgator, wie ich es nenne, also jene an einem kräftigen Holzstiel steckende ziegelrote Saugglocke aus Gummi, für die es im Deutschen keine hochsprachliche Bezeichnung gibt. Schon in meiner Kindheit hat es dieses ebenso suggestive wie schöne Werkzeug gegeben, und in der Kindheit meiner Eltern und Großeltern ebenso. Seit es eben Gummi gibt.

Zu Hause angekommen, ging ich frisch ans Werk. Das Wasser stand noch unvermindert hoch, eine gelbbraune Brühe, auf der Fettaugen und Petersilienblätter schwammen. Ich ertastete den Abfluss, setzte den Spurgator an und pumpte aus Leibeskräften. Endlich gab die Wassersäule nach, der Abfluss lag frei. Die Freude darüber dauerte genauso lang, wie das Wasser brauchte, um in einem dicken Strom aus dem Spülkasten unter dem Becken herauszufließen. Der Siphon war aus der Wand gesprungen, wo nun ein rundes Loch klaffte. Der Vermieter erklärte mir am Telefon, dass sich das Abflussrohr nicht in der Wand mit einem Fallrohr vereinige, das vertikal der Kanalisation entgegenstrebt, sondern horizontal über eine Strecke von etwa acht Metern unter dem Terrassenboden verlaufe, um am Ende in die Dachrinne zu münden. Von dort geht es Richtung Tiber und schließlich in die blauen Weiten des Tyrrhenischen Meeres, wo wir am Strand von Ostia vielleicht unsere Petersilie wiederfinden. Irgendwo auf diesen ersten acht Metern musste die Blockade liegen.

Das Schöne an Rom ist, dass man auch mit ausgefallenen Problemen selten alleine ist. Ich brauchte dem Mann beim Ferramenta, wo ich schon den Aspirin-Spurgator gekauft hatte, das Problem nur andeuten, da griff er mit sicherer Drehung hinter sich ins Regal und fragte nur: *Cinque o dieci metri?* Es handelte sich um einen eingerollten, sehr biegsamen Spiraldraht, erhältlich in fünf oder zehn Metern Länge, an dessen Ende eine Kurbel steckte. Der ebenso einfache wie geniale Gedanke ist, die verstärkte Spitze des Drahtes wie eine Sonde in das Rohr einzuführen und ihn in kurbelnder Bewegung so weit wie nur irgend möglich voranzutreiben. Ich kaufte die Version von zehn Metern Länge, das Antibiotikum also. Wenn das nicht half, half nur noch operieren. Meter für Meter schob ich das Gerät in die enge Finsternis hinein, manchmal schien es irgendwo anzustoßen, dann ging es wieder weiter. Bis schließlich – o freudiger Triumph! – die harte Spitze hörbar an das Blech der Dachrinne schlug. Der Abfluss lag frei.

Erst seitdem ich im sechsten Stock wohne, weiß ich, dass es neben dem Wasser, das nicht kommen soll, aber kommt, oder jenem, das gehen sollte, aber nicht gehen will, auch solches gibt, das – unbedingt – kommen sollte, aber nicht kommt. Etwa weil der Wasserdruck im öffentlichen Netz gerade nicht ausreicht für diese Höhe, was gerne abends der Fall ist. Oder weil die Pumpe, die man für solche Fälle samt Wassertank eingerichtet hat, versagt. Missliche Situationen. Aber das nur am Rande.

Nicht fern der Wasserproblematik liegt jene des Geruchs, also des schlechten, der über die sanitäre Unterwelt ins Badezimmer gelangt. Mehr als ein Jahr lang habe ich ihn hingenommen, was soll man schon tun, das Fenster stand immer offen. Dann war das Klo durch einen unachtsam dort hineingeratenen Suppenknochen verstopft, ein echter Notfall. Der Idraulico kam, dick, schwitzend, mit siphonartigem Buckel. Er blieb im Türrahmen stehen und gab dem dürren Gehilfen, den er mitgebracht hatte, die nötigen Anweisungen. Als nach einigen Versuchen das Wasser tatsächlich ablief, zog er mehrmals die Nase hoch und sah mich an. *Puzza*, sagte er, es stinkt. Ich hob, wie das die Leute hier tun, resigniert die Hände, was fast so aussieht, als wolle man zu Gott beten. Ist halt so, *pazienza*, was soll man schon tun.

*Fuma?*, fragte er mich, rauchen Sie? Nun, meinte ich, das habe damit ja wohl nichts zu tun, doch galt die Frage, wie ich nach einem peinlichen Moment deutscher Begriffsstutzigkeit verstand, einem Feuerzeug. Er bückte sich höchst persönlich, hielt die Flamme an die Stelle, wo sich zwischen der Kloschüssel und dem gefliesten Boden eine Ritze auftat, und hieß seinen Gehilfen spülen, was dieser tat. Das Wasser gurgelte durch das Fallrohr hinunter, sechs Stockwerke tief, ein Vakuum erzeugend. Und die Flamme wurde, oh Wunder, wie von Geisterhand in die Ritze gesogen. *Vedi?* Seine Augen glitzerten im Triumph, das Rohr war nicht dicht, lag frei, sog Luft an beim Spülen, daher der Geruch. *Ho i capelli bianchi*, sagte er, durch seine weißen Haare fahrend, die auch in Rom für Weisheit und Erfahrung stehen.

Was nun, alles herausreißen, abmontieren und neu verbinden? Ich überschlug meinen Kontostand. *Metti un po' di cemento*, sagte er zum Gehilfen, der tatsächlich, ich hatte es schon beim Eintreten bemerkt, mit einem Eimer und einem Säckchen feinsten Zements unter dem Arm gekommen war, als ob er alles geahnt hätte. Flugs war davon etwas angerührt und mit einem zierlichen Spachtel ein feiner Ring um die Kloschüssel gelegt. Der Geruch war von diesem Moment an verschwunden, bis zum heutigen Tag. Nur gurgelt es nun beim Spülen gewaltig in den Siphons von Dusche und Bidet, irgendwoher muss das Fallrohr seine Luft beziehen. Mir klingt es wie Musik in den Ohren, ein Beweis für die Dichte der Kloschüssel. Der Mann hat ganze Arbeit geleistet. Bezahlung? Wollte er nicht. Dafür ein schöner Gruß vom Besitzer des Hotels unter mir, für den dieser Idraulico vor allem tätig ist. Was für eine reizende Geste! Ich werde meinen nächsten Gast bei ihm wohnen lassen, bestimmt.

Noch zwei Worte zum Thema Heizen. Denn herrlich sind zwar die römischen Sommer. Aber wehe, wenn der Winter kommt. Anders, als man dies in Deutschland seit Winckelmann glaubt, ist der Mittelmeerraum über weite Strecken des Jahres ein unwirtliches, kaltes, feuchtes, kahles, von tückischen Winden geplagtes Gebiet, nur dass seine Bewohner es, wie schon erwähnt, über den Sommer hin vergessen. Das bedeutet, dass man im Süden, und vor allem in Rom, in Gebäuden lebt, die bevorzugt den Bedürfnissen des Sommers Rechnung tragen, denn Sommerzeit ist Bauzeit, und an den Winter denkt dann kein Mensch.

Natürlich gibt es etwas, was *riscaldamento* genannt wird, zu Deutsch *Heizung*. Hier nun öffnet sich die Kluft: Ist dieses Riscaldamento *autonomo* oder *condominiale*? Ist es *autonomo*, haben Sie gewonnen: Die Wärmequelle befindet sich innerhalb der eigenen vier Wände, und Sie können heizen, so oft, so lange und wann immer es Ihnen gefällt. In der Regel ist dies eine *caldaia*, ein Gasbrenner, der regelmäßig gewartet werden müsste. Die schaltet man an, und die Heizkörper werden warm, sofern der Wasserdruck stimmt. Ist die Heizung dagegen *condominiale*, bedeutet dies, dass der ganze Palazzo mit all seinen Wohnungen an einer einzigen Zentralheizung hängt. Wann diese in Gang gesetzt wird, entscheidet der *amministratore*, der Hausverwalter. Er tut dies aber nicht nach Gutdünken, sondern in strikter Befolgung der einschlägigen Gesetze, welche die Heizperiode präzise festsetzen. Danach durfte in Rom im Winter 2022/23 vom 21. November bis zum 31. März geheizt werden, aber lediglich zehn Stunden täglich zwischen fünf und dreiundzwanzig Uhr, und zwar bis zu einer maximalen Raumtemperatur von neunzehn Grad, was ich auch mit meiner autonomen Heizung nie erreicht habe.

Nie und nirgendwo habe ich so viel und so bitterlich gefroren wie in Italien und speziell in Rom. Es zieht durch die Fenster, durch die Türen, die Mauern sind dick und kalt, die Räume hoch und zugig. Man kommt schon frierend nach Hause, weil es nirgendwo in der Stadt ein gemütliches Lokal gibt, wo man sich in Würde aufhalten und wärmen könnte. Die Heizung mag autonom sein, und doch scheint es sinnlos, gegen die Dicke der Wände, die Undichtheit der Fenster und die Höhe der Räume anzuheizen. Auch Schlösser kann man nicht heizen, denke ich mir dann und bin getröstet. Jetzt weiß ich, warum die alten Fräcke mit ihren Seidenkrägen, die man auf den Flohmärkten findet, so dick mit Watte und Wolle ausgepolstert sind. So hatten es zumindest die Herren ein wenig warm in den eiskalten Ballsälen der römischen Palazzi, wenn sie die kalten Hände ihrer von Perlenkolliers nur dürftig gewärmten Damen küssten.

Im nächsten Sommer werde ich den Zentimeter hohen Spalt unter der Wohnungstür abdichten, denke ich, während ich, angetan mit einer großen warmen Frackjacke vom Flohmarkt, in die Küche gehe, die Tür verrammle, den Gasofen öffne und anzünde. So hält man durch, bis der Sommer kommt. Und die römischen Sommer sind herrlich. Und durch den Spalt unter der Tür zieht angenehm die frische Luft des Treppenhauses.

# Achsenbruch

**Ab und zu gehe ich** mit einer guten Freundin mittagessen. Sie kommt auch aus Deutschland und lebt ungefähr doppelt so lange in Rom wie ich. Mit ihr kann ich über alles reden, sie kennt sich aus und ist gebildet an Herz und Verstand. Vor allem kann man mit ihr über Rom und Italien klagen, sie weiß genau, was gemeint ist und wie ich es meine. Niemand von uns beiden bereut auch nur einen der vielen Tage, die wir in Rom zu leben das Glück hatten. Aber manchmal braucht man das, Klagen auf hohem Niveau, man kennt das aus jeder guten Ehe.

Neulich kamen wir bei Spaghetti Cacio e Pepe auf das Phänomen der rutschenden Klobrille. Sollten Sie in Italien sesshaft sein, auch im Zusammenhang mit dem angedeuteten Thema, werden Sie sofort wissen, wovon die Rede ist. Sie werden in Rom an den meisten Klobrillen einen feinen Riss entdecken, sofern sie noch neu sind, einen Sprung, wenn sie schon etwas länger gedient haben, oder einen glatten Bruch, wenn man sie im Stadium des Sprungs nicht ausgewechselt hat. Vor allem im letzten Fall kann man sich recht schmerzhaft einklemmen. Die Ursache hierfür ist – und ich rede aus langjähriger Erfahrung –, dass es schlicht unmöglich ist, die hier handelsüblichen Klobrillen mit den hier handelsüblichen Kloschüsseln so zu verbinden, dass Erstere nicht nach kurzer Zeit zunächst ins Wackeln und dann ins Rutschen geraten. An vielen Orten, an öffentlichen zumal, hat man die gebrochenen Brillen ganz entfernt, meist samt der Deckel, nur die lockeren Gelenke sind geblieben.

Es gibt, da mögen Sie recht haben, drängendere Probleme in der Welt. Aber manchmal muss man sich auch mit den kleineren Dingen beschäftigen. Und dabei stellt man fest, dass das Land der blühenden Zitronen eben auch das Land der rutschenden Klobrillen ist. Die Klobrille heißt hier übrigens *asse del water*, wörtlich *Wasser-Achse* oder *Wasser-Brett*, wobei mit *il water* das englische *water closet* gemeint ist. *Klosett-Brett* also. Ich denke, dass nur wenige der in Deutschland lebenden Italiener wissen, was *asse del water* auf Deutsch heißt.

Ich dagegen habe mich neulich mit dem Auto aufgemacht, einen Ersatz für die beiden heimischen zu finden, natürlich erst nach vollendetem Achsenbruch, als auch mit dem stärksten Paketband nichts mehr auszurichten war. Das lange Zögern geschah nicht aus Sparsamkeit, sondern erklärt sich ausschließlich aus der großen Schwierigkeit, im Zentrum der Stadt an ein neues Klo-Brett zu kommen. Man muss einen Samstag opfern oder einen Tag Urlaub nehmen. Da wartet man dann so lange, bis es wirklich nicht mehr geht. Vielleicht kam auch die Schwiegermutter zu Besuch, ich weiß es nicht mehr. In der Peripherie hatte ich einen *nogozio di sanitaria* ausfindig gemacht, der, als ich ankam, zunächst geschlossen war: *Torno subito*, stand auf dem Schild, komme gleich wieder.

Wenn ich im Leben einmal nichts zu tun haben sollte, werde ich ein Dictionarium zusammenstellen, in welchem diese und andere stehenden Wendungen in ihrer wahren Bedeutung dem Fremden aufgeschlüsselt sind:

*Tórno súbito:* Singular Präsens; wörtlich: *Komme gleich wieder;* Versicherung bzw. Behauptung, die meist an den Türen oder Zugängen solcher Geschäfte sowie privater wie öffentlicher Einrichtungen angebracht sind, die nach den ausgewiesenen Zeiten eigentlich geöffnet sein müssten, de facto jedoch geschlossen sind. Manchmal per Hand auf einen Zettel geschrieben, meist aber auf einen festeren, bisweilen plastifizierten Karton, der auf regelmäßige Benutzung ausgerichtet ist und bei geöffneter Tür mit nach innen gedrehter Schriftseite griffbereit im Rahmen steckt bzw. mit einem Schnürchen dort aufgehängt ist. Übertragene bzw. tatsächliche Bedeutung: *Die-*

*ses Geschäft sollte zwar offen sein, ist tatsächlich aber geschlossen und wird dies auf absehbare Zeit auch bleiben. Warten nutzlos. Kommen Sie ein andermal wieder. Schönen Tag noch.* Eine andere Wendung wäre: *ci penso io*; wörtlich: *Ich kümmere mich (persönlich) darum.* Übertragen: *Jetzt geschieht erst mal gar nichts.* Aber wir kommen vom Thema ab.

Ich warte trotzdem, gegen jede Lebenserfahrung, da ich entschlossen bin, das Problem an diesem Tag zu lösen. Und tatsächlich: Nach einer Stunde kommt jemand, der mir immerhin die Auskunft geben kann, dass Klobrillen wie überhaupt alle Sorten von Armaturen in einem Zweiggeschäft zu kaufen seien, hier gebe es nur Rohre und Dichtungen. Er erklärt mir mit der größten Liebenswürdigkeit genau, wie ich dort hinkomme, und ich fahre beschwingt ob dieser wirklich netten Begegnung los.

Tatsächlich finde ich das Geschäft, es ist geöffnet, gewonnen. In einer kleinen Halle sind auf Paletten alle möglichen in Plastik verschweißten Kloschüsseln und die in Italien völlig unerlässlichen Bidets gestapelt, hier bin ich richtig. Vergnügt stelle ich mich in die Reihe wartender Kunden, vor allem wohl Klempner und Installateure, die am Ort ihres heutigen Einsatzes gemerkt haben, dass noch irgendetwas fehlt. *Torno subito.* Endlich bin ich dran, ich habe alle Wörter nachgeschlagen. Ob sie Klobrillen haben? Natürlich, für welches Modell denn? Daran habe ich nicht gedacht. Was ich aus dem Gedächtnis weiß, nämlich dass die Schüssel von Ginori stammt und vermutlich aus den Fünfzigerjahren, reicht leider nicht. Ich müsse eine Zeichnung in Originalmaßstab anfertigen, eine Art Schablone, aus welcher die äußere wie die innere Randlinie der Schüsselöffnung, vor allem aber der Abstand jener beiden Löcher zu ersehen sind, in welchen die Halterungen der Klobrille fixiert werden.

Es hilft nichts, ich muss wiederkommen. Zumindest weiß ich jetzt schon, wohin und womit. Allein das, nämlich der durch diesen Tag erworbene Wissensvorsprung, reicht aus, um die Unternehmung innerlich als, wenn auch nur partiellen, Erfolg zu verbuchen. Gut gelaunt komme ich nach Hause und fertige dort mit großem Zeitungspapier das gewünschte Modell. Meine Ohren glühen vor Eifer.

Eine Woche später ist es wieder so weit, und, um es kurz zu machen, meine Vorarbeiten erweisen sich als korrekt. Ich wippe auf den Zehen vor Freude und will nun wissen, aus welchen unterschiedlichen Modellen ich wählen könne, entschlossen, das Problem der rutschenden Klobrille durch den Erwerb des besten, dauerhaftesten, nach Möglichkeit in Deutschland hergestellten Modells ein für alle Mal auszuräumen, Geld spielt keine Rolle. Nun, es gab nur ein Modell, weiß, neunzehn Euro achtzig.

Die Halterung der neuen Brille entspricht genau jener der alten. Insofern habe ich alles richtig gemacht. Die Scharniere können mit einer Welle an unterschiedliche Lochabstände angepasst werden, das Ausmessen wäre also gar nicht nötig gewesen. Ebendiese Welle ist es aber auch, die nach den Gesetzen der Mechanik einer dauerhaft festen Verankerung a priori entgegensteht. Und obschon ich die Schrauben so fest anziehe, dass ich Angst habe, ein Stück von der Schüssel herauszubrechen, stellt sich nach wenigen Tagen die gewohnte Situation wieder ein: zunächst ein leichtes Hin- und Herruckeln, das schließlich dazu führt, dass die Brillenöffnung nicht mehr deckungsgleich ist mit dem Schüsselrand, per Hand justiert werden muss, um dann, bei allfälligen Wendungen und Drehungen, mit einem krachenden Ruck in die exzentrische Position einzurasten.

Sie mögen denken, dass das doch alles nicht so schlimm sei, und Sie haben recht. Aber es könnte doch sein, dass, wenn in Rom die Klobrillen nicht mehr rutschen würden, auch so manch anderes ins Lot gebracht werden könnte in diesem herrlichen Land. Das und anderes denke ich bei meinen seltenen Besuchen in München, auf Klobrillen sitzend, die so unverrückbar scheinen wie die Geschütztürme auf der Admiral Graf Spee. Wenn ich dann jedoch wieder *daheim*, wie ich inzwischen sage, auf rutschenden Klobrillen sitze und aus dem geöffneten Fenster ein sanfter Wind vom blauen Himmel wehend mir durchs lichter werdende Haar fährt und die düsteren Gedanken wegbläst, dann ist alles vergessen, dann ist alles, alles wieder gut.

# III.
# Roma Capitale

# Die Stadt der Macht

**Rom wurde vor einiger Zeit** von den Stadtvätern umbenannt, ich glaube, das erste Mal seit 2770 Jahren. Die Stadt heißt jetzt nicht mehr einfach *Roma*, sondern *Roma Capitale*, Hauptstadt Rom. Vielleicht fürchtete man, dass das sonst in Vergessenheit geraten könnte, so wie sich Bad Teinach-Zavelstein im Kreis Calw ganz offiziell *Krokusstadt* nennen darf, obschon doch jedes Kind weiß, dass die besten Krokusse genau dort wachsen, und nirgend anderswo. Noch bevor man in der Stazione Termini den Fuß auf den Bahnsteig setzt, hat man auch in Rom nicht den geringsten Zweifel, dass man in der Hauptstadt der Welt, wie Goethe sie nannte, angekommen ist.

Ich erlebe das seit vielen Jahren beinahe wöchentlich, und noch immer packt mich eine sonderbare Erregung, wenn Rom sich durch Zeichen ankündigt und ich den Odem der Ewigen zu wittern beginne. Antike Nomina zunächst, *Saxa Rubra*, *Via Nomentana*, *Via Tiburtina*, oder aber mittelalterliche Ortsnamen, die auf antike, in ihrer fragmentarischen Riesenhaftigkeit unverständliche Überreste verweisen, *Settebagni*, *Centocelle*, *Grottarossa*. Und wenn man dann, an der Porta Maggiore vorüberfahrend, einen Blick in die in schwindelnder Höhe sich öffnende leere Wasserleitung wirft, die so groß ist, dass man darin stehen könnte, wenn dann die bunkerartig getreppte Zementkuppel von Minerva Medica vorbeizieht und ganz klein daneben der sonnige Barockgiebel von Santa Bibiana, dann bekomme ich eine Gänsehaut. Und schließlich die für europäische Verhältnisse aberwitzig durch das Häusermeer kurvenden Betonbahnen der *Sopraelevata*, der auf turmhohen Stelzen ruhenden, sich fantastisch verzweigenden Stadtautobahn, Tangenziale Est! Wenn sie nicht gerade vor dem eigenen Fenster vorbeigeht, ist sie ein erhabener Anblick und Kulisse unvergesslicher Filme, wie etwa jenem aus den 1970ern, in dem der Buchhalter Fantozzi von seinem Balkon auf eine dieser Schnellbahnen klettert, um seinen dort vorbeifahrenden Bus doch noch zu erwischen. Das waren Zeiten.

Doch nicht nur die antiken Riesentrümmer, auch die vom Duce befohlenen theatralischen Kulissen des Bahnhofs, die in ihren lapidaren Volumina wie gigantische Bauklötze aussehen, verfehlen – ich gestehe es ungern – ihre Wirkung nicht. Großartig immer wieder die beiden den Gleisstrang flankierenden Wassertürme, um deren gewaltig gerundete Travertinhaut sich Wendeltreppen fantastisch bis in schwindelnde Höhe winden wie zur Klause eines Säulenheiligen. Faschistische Märchen aus dem modernen Mittelalter. *Roma Termini* steht in haushohen Lettern quer über der Halle geschrieben, sichtbar eigentlich nur für den einfahrenden Lokführer. Man ist, daran lässt die Schrift keinen Zweifel, ganz sicher in Rom, und nicht etwa schon in Neapel.

Das Gedränge vor den von Uniformierten verteidigten Bahnsteigsperren, erst kürzlich nach hundert Jahren Pause wieder eingeführt. Tausende warten hier geduldig, bis die wie ein Staatsgeheimnis gehütete Gleisnummer ihres abfahrenden Zuges in allerletzter Minute bekanntgegeben wird. Dann großes Gerenne und Geschiebe. Die 1950 eingeweihte, unendlich elegante Vorhalle, schmerzlich entstellt durch recht ungenierte kommerzielle Einbauten der Gegenwart, aber noch immer das endlose Dach wie eine über unseren Köpfen dahinrollende Woge. Die Schlange am Taxistand misst eine römische Meile, an deren Ende illegale Taxifahrer im Trüben der Verzweiflung fischen. *Mister, need Taxi?* Wir gehen zu Fuß.

Der Platz vor dem Bahnhof. Es ist mir jedes Mal wie das Hervortreten in eine unendlich weite, von leuchtenden Felsen bestandene Bucht mit flachem, hellem, durchsonntem Meereswasser, in das ich entzückt eintauche. Ab hier schwimme ich im Fluidum der Stadt.

*

Rom also ist die Capitale, die Hauptstadt, hier sitzt die Regierung, hier ist die Macht, und das seit dem Jahr 753 vor Christus. Nicht dass die Stadt in ihrer Geschichte immer auch mächtig gewesen wäre. Zuweilen war Rom nur ein Kuhdorf, weltpolitisch betrachtet. Aber die Macht spielte auch in einem solchen Kuhdorf immer die Hauptrolle, war immer Drehpunkt des menschlichen Miteinanders, auch wenn es nur darum ging, wer seine Kühe wo weiden lassen, welche Familie den Papst stellen, diesem die Unterwäsche liefern oder ihre Toten in welcher Kapelle begraben durfte. Die Macht hängt seit mehr als zweitausend Jahren wie dicker Nebel zwischen den Säulen, Bögen und Gemäuern, alles ist von ihr getränkt und durchdrungen, auch heute. Man hört sie, wo man geht und steht. Da sind die heulenden Sirenen der mit hysterischen Blaulichtarrangements auf den Busspuren dahinbretternden Wagenkolonnen von Politik und diplomatischem Korps, nicht selten eskortiert durch voranpreschende Polizisten auf Riesenmotorrädern, welche, die Kreuzungen einnehmend, die Verkehrsregeln vorübergehend außer Kraft setzen, mit peitschenden Trillerpfeifen und Gesten wie einst Hannibal auf seinem Elefanten.

Überhaupt ist die Stadt erfüllt von der Vielfalt der staatlichen Ordnungskräfte, die dieses Land sich leistet. Da sind zunächst, an der Spitze der Prestige-Hierarchie, die Carabinieri, jene also, die – wie ihr Name stolz verkündet – schon in Frühzeiten im Besitz des Schießzeugs waren, die Musketiere, die *gens d'armes*. Sie gehören, in Ländern mit ungebrochener militaristischer Tradition ist das eine Auszeichnung, organisatorisch zu den Streitkräften und tragen schöne schwarze Uniformen mit roten Streifen auf den Hosennähten sowie weiß leuchtendem Koppelzeug. Sie fahren dunkelblaue Alfa Romeos und Moto Guzzis, was sich mit der schwarzen Uniform ein bisschen sticht. Sie gehen und stehen sehr aufrecht und haben die steil nach unten weisenden Schirme der hochaufragenden, mit einer silbernen Flamme geschmückten Mützen tief in die Nase gezogen, so dass man ihre Augen nicht sieht.

Kleinere Delikte wie Falschparken und Taschendiebstahl, die unter ihrer paramilitärischen Würde sind, überlassen sie der Polizia Municipale, der Polizia Comunale oder auch den Vigili Urbani, niederen, der Gemeinde unterstehenden Einheiten in kleinen weißen Fiats und billigen Uniformen, vor denen sich nur die Falschparker fürchten. Sehr gefürchtet dagegen ist die Guardia di Finanza, die dem Finanzministerium untersteht. Da sie nicht zum Militär gehören, haben ihre Mitglieder gegenüber den Carabinieri tief wurzelnde Minderwertigkeitskomplexe. Das kompensieren sie durch den Schrecken ihres Auftrags, der Steuerhinterziehung und der Schwarzarbeit das Handwerk zu legen, zu Lande, zu Wasser und in der Luft. Sie haben grundsätzlich jeden und jede im Visier, vor allem kleine Händler, die keine Kassenzettel ausgeben – und deren Kundschaft, denn der Einkauf ohne Kassenzettel ist strafbar. An den Badeküsten machen sie Jagd auf nichtsahnende Touristen, die aus Unkenntnis irgendeine der tausend Vorschriften mit ihren kleinen Booten verletzt haben und nun mit drakonischen Geldstrafen in vierstelliger Höhe belegt werden. Braucht man dazu kanonenbewehrte Kriegsschiffe der Schnellbootklasse und zwölf Mann Besatzung? Unbedingt. Einschüchterung lautet die Devise, der die Guardia di Finanza umso ungenierter frönt, je rechter die Regierung in Rom gerade ausfällt. Deutet ihre massive Präsenz nun auf den Erfolg ihrer Bemühungen hin oder auf das Gegenteil?

Wenig glamourös ist das Dasein der Polizia di Stato, der eigentlichen Polizei. Sie untersteht dem Innenministerium, was mäßiges Prestige bedeutet. Ihre Mitglieder müssen die Arbeit machen, die zwischen den Zuständigkeiten der anderen liegen bleibt, also fast alles. Ihr Patron ist richtigerweise der Erzengel Michael, der Polizist unter den Heiligen, ihr Motto *Sub Lege Libertas*, was nicht bedeutet, dass es unter dem Gesetz freizügig zugeht, eher das Gegenteil. Dazu passt, dass sie mich, seit die neue Regierung im Amt ist, öfter kontrollieren, wenn ich im Zug nach Rom sitze. Wahrscheinlich haben sie mich im Verdacht, es mit ihrem Motto nicht allzu genau zu nehmen. Nachweisen konnten sie mir dies bislang aber nicht. Sie wirken immer etwas enttäuscht, wenn sie mir *buon viaggio* wünschen. Ihre Uniformen sehen sehr unbequem aus und scheinen aus unangenehmem, juckendem Stoff gefertigt. Die Streifen auf den grauen Hosen sind violett, was außerhalb der Kirche zu gar keiner anderen Farbe passen mag. Den Ärger darüber lassen sie gerne an Untertanen aus, von denen sie annehmen, dass sie sich nicht wehren können, was meistens auch so ist, gerne Schwarze, Drogenabhängige und dergleichen. Manchmal werden solche Fälle trotzdem publik, etwa wenn jemand in einer Polizeikaserne aus unerfindlichen Gründen verstirbt.

Seltener in der Stadt sieht man den Corpo Forestale, die Waldpolizei, die Guardia Costiera, die Küstenwache und die Guardia Penitenziaria, die Gefängnispolizei, die dem Justizministerium untersteht. Nur ganz ab und zu, wenn man Glück hat, kreuzt man die Wege der kleinen Wägelchen der Polizia Idraulica, der Wasserpolizei. Das ist, wie wenn einem in Deutschland der Kaminkehrer begegnet, man darf sich dann etwas wünschen, etwa dass die Terrasse daheim dicht hält. Übrigens: In Rom heißt die Polizia Comunale immerhin *Corpo di Polizia Locale di Roma Capitale*. Es lohnt sich einfach, in der Hauptstadt zu sitzen.

Behauptungen wie jene, uns Freund und Helfer zu sein, haben diese Einheiten nicht nötig. Dafür genießen sie das Privileg, mit Blaulicht durch die Stadt und über rote Ampeln zu fahren, auch wenn sie, was wohl meistens der Fall ist, gerade *nicht* im

Einsatz sind. Macht ist schließlich dazu da, missbraucht zu werden, wenn schon das Gehalt eher dürftig ist. Keiner hat diese Haltung so elegant verkörpert wie Alberto Sordi im Film *Il Vigile* von 1960. Die Polizisten halten und parken, wo es ihnen gerade passt, am liebsten mit laufendem Motor, aufgedrehter Klimaanlage und heruntergekurbelten Scheiben, was nach Paragraf 157 Absatz 7½ der Straßenverkehrsordnung verboten ist und mit Bußgeldern zwischen 223 und 444 Euro belegt werden kann. Jeder Ordnungshüter, egal, welcher Einheit, muss im Dienst eine Sonnenbrille tragen, das ist Vorschrift. Tägliches Rasieren ist verboten. Wer dunkler Hautfarbe ist, muss ihnen seinen Ausweis vorzeigen, und natürlich ich. Leute ihres Standes und darunter werden vertraulich geduzt, was im Italienischen auch grammatikalisch leichter fällt. Dass die Carabinieri immer zu zweit auftreten, wird im Volksmund damit erklärt, dass einer lesen und der andere schreiben könne. Zu zweit können sie also alles. So müsste für Recht und Ordnung eigentlich bestens gesorgt sein im Lande.

Zur Macht gehören auch die Unmengen an Ambulanzen, die Tag und Nacht in den Straßenschluchten Roms lärmen und die riesigen, stadtviertelgroßen Krankenhäuser beliefern, wo die Chefärzte herrschen wie Burgherren im Mittelalter. Sie duzen alle Krankenschwestern, Pfleger und Assistenzärzte, von denen sie natürlich gesiezt und mit *professore* angeredet werden. An keinem Ort habe ich so viele Ambulanzen und Krankenhäuser gesehen wie hier. Vielleicht macht die viele Macht ja krank, wie es Giulio Andreotti, siebenmaliger Ministerpräsident der Ersten Republik, in seiner unnachahmlichen Art ausgedrückt hat: *Il potere logora chi non ce l'ha* – die Macht verschleißt den, der sie nicht hat, also alle, die mächtig sind, aber keine wirkliche Macht haben, und das sind viele in Rom, fast alle. Denn wer ist schon mächtig, ohne diese Macht einem noch Mächtigeren zu verdanken und sich durch diesen beschnitten und beschränkt zu wissen?

Und dann die Hubschrauber. Die Hubschrauber sind, neben Tauben und Möwen, die Luftplage Roms. Jeder scheint mindestens einen davon zu haben, samt unbegrenzter Kerosinvorräte: Polizei, Carabinieri und Guardia di Finanza (nur die Vigili Urbani haben keinen), der Staatspräsident und der Papst, der Ministerpräsident, die Minister und Staatssekretäre, die Armee und der Zivilschutz, die Fernsehkanäle, diverse Flugbereitschaften, die Rettungsdienste und sogar die Stromgesellschaft. Ständig hängt einer von ihnen knatternd über dem Häusermeer im blauen Himmel, dreht seine Schleifen vom Meer her zum Quirinal, taucht aus dem Nichts auf und verschwindet dorthin. Wenn irgendwo etwas los ist, ein politisches Großereignis stattfindet oder eine Demo sich ihre Wege bahnt, sind es oft mehrere. Paolo Sorrentino hat in seinem vielleicht besten Film *Il Divo* (über die letzten Regierungstage des genannten Andreotti) die Auffahrt der mächtig-machtlosen Parteigranden im Renaissance-Innenhof des Amtspalastes nicht umsonst mit dem Knattern eines Hubschraubers unterlegt, dem Sound der Macht. Vielleicht ist das die Szene, die mir von allen Filmen des italienischen Kinos am besten gefällt.

*Il Palazzo* – das ist das angeblich von Pasolini geprägte Synonym für staatliche Macht, und tatsächlich wird die Macht in Rom in solchen Palazzi ausgeübt. Palazzo Chigi, Palazzo Madama, Palazzo Montecitorio, Palazzo del Quirinale. Sie umstehen jene Bannmeile im Zentrum der Stadt, wo man den Akteuren der Macht von Angesicht zu Angesicht begegnet, vom Ministerpräsidenten, wenn man Glück hat, bis hinunter zu den Saaldienerinnen und -dienern von Kammer und Senat. Diese tragen eine nette Schleife in den Farben der italienischen Trikolore am Revers ihrer marineblauen Uniformen, ich sehe sie manchmal beim Mittagessen in der *tavola calda*. Dazwischen das Heer der Offiziere, Matrosen, Ingenieure und Maschinisten der Macht. Abgeordnete und Senatoren, Büroleiter und Ministerialdirigenten, Sekretäre und *portaborse*, das sind die Taschenträger, also die Assistenten und vor allem Assistentinnen mit ihren Handys, meist blühende Töchter des Landes, prächtig hergerichtet in Netzstrümpfen, Sonnenbrillen und armlangen, in der Sommerluft wehenden Haarmähnen, elastisch und sicher auf ihren zwölf Zentimetern über die Ritzen des Kopfsteinpflasters setzend.

Die Macht ist eine Augenweide, sie weiß es, berauscht sich an ihr selbst und erfreut die Machtlosen, den nominellen Souverän, also die Römerinnen und Römer. Die schauen zwar zu, aber keineswegs so interessiert, wie man meinen könnte. Man hat hier eine jahrtausendalte Routine im Zusammenleben mit der Macht und schenkt ihr ungefähr so viel Aufmerksamkeit wie die Schafsherde dem Bauern. Schreitet er durch sie hindurch, drängen sie blökend zur Seite, um gleich wieder, die Reihen schließend, ihre wolligen Köpfchen zum rupfenden Mahle zu senken. Das ist aber so ziemlich die einzige Souveränität, die dem Souverän verblieben ist.

Umso gieriger hält die an den neuralgischen Punkten lagernde Schar der Journalisten und Kameraleute Ausschau auch nach dem geringsten Vertreter der Macht, der hier die Straße kreuzt oder einem der Fuchsbauten der Macht entschlüpft. Haben sie einen gestellt, so begleitet der gesamte Pulk ihn eine Strecke seines Wegs, wobei die Kameraleute rückwärtsgehend von vorne filmen und dabei von einem untergehakten, nach vorne gewendeten Assistenten gelotst werden, damit sie nicht stolpern oder anstoßen. Auch hier braucht man also immer zwei, einen, der voraus-, und einen, der zurückblickt. Neben diesem Janus-Gespann laufen Journalisten und halten Mikrofone und Handys in Richtung des sich meist bereitwillig öffnenden Mundes, ihm harmlos-genehme Fragen zurufend. Vor allem während der Abendnachrichten im Fernsehen, der *Telegiornale*, werden, wo immer möglich, Live-Übertragungen solcher Jagdszenen versucht, wofür dann andere Nachrichten unterbrochen werden. Die Ausbeute ist meist bescheiden.

Natürlich ist das, was man heute im Regierungsviertel rund um die Piazza Montecitorio sieht, nur ein trüber Abglanz der guten alten Zeiten, als die Macht noch richtig Spaß machte. Ein Freund von mir kennt einen Juwelier, der, nachdem die Prima Repubblica 1992 in einem epischen Skandal aus Korruption und Machtmissbrauch implodierte, seinen Laden in Parlamentsnähe schließen musste. Kein Abgeordneter kam mehr in den Sitzungspausen, um seiner römischen Geliebten ein Kettchen oder Ohrringe zu kaufen. Auch der Absatz an Uhren der Marke Rolex (andere sind uninteressant, da für Dritte schwer zu erkennen) ist merklich zurückgegangen – oder hat sich in den Privatsektor verlagert, eine Rolex kann man gut mit Bargeld bezahlen. Der Schneider eines Herrenausstatters kommt nur mehr einmal die Woche zum Maßnehmen, nicht täglich, wie früher. Auch haben die Restaurants in der Bannmeile das Niveau ihrer Weinkeller auf den touristischen Bedarf abgesenkt.

Doch ansonsten ist im Großen und Ganzen alles beim Alten geblieben. Nur dass sich eben wieder einmal alles hatte ändern müssen, damit alles bleiben konnte, wie es war. Diese unsterbliche, die gesellschaftlichen Grundlagen Italiens erfassende Erkenntnis, mit der Giuseppe Tomasi di Lampedusa in seinem Roman *Il Gattopardo* den Übergang Italiens von der Feudalzeit zum Königreich umschrieben hatte, dieses Alles-muss-sich-ändern-damit-alles-beim-Alten-bleibt scheint auch jene tiefgreifenden Veränderungen zu charakterisieren, die ich im letzten Vierteljahrhundert als Zeitzeuge habe miterleben dürfen.

# Von italienischer Politik

**Die italienische Politik** ist von außen unmöglich zu überblicken, geschweige denn zu begreifen. Im Grunde genommen bleibt sie auch aus der Nahsicht ein Rätsel. Trotzdem: Nur in Italien vergisst man irgendwann das ganze Ausmaß des Irrsinns, eben weil man das, was immer da ist und nicht weggeht, irgendwann als normal wahrnimmt, wahrnehmen muss, um nicht selbst irrsinnig zu werden. Nur von Italien aus kann man einigermaßen gelassen betrachten, was eigentlich zu Schreikrämpfen Anlass geben müsste, nur hier gewöhnt man sich an das Licht der beständig auf- und niedersteigenden Nebelkerzen. Es ist schwer zu sagen, ob jener pragmatische Zynismus, dessen Kälte im Land der blühenden Zitronen in sonderbarer Mischung mit hitziger Kindlichkeit den Umgang mit der *res publica* bestimmt, ob diese tiefsitzende, aber vielleicht nur scheinbar aus dem Zorn geborene Gleichgültigkeit gegenüber allem Öffentlichen, die mit scharfem Blick die eigenen Angelegenheiten im Auge behält, nun das *Ergebnis* der politischen Verhältnisse ist oder dieselben nicht vielmehr erst ermöglicht, heraufbeschwört, ja sie im Grunde herbeiwünscht. Denn erst das resignierte Abwenden vom Trauerspiel der Allgemeinheit rechtfertigt den strategischen Rückzug aufs Private als persönliche Notwehr, als *ultima ratio* des verratenen Bürgers.

Hier liegt der Ursprung der Erzählung von der *casta*, der verschworenen, von dunklen Mächten über das brave Volk gesetzten Kaste der Sesselfurzer, der *incompetenti* und *corrotti*, unfähige Mandarine, die das Land und die Bürger als Geiseln ihrer windigen Interessen im Netz der Vetternwirtschaft gefangen halten. Was wäre Italien, was könnte dieses herrliche, starke, zu allem fähige, mit allen Tugenden begabte Land nicht sein, wenn es befreit wäre von jenen windigen Usurpatoren! So mögen viele denken und im Stillen wissen, dass sie selbst es sich doch ganz gut eingerichtet haben in dieser Misere. Da ist natürlich auch der Mythos der italienischen *resilienza*, wie man heute sagt, das berühmte italienische Überlebenskünstlertum, das ja tatsächlich immer wieder auf erstaunliche Weise die düsteren Vorhersagen in- wie ausländischer Beobachter widerlegt. Bislang ist die Sonne noch jeden Tag wieder aufgegangen.

Widerständig ist aber nicht nur die italienische Gesellschaft, auch die italienischen Probleme sind es. Man tut als Fremder gut daran, *nicht* zu fragen, wie es denn sein kann, dass dieses von fast allen beklagte System sich in freien und geheimen Wahlen von Jahrzehnt zu Jahrzehnt immer wieder aufs Neue regeneriert und aus der Mitte dieses grundbiederen Volkes zuverlässig mit Protagonisten beschickt wird, die, kaum im Sündenpfuhl der Hauptstadt angekommen, durch Magie und Zauber vom Paulus zum Saulus gewandelt werden. Fragen Sie es nicht! Man könnte am Ende glauben, dass Sie meinen, jedes Land habe auf Dauer jene Regierung, die es verdient, die ihm entspricht. Ich weiß, dass ich hier als Deutscher mit Steinen aus dem Glashaus werfe, aber da sind alle Scheiben eh schon längst zerdeppert, so dass man zwischen den leeren Rahmenstangen gut hindurchwerfen kann.

Natürlich sind die Tedeschi mit ihrer romantisch-demokratischen Staatsauffassung nicht die Richtigen, die in zweitausendjähriger Übung ziselierten Rituale von Macht und Herrschaft zu begreifen, die den Praktiken einer plutokratischen Aristokratie altrömischen Zuschnitts näher scheinen als den Mechanismen einer parlamentarischen Demokratie. Persönlichkeit und Charisma, Gefolgschaft und Treue, Geben und Schützen, Nehmen und Danken, Dein und Mein, *do ut des*, Brot und Spiele – all diese Elemente sind so ungleich stärker und wirksamer, vor allem aber funkelnder und eingängiger als Parteien und Gremien, Satzungen und Gesetze, Programme und Kompromisse. Was man sich in Deutschland schaudernd unter *italienischen Verhältnissen* in der Politik vorstellt, hat mit den tatsächlichen Zuständen nicht sehr viel zu tun, eben weil man sich diese in der Regel nicht anders denn als pervertierte Form des Vertrauten denken kann, als eine Degeneration deutscher Verhältnisse, ein bisschen wie in Bayern oder Österreich, nur schlimmer. Es ist so, wie wenn man mit einem Thermometer einen Schrank vermessen wollte, oder mit einem Zollstock das Fieber.

Zunächst eine Beobachtung, die indirekt hierhergehört. Über der Richterbank eines jeden italienischen Gerichts steht geschrieben: *La legge è uguale per tutti* – das Gesetz ist für jeden gleich. *Alle Menschen sind vor dem Gesetz gleich*, heißt es dagegen in Artikel drei des Grundgesetzes. Ist das Gleiche hier auch Dasselbe? Nur scheinbar. Tatsächlich sind die Ausgangspunkte dieser allenfalls ähnlichen Aussagen diametral entgegengesetzt: Im ersten Fall ist es das *Gesetz*, dessen Gleichheit für jeden garantiert wird, im zweiten Fall ist es die Gleichheit des *Menschen*, der vor dem Gesetz steht. Nun ist die Betonung der Gleichheit ein Hinweis auf die prinzipielle Möglichkeit (wenn nicht Wahrscheinlichkeit) der Ungleichheit, der Wandelbarkeit, der Variabilität. Im deutschen Fall stehen die Menschen, deren Ungleichheit im Leben jedem ins Auge sticht, einmal ausnahmeweise als Gleiche vor dem monolithisch unwandelbaren Gesetz. In Italien dagegen ist das Gesetz die mögliche Variable. Für den einen gilt es in dieser, für den anderen in anderer Weise. Man muss also darauf hinweisen, dass diese offenbar gewohnte Flexibilität, also die Möglichkeit einer *lex ad personam*, vor Gericht nicht vorgesehen ist.

Die kategorische Andersartigkeit der italienischen Politik deutet sich schon durch eine ebensolche Andersartigkeit jener italienischen Presse an, die über Politik – ich wollte sagen: berichtet, aber schon das trifft es nicht. Zeitung, Fernsehen und Radio *berichten* ja nicht, was in der Politik an Tatsachen zu verzeichnen wäre – womöglich noch getrennt zwischen Nachricht und Kommentar. Es sind eher Nacherzählungen, Nachdichtungen, Betrachtungen und Variationen oder auch Neuinszenierungen eines Schauspiels, das sich in unermüdlicher Endlosigkeit über die Jahrzehnte hinweg Tag für Tag neu reproduziert, eine auf unendliche Folgen in tausend Staffeln angelegte Reality-Serie, die schon lief, als der Großvater noch ein Kind war, und die noch laufen wird, wenn die Kinder einst Großväter und -mütter sind. Und wie bei jeder ausgedehnten Serie gibt es auch hier horizontale Strecken des scheinbaren Stillstands, wo das Personal über Jahre hinweg kaum wechselt und nur mit den Zuschauern gemeinsam unmerklich altert, bis man erstaunt feststellt, dass man selber nicht mehr jung ist, während der Darsteller, der immer schon den alten Onkel spielte, trotzdem nach wie vor da ist. War er immer der Alte, so ist er jetzt eben der Uralte.

Dann plötzlich, wenn ein neuer Intendant kommt oder so, wird alles von einer Folge zur nächsten umgeschmissen, ganz neue Figuren und Verhältnisse tauchen auf, alles ist völlig anders, bis man nach einiger Zeit feststellt, dass die neuen Figuren sehr viel mit den alten zu tun haben, dass die Szenerie gewechselt hat, nicht aber der Plot. Ich selbst habe schon drei solcher Umstürze erlebt, oder auch vier. Die alten Figuren, da kann man sicher sein, treten bald schon wieder auf, zunächst in Nebenrollen als der freundliche Gemüsemann, dann schon bald wieder als nicht mehr so freundlicher Ehemann, sofern der Regisseur nicht den Fehler gemacht hat, die dazugehörige Frau in irgendeiner früheren Folge sterben zu lassen.

Ich habe das große Glück, in einer Zeit hier gelebt zu haben, als jemand noch lebte, der inzwischen wirklich tot ist und der auch nicht wiederkommt: Massimo Bordin. Massimo Bordin war, wenn man so will, mein Vergil, der mich bei der Hand nahm und durch jeden einzelnen der neun Höllenkreise der italienischen Politik führte, von den kleinen Unsauberkeiten angefangen bis hinab zu den Todsündern in Lucifers schlingendem Maul. Er tat dies nicht für mich persönlich, sondern in seiner Eigenschaft als *direttore* des Senders *Radio Radicale*, wo er, Tag für Tag, Woche für Woche, Monat für Monat und Jahr für Jahr, die *rassegna stampa* besorgte, die Presseschau. Nur am Wochenende sowie an einigen Tagen im Sommer war er nicht zu hören, sonst immer morgens um sieben Uhr fünfunddreißig.

Ich habe mich manchmal gefragt, wie früh man aufstehen muss, um zu dieser Tageszeit eine Presseschau zu veranstalten, die nicht, wie in Deutschland üblich, zehn Minuten dauert, sondern eineinhalb Stunden. An die gesittete Harmlosigkeit dieser Gattung etwa beim Deutschlandfunk gewöhnt, war ich anfangs mehr als irritiert über das, was ich hier zu hören bekam. Keine cleane Sprecherinnenstimme, die einige wohlausgewählte Schnipsel unbeteiligt vorliest, als sei es der Wetterbericht, sondern, bei ständigem Rascheln des Zeitungspapiers, des Blätterwalds eben, das verärgerte Suchen nach dem richtigen Artikel, ja nach der richtigen Zeitung, die sich nicht immer gleich und manchmal auch überhaupt nicht finden ließ. Dazwischen Räuspern und Husten, Massimo Bordin rauchte viel, zu viel, leider.

Später, als die Presseschau auch mit Bild im Internet übertragen wurde, konnte man sehen, dass er sogar rauchte, während er auf Sendung war, und zwar die dicken, stumpenförmigen Toscani, stinkende Zigarren aus toskanischer Produktion, wie sie der klassische italienische Signore raucht oder einmal geraucht hat. In den mehr als zwanzig Jahren, die Massimo Bordin las und rauchte, rauchte und las, ist ihm nie etwas angebrannt. Es wäre fatal gewesen, denn der Berg an *giornali*, den er da vor sich liegen hatte, war eindrucksvoll, zwanzig Stück waren es mindestens, Tag für Tag, Woche für Woche und so weiter, die Materialität des täglichen Wahnsinns.

Die italienische Zeitungslandschaft, teilweise ins 19. Jahrhundert zurückreichend, ist vergleichsweise reich, obwohl die Italiener in der Masse keine echten Zeitungsleser sind. Laut ISTAT gaben 2018 über sechzig Prozent der lesefähigen Italiener an (gegenüber gut vierzig Prozent in Deutschland 2022 laut ZMG), selten oder nie eine Tageszeitung zu lesen, in welchem Format auch immer, Tendenz steigend, da es vor allem die über Fünfundfünfzigjährigen sind, die noch Zeitungen lesen (bis zu neunundvierzig Prozent). Vielleicht sind dies auch jene sechzig Prozent, die im Jahr 2015 kein einziges Buch gelesen hatten. Die Einrichtung des Abonnements, das die Zeitung zuverlässig auf den Frühstückstisch befördert, ist hier weitgehend unbekannt. Dafür Zeitungskiosks mit Zeitungsverkäufern an jeder Ecke, die *edicola* und der *giornalaio*, der gleichmütige Freund durch die Tage und Jahre. Ich habe immer bewundert, wie geschickt er die Zeitungen übereinanderlegt, mit einem sanften Karatehieb in der Mitte faltet und als handliches Paket überreicht, drei Euro für drei Kilo. Verschwunden fast alle. Eine Freundin erzählte mir, dass sich früher die Familien zur Zeitungslektüre um den Küchentisch versammelt hätten. Mag sein, ich habe solche Familien nicht mehr gekannt. Früher gab es auch noch echte Parteien, wie den Partito Comunista oder die Democrazia Cristiana. *Tempi passati*.

Als noch viele Papierzeitungen verkauft wurden von den Giornalai in ihren Edicole, dienten diese zunächst dazu, auf dem Weg zur Arbeit unter dem Arm geklemmt herumgetragen und in der Bar vor sich auf den Tresen geknallt zu werden, als politische Visitenkarte und weltanschauliches Statement. Sie guckten ostentativ aus Hand- und Jackentaschen hervor, lagen im Auto, auf dem *cruscotto*, gut sichtbar vor der Windschutzscheibe. Sah man jemanden mit seiner Zeitung, so war man orientiert. In den bürgerlichen Häusern gab es immer irgendwo eine Ecke, wo sich die alten Nummern der *Repubblica* oder des *Corriere della Sera* stapelten, etwa am Kamin – wahre Archive der jüngeren Vergangenheit, denn so viel Feuer kann kein Mensch machen, wie Italiens Journalisten schreiben. Richtig gelesen, ja studiert wurde vor allem der *Corriere dello Sport*, der rosa und zerlesen in meist mehreren Exemplaren in den Bars herumlag. Es sind vor allem Journalisten, die die anderen Zeitungen lesen, die Zeitungen der anderen. Und einige Intellektuelle, die in Italien so schnell nicht aussterben. Und natürlich Massimo Bordin.

Eine eigentliche Tabloid-Presse gibt es hier nicht, keine *Bild*-Zeitung im Land der Altarbilder. Das Genre Mord & Totschlag sowie Klatsch & Tratsch wird von den seriösen Blättern mitgeliefert, die voll sind von Skandalen, Unglücken und Dramen, von Raub-, Mord-, Entführungs-, Trennungs- und Rachegeschichten. Man nennt das *la cronaca nera*, die Schwarze Tageschronik, Seiten über Seiten, mit vielen Fotos, auf denen Carabinieri mit Absperrbändern zu sehen sind, Tatorte, meist gesichtslose Häuser und Wohnanlagen mit schmiedeeisernen Gittertoren, Fotos der Ermordeten, als sie noch lebten, meistens am Meer in glücklicheren Umständen, Fotos, die umso größer sind, je attraktiver die Opfer waren, dazu Zeugenaussagen, die Nachbarn, Kollegen, Eltern, Geschwister, Freunde, der Polizist, Vermutungen, Kästchen und Grafiken. Und natürlich der Täter, also der mutmaßliche, meist männlich, meist tätowiert, auch er ist viel am Meer gewesen und hat das auf Instagram verewigt, was die Zeitung natürlich freut. Es sind in Italien meist jüngere Männer, die ihre jüngeren Frauen beziehungsweise Exfrauen umbringen, *femminicidio* im Fachjargon, hundertzwanzig Opfer dieser Art allein im Jahr 2022, laut Innenministerium. Das allein reicht zwar nicht für jeden Tag, an denen die Zeitungen erscheinen, liefert als Miniserie und zusammen mit diversen *cold cases* aber doch zuverlässig täglichen Stoff. Die Bilder von Vorfällen dieser Art gleichen einander in erstaunlicher Weise, so dass man oft meint, einem alten Fall wiederzubegegnen. Leider ist es dann doch immer ein neuer.

Mit den italienischen Zeitungen ist es ein bisschen so wie mit den Fußballvereinen. Sie sind als luxuriöse Zuschussbetriebe das Spielzeug alter reicher weißer Männer, die so etwas für nützlich halten, um ihre Interessen zu fördern und Rivalen bei Bedarf ans Bein zu pinkeln. Das hat nicht jeder. Das hiesige Pressewesen sollte immer auch unter diesem sportlichen Aspekt gesehen werden. Die linksliberale *Repubblica* wurde einst vom Unternehmer Carlo De Benedetti gegründet, genannt *l'Ingeniere*, der sie über Jahrzehnte als blutiges Schlachtross gegen Berlusconi ins Feld schickte, mit dem er auch als Unternehmer gerichtlich über Kreuz lag, es ging um fast eine halbe Milliarde Euro. Als er sich zur Ruhe setzen wollte, übergab er die Zeitung seinen Kindern, deren Nichtswürdigkeit er leider zu spät erkannte. Sie machten die Zeitung zu Geld und verkauften an die Familie Agnelli. Der Alte, der sein Handwerk beherrscht, gründete mit biblischem Zorn und noch mehr Geld eine völlig neue Zeitung, *Il Domani*, die aus dem Stand eines der besten Blätter des Landes wurde – und zu einer echten Konkurrenz für *Repubblica*. Rache ist umso süßer, je näher die stehen, denen sie gilt. Den Agnelli gehörte bislang neben Fiat, Ferrari und Juventus so ziemlich alles in Turin. Zeitungen sind da nützlich, weswegen man sich immer schon mit *La Stampa* ein Hausorgan gehalten hatte, eine Art Kleinversion des *Corriere della Sera*.

Der echte, 1876 gegründete *Corriere della Sera* aus Mailand gehört heute, wie auch der Fernsehsender *La7*, dem Medienunternehmer Urbano Cairo, der mit diesen gemäßigt-vernünftigen, proeuropäisch und rechtsstaatlich ausgerichteten Organen den ruhigen Fortgang der Geschäfte fördert. Das tut auch der Arbeitgeberverein *Confindustria* mit seiner lachsfarbenen Zeitung *Il Sole 24 Ore* sowie dem frechen Sender *Radio 24*. Nebenbei, man ist ja nicht stillos, spendiert man dem Kulturbürgertum ein recht qualitätvolles Sonntagsfeuilleton, das von diesem brav gekauft und manchmal auch gelesen wird. Der

Unternehmer Francesco Gaetano Caltagirone, Jahrgang '43, hat sich auf überregionale Stadtzeitungen spezialisiert, wie den *Messaggero* aus Rom oder den *Mattino* aus Neapel. Er wird seine Gründe haben. Nur der hochrespektable, der Kommunistischen Partei nahestehende *Manifesto* gehört einzig und allein sich selbst, weswegen er dauernd in finanziellen Schwierigkeiten steckt. Nur dank der Solidaritätsabonnements der radikalen Schicken kann er sich über Wasser halten. Damit sind im Wesentlichen jene Zeitungen genannt, mit denen man sich in der guten Gesellschaft sehen lassen kann.

Natürlich kaufte sich auch Berlusconi neben dem obligaten Fußballclub eine eigene Tageszeitung. Sie heißt originellerweise *Il Giornale*, also *Die Zeitung*, ist eine der ältesten des Landes und war über Jahrzehnte ein treuer Fürsprecher ihres neuen Herrn. Dass dieser sie kurz vor seinem Tod wieder abgestoßen hat, ist ein untrügliches Zeichen für die schwindende Relevanz der Gattung. Sie hat ihren Dienst getan. Der rechte Rand ist in Italien breit wie eine Autobahn, auf der jeder jeden rechts überholen kann. Dort ist Platz auch für wunderliche Erscheinungen wie eine Zeitung mit dem Namen *La Verità*, die *Wahrheit* also, wie die gute alte *Prawda*. Man liest dort überwiegend Unsinn und Absurdes.

Dann gibt es, zwischen rechts und links irrlichternd und manchmal auf der falschen Spur entgegenkommend, den 2009 gegründeten *Fatto Quotidiano*, die *Tägliche Tatsache*, die keinem reichen Mann gehört, aus Prinzip auf staatliche Förderungen verzichtet, nur wenige Leser hat und daher auch wenig Geld für langwierige Recherchen. Das kompensiert sie durch kostengünstige Meinungs- und Leitartikel, die am laufenden Band zu produzieren dem virtuos-intelligenten, mit einem galligen Gemüt geschlagenen Chefredakteur offenbar leichtfällt. Einmal in vierzehn Tagen hat er im Ansatz recht, aber auch die kaputte Uhr zeigt ja manchmal die richtige Zeit. Aus vielleicht nicht unbegründeter Furcht vor den in Italien beliebten Verleumdungsklagen – die Ehre ist hier ein kostbares Gut – vermeidet er die Namen seiner Lieblingsfeinde und nennt sie konsequent den *Unnennbaren*, den *rechtskräftig verurteilten Straftäter* oder einfach nur *B.*, womit der kürzlich abhandengekommene Lieblingsfeind gemeint war. Wir nennen den seinen also auch nicht.

Bedächtig gibt sich dagegen der liberale *Il Foglio*, ein leicht nach rechts neigendes Intelligenzblatt, das auch tatsächlich nur aus einem Bogen besteht, einem sehr großen allerdings, *formato lenzuolo*, wie es in der Fachsprache heißt, Betttuch-Format. Gegründet wurde es 1996 von Giuliano Ferrara, einem brillanten Schreiber von ikonischer Leibesfülle, dessen panzerbrechende Intelligenz gelegentlich Opfer seines militanten Katholizismus wird. Die Spezialzeitung *Il Riformista* hat sich dem Kampf gegen das Unwesen von Richtern und Staatsanwälten verschrieben, die unschuldige Politiker wie den ehemaligen Premierminister R. bedrängen, den *Unnennbaren* also, der deswegen dort im Nebenberuf Chefredakteur ist. Komplementär dazu eine der Anwaltskammer gehörende Zeitung mit dem ehrbaren Namen *Il Dubbio* (*Der Zweifel*). Dann gibt es die harmlose *La Nazione* aus Florenz im Eigentum des Unternehmers Andrea Riffeser Monti, den stramm rechten römischen *Il Tempo* des Bauunternehmers Antonio Angelucci und noch manches andere überregionale Blatt. Und, natürlich, *l'Avvenire*, das Zentralorgan der Bischofskonferenz, wir sind nicht umsonst in Italien. Was die Bischöfe denken, interessiert vor allem die Politiker. Man könnte von einer Dritten Kammer sprechen.

Der Durchschnittsitaliener liest, wie gesagt, keine einzige dieser Zeitungen regelmäßig, vielleicht weil er meint, dass eh alles ein abgekartetes Spiel ist – was stimmt und auch wieder nicht stimmt, denn manchmal verlieren die Spieler den Überblick, und dann geschehen Überraschungen. Massimo Bordin las sie alle, unverdrossen, von ganz rechts bis ganz links, von vernünftig bis absurd, so dass man als sein Hörer mit Meinungen und Haltungen bekannt gemacht wurde, von deren Existenz man ohne ihn nie erfahren hätte. Bis er dann einmal plötzlich nicht mehr da war, vertreten wurde, dann wieder zurückkam, mit dünner, geschwächter Stimme, aber eisern fortlesend und rauchend. Dann, eines Tages, wir fürchteten es, die Nachricht: *È morto Massimo Bordin,* Massimo Bordin ist tot.

Ich habe noch nie zuvor um jemanden geweint, den ich persönlich nicht gekannt habe. Aber natürlich war das bei Bordin nicht wirklich der Fall. Ich habe ihn gekannt, und wie. Er war mir durch tägliches Hören vertraut wie nur wenige. Was an vielen Morgen die manchmal ja doch benötigte Zuversicht spendete, war nicht allein die Vertrautheit seiner Stimme, dieses Räuspern, Husten und Schniefen. Es war vor allem seine Haltung dem gegenüber, was er jeden Morgen vorzulesen hatte: der Misere der italienischen Innenpolitik, die sich wie ein Fluch durch Geschlechter und Zeiten reproduziert, die nie schlimmer und nie besser wird, sondern höchstens anders, um am Ende immer gleich zu bleiben. Statt aus dem Fenster des Studios zu springen oder dieses am Morgen gar nicht erst aufzusuchen, las sich Massimo Bordin mit einer gelassenen Unerschrockenheit, in der ich immer deutlicher den wahren Mannesmut erkannte, durch seine zwanzig Zeitungen hindurch, ohne dass je Zweifel daran aufgekommen wären, dass er dies am nächsten Tag wieder genauso tun würde, und am übernächsten auch, so lange, bis die Dinge am Ende ja vielleicht doch mürbe werden und nachgeben würden, der Tag wird kommen, *spes contra spem,* jener berühmte Satz des heiligen Paulus, der besagt, dass der Gläubige gegen jede Hoffnung doch nur hoffen kann, eine eschatologische, auf die jenseitige Welt gerichtete Hoffnung zwar, aus der man aber schon für die hiesige Trost und Stärkung schöpfen kann. Das war es, was immer wieder aufrichtete, und genau das ist es auch, was den Verlust von Massimo Bordin so schmerzlich macht.

Natürlich hatte er seine Launen, war mal mürrisch, mal grantig, mal förmlich kurz angebunden, mal gut gelaunt, aber er war immer *un vero signore*, ein wirklicher Herr, dem es nie in den Sinn gekommen wäre, von der strengen Höhe seines Studioplatzes am Bahnhof Termini sich auch nur eine Stufe in Richtung des von ihm Vorgelesenen hinabzubegeben. Er verzog keine Miene, zumindest nicht hörbar, und wenn er angesichts einer ganz besonders ausgemachten Gemeinheit, Niedertracht oder, am häufigsten, einfach nur Dummheit den Lesefluss etwas verlangsamte, ja innehielt, wie um sich zu vergewissern, dass da tatsächlich geschrieben stand, was er gerade vorgelesen hatte, so war das bereits das Höchstmaß an Kommentar, zu dem herabzulassen er sich achselzuckend entschließen konnte, seltene Momente der Selbstvergessenheit, aus denen er sich mit einem trockenen *eh – va beh* entschieden löste, um seine Lektüre fortzusetzen. Genau das – diese aus einer überlegenen Natur gewonnene Kraft, die Dinge in ihrem rechten Format zu sehen, sie dorthin zu verweisen, wo sie hingehören, nämlich ins Narrenschiff Italien, diese fast heitere Gelassenheit, die von so viel Kraft und – ja – Glauben zeugte –, gab dem Zuhörer Haltung und Zuversicht. Möge er nun ebensolche dem Herrgott verschaffen, wenn er ihm vom Treiben seines auserwählten Volkes berichtet.

*

Rom – das ist das Theater dieses Wahnsinns, das ist der Schauplatz, wo in ständiger Einheit von Ort, Zeit und Handlung das immergleiche Stück gegeben wird. Die Handlung spielt keine Rolle, jeder kennt sie, niemand achtet darauf. Allenfalls Einsatz und Auftreten der Akteure lassen gelegentlich aufblicken, und hier ist in der Tat einiges geboten. Die Schauspielerinnen und Schauspieler, das muss man ihnen lassen, verstehen ihr Handwerk, sind bei den großen Urahnen des Politischen in die

Lehre gegangen, bei Demosthenes, Cato (dem Älteren wie dem Jüngeren), Cicero und Machiavelli, bei Castiglione auch, der Geschmeidigkeit und Eleganz auf den glatten Treppen der Renaissancepaläste lehrte. Reden können diese Leute, man glaubt es kaum, die als große Redner geführten Kollegen in Deutschland sind Schulkinder dagegen. Und wären es nicht die stolzen Ahnen, so gäbe ihnen schon die völlige Freiheit von der Angst, sich zu widersprechen, rhetorische Adlerschwingen. In solchen Momenten verkörpern sie genau das, was man eine *faccia da culo* nennt. Sie gefallen sich sichtbar in solchen Rollen, für die sie sich auch weit besser anziehen als etwa im Bundestag üblich. Rechenschaft schuldig sind sie nur dem Parteichef, der sie ernennt, nicht irgendeinem Wähler draußen im Lande, um den kümmert sich der Herr Primo Ministro.

Immer dann, wenn es gar nicht mehr zu gehen scheint, wenn der Karren in den Dreck gefahren ist und das Land am Abgrund steht, wenn die Zeitungen, genüsslich ausländische Blätter zitierend, sich in der Ausmalung des bevorstehenden Endes überbieten; wenn es also mal wieder fünf nach zwölf ist und der Untergang unausweichlich, dann geschieht - gar nichts. Oder doch, es geschieht das Wunder, es kommt aus dem tiefen Räderwerk des Staatstheaters der Gott an einem Seil herab. Ein großer Mann, meist alt und grau, als strafender Vater und gütiger Übervater, *pater patriae*, Retter des Vaterlands, Beschützer der Witwen und Waisen, der Renten und Bankguthaben. Kommt dieser Gott, so hat die Stunde der Techniker geschlagen, ein *governo tecnico* wird eingesetzt vom alten, grauen und weisen Staatspräsidenten, nach seinem Ebenbild, eine technische Regierung, die politische ist plötzlich verschwunden.

Dann kommen die großen Gestalten: Carlo Azeglio Ciampi 1993, der das Land nach dem Korruptionsinferno aufgefangen hat, Lamberto Dini, der es 1995 aus der ersten Berlusconi-Katastrophe geführt hat, Mario Monti, der das Land 2011 aus dem vierten Berlusconi-Desaster und den Staat vor dem Bankrott gerettet hat, und schließlich, als Gott der Götter, Mario Draghi 2021, ohne den dort, wo früher Italien war, sich wahrscheinlich ein großes Loch im Mittelmeer auftun und langsam volllaufen würde. Alte, kenntnisreiche Herrschaften, Noten- und Zentralbanker, Wirtschaftsprofessoren, ehemalige EU-Kommissare und Kommissionspräsidenten, auch Romano Prodi und Giuliano Amato gehören hierher. Kaum ein Land in Europa verfügt über einen so ansehnlichen Vorrat gottgleicher Persönlichkeiten, und auch kein anderes hat es so nötig wie dieses.

*Ubi dolor, ibi vigiles*, so steht es über der faschistischen Feuerwache hinter dem Quirinalspalast. *Wo aber Gefahr ist, wächst das Rettende auch*, wie es Hölderlin sagte. Mit dem Retter kommen die Techniker, die Spezialisten und Technokraten, ernste Männer mit Brillen, Taschenrechnern und Erfahrung, die keine Interviews geben und sich des Schlamassels annehmen, die wissen, was zu tun ist, und dies dann auch tun. So schwer ist das auch gar nicht, alle wissen es im Grunde. Und alle atmen auf, vor allem im europäischen Ausland, aber auch in Italien selbst. Na also, denkt man, geht doch, und der geizige deutsche Michel, hier besser als der *deutsche Falke* bekannt, der den Italienern ihr Italienischsein nicht gönnt, öffnet der italienischen Taube brav den Futterbeutel. Und in Italien träumt man schon davon, demnächst die Führung des Kontinents zu übernehmen, *Italia protagonista*, und prompt zerstreiten sich Frankreich und Deutschland ein wenig.

Aber natürlich wissen alle, dass nach ein, zwei Jahren wieder Schluss sein wird. Denn dann wird es den untechnischen Politikern zu bunt, die Techniker haben zu viel Erfolg, man könnte glatt meinen, dass es auch ohne die Politischen ginge. Dann wird die technische Regierung gestürzt, schwer ist das nicht, Neuwahlen ausgerufen, möglichst nicht im Sommer, weil da alle am Strand sind. Die Techniker gehen nach Hause, nachdem sie Staat und Finanzen notdürftig geradegerückt haben, und all die altbekannten Protagonisten sind mit einem Schlag wieder da, unternehmungslustig und mit frischen Kräften. So bleibt am Ende alles, wie es war. Nur eine Hoffnung, die stirbt nie: Der nächste *governo tecnico* kommt bestimmt, die Frage ist nur, wann.

# IV.
# Moderne Zeiten

# Der Müll

**Wenn man mit Römern** über Rom spricht, so kann man die Sekunden an den Fingern beider Hände zählen, bis das Wort *degrado* fällt, *de-gra-do*. Es ist nicht wirklich übersetzbar, das Konzept findet keine echte Entsprechung im Reden und Denken der Deutschen. Den modernen Flugreisenden mag es an *downgrading* erinnern, aber das trifft es nicht. *Verwahrlosung* kommt der Sache schon näher, enthält jedoch nicht das plastische Bild des Abstiegs auf einer Stufenleiter der Zivilisation. Es ist ein Sich-Entfernen von dem, was hier *decoro* genannt wird, ein zentraler Wert lateinisch-urbaner Kultur, wofür es im Deutschen natürlich auch keine Entsprechung gibt, die im Denken und Handeln lebendig wäre. *Decoro* kommt vom lateinischen *decorum*, das sich Ziemende, das Gebührende, das Anständige, verwandt und oft verwechselt mit *decus*, was Schmuck, aber auch Würde bedeutet. Noch nirgendwo habe ich es so wenig bereut, ordentlich Latein gelernt zu haben, wie in Rom.

Der Degrado also ist ein Abstieg in Sachen Decoro, ein Verfall auch im Moralisch-Sittlichen, und wird in Rom seit jeher als Begleiterscheinung der *tempi moderni* konstatiert. In gewisser Weise beklagen die Römer den sittlichen Verfall ihrer eigenen Stadt, wie umgekehrt die Fremden das Verschwinden des *Alten Rom* betrauern. Nur dass die Römer früher damit angefangen haben: Es begann, soweit ich sehe, mit Cato dem Älteren Censorius (234–149 v. Chr.), der mitten in der Römischen Republik den Verfall der altrömischen Sitten und Tugenden der Königszeit beklagt, so wie Cicero hundert Jahre später den Verfall der Republik, Tacitus die Degeneration der Kaiserwürde und so weiter. Die Römer von heute befinden sich also in bester Gesellschaft, betreiben das römischste aller römischen Geschäfte, wenn sie auf dem Forum, im Bus oder beim Bäcker den Degrado ihrer von Romulus gegründeten Vaterstadt beklagen.

Für den Fremden ist das Einstimmen in diese Klage der erste Schritt, Römer zu werden, oft auch der letzte. Als spezifisch römisch ist dieses Lamento inzwischen sogar statistisch nachgewiesen, natürlich von ISTAT. Siebzig Prozent der Römer empfinden es laut einer repräsentativen Umfrage als extrem belastend, in ihrer Stadt, also in Rom, leben zu müssen. Das ist, bezogen auf den jeweiligen Wohnort, mehr als das Doppelte des Landesdurchschnitts. Gleichzeitig können es sich ebenfalls siebzig Prozent der Römer nicht vorstellen, irgendwo anders zu leben als in Rom. Auch das sind doppelt so viele wie anderswo. Zu mindestens vierzig Prozent müssen sich diese beiden Gruppen überschneiden, und damit ist eigentlich schon fast alles gesagt. Rom ist nicht etwa die schönste Stadt der Welt – denn sonst könnte man ja, mit kleinen Abstrichen, in die zweitschönste ziehen. Nein, Rom ist keine Stadt, auch nicht die schönste, sie ist die *Urbs*, und davon gibt es nur eine auf der Welt. Man hat keine Wahl, es gibt keinen Plan B, Rom ist das Alpha und das Omega. Rom ist, mit einem Wort, alternativlos.

Worin genau aber besteht dieser Degrado? Für die meisten Römer ist klar: in *la monnezza*. Das Wort ist sehr römisch und steht in keinem Wörterbuch. Es ist die Abschleifung von *mondezza*, was wiederum ein umgangssprachlicher Begriff für die hochitalienische *immondizia* ist, oder *spazzatura*, also Müll, Abfall. Für ihren Müll haben die Römer in etwa so viele Wörter wie die Eskimos für den Schnee. Die Monnezza teilt sich in zwei Familienzweige, nämlich in den legalen und den illegalen. Zunächst der illegale Müll. Man sieht ihn immer und überall, sobald man sich aus der Nähe touristischer Attraktionen fortbewegt. Damit ist nicht die Masse an achtlos weggeworfenen Kleingegenständen gemeint, die den Boden des Stadtgebiets flächig bedecken. Nein, ich spreche vom Sperrmüll: mächtige

Matratzen, die schon einiges erlebt haben und, von Flüssigkeiten vollgesogen, schwer wie Walfischspeck an den Alleebäumen lehnen. Dann Teile von Mobiliar, meist aus dem Sanitär- oder dem Küchenbereich, dessen fällige Reinigung offenbar für aufwendiger befunden wurde als die Entsorgung, manchmal sogar ein reguläres Wasserklosett, das nun verloren am Rinnstein steht und trotz des fehlenden Wasseranschlusses noch genutzt wurde. Sodann Bügelbretter und Wäscheständer, an denen irgendetwas kaputt ist oder fehlt, Bürostühle der Achtziger- und Neunzigerjahre, Röhrenbildschirme und was der technische Fortschritt sonst noch hervorgebracht und aussortiert hat. All das findet man in Rom auf den Straßen, und da diese Gegenstände bei der privatisierten Abfallbehörde nicht ordnungsgemäß als Sperrmüll angemeldet wurden, fühlen sich deren abholende Organe dafür auch nicht zuständig. Sie bleiben liegen und stehen, denn nur selten kann sich jemand dazu entschließen, etwas davon in die eigenen vier Wände mitzunehmen.

Viel Energie widmete man in den vergangenen Jahren dem Design der öffentlichen Müllkörbe. So hat man, zur Feier der Jahrtausendwende, prachtvoll kannelierte gusseiserne Säulenstümpfe entworfen, worauf in ehernen Wappen *SPQR* zu lesen und die Wölfin, das Wappentier der Stadt, zu sehen war. Es gab sogar individualisierte Müllsäulen für jedes Stadtviertel. Nach den Anschlägen von 2001 stellten sich die Säulen leider als Sicherheitsproblem heraus, denn man hätte sie mit bösem Willen und etwas Sprengstoff in vernichtende Fassbomben verwandeln können, und das wäre schlecht gewesen für den Tourismus. Sie wurden nach kurzer Zeit entfernt, und irgendwo in oder bei Rom muss es einen Ort geben, wo sich Tausende gusseiserne Säulenstümpfe stapeln.

Als Ersatz kamen deutlich weniger ambitionierte runde Betonplatten, aus denen schief ein immer lockerer Pfosten mit einem Eisenring ragte, an welchem dann der Plastiksack frei im Winde flatterte. Dann fuhr jemand aus der Stadtverwaltung einmal in die Partnerstadt Paris – dienstlich, versteht sich –, wo die unbeschreiblich eleganten, schlanken, köstlich geschwungenen Drahtkörbe zu sehen waren, die Marcel Duchamp sofort als *objet trouvé* mitgenommen und ins Museum gestellt hätte. Was die Gallier können, das können wir auch, sagten sich die Römer und entwarfen eine aus Stahlreifen geformte Amphore, eine *sintesi di sicurezza e decoro*, wie AMA, die entwerfende Müllfirma, es so unnachahmlich beschreibt, eine Synthese aus Sicherheit und der dem historischen Umfeld angemessenen Würde. Nicht wenige Römer fühlen sich dagegen eher an eine Urne erinnert. Egal, hübsch sehen sie aus, Antiken-Klamauk wie aus dem *Asterix*-Heft, nur dass jeder Gegenstand, der größer als ein Kronkorken ist, im engen Hals des eleganten Gefäßes stecken bleibt. Auch scheint es per Stadtratsbeschluss verboten, in öffentlichen Parkanlagen überhaupt Müllkörbe aufzustellen, egal, in welcher Form. Sonderbarerweise werfen die Leute ihren Müll dann auf den Boden, vor allem im Sommer, wenn niemand Jacken mit Taschen trägt. Vielleicht arbeitet man ja aber auch seit Jahren an einem besonderen Parkmodell, in Form eines hohlen Baumstumpfes etwa.

Doch das sind Nebenkriegsschauplätze. Die eigentliche Misere, da werden mir alle Römer zustimmen, ist der ganz legal entsorgte Hausmüll. In den vornehmen Straßen des Centro, wo ich bis vor wenigen Jahren zu wohnen das gemischte Vergnügen hatte, werden die inzwischen penibel getrennten Abfälle in Behältern, die irgendwo im Treppenhaus hinter Klappen und Türen den Blicken entzogen sind, gesammelt und vom Portier an den entsprechenden Tagen vor die Tür gestellt. Dabei kommt es vor, dass die weichen Säcke mit dem Biomüll viele Stunden oder auch Tage auf dem Gehsteig liegen, wo sie entweder von den mächtigen Reifen der illegal parkenden Geländeautos zerdrückt oder aber von den scharfen Schnäbeln der Möwen aufgerissen werden.

Die *römischen Möwen*, auch so ein Thema, das mit dem Müll

und dessen unkontrollierter Verbreitung auch durch Tourismus in den letzten dreißig Jahren zusammenhängt. Zuvor gab es in Rom keine Möwen, sie hätten nichts zu essen gefunden hier. Stellen Sie sich darunter nicht jene zierlich-edlen Geschöpfe vor, die Sie aus dem Buch *Die Möwe Jonathan* oder vom Starnberger See her kennen. Die römischen Möwen sind gewissermaßen die Geländewagen unter den Flugtieren, von abnormer Größe, provokativer körperlicher Pracht und impertinentem, den natürlichen Fluchtinstinkten weitgehend entwachsenem Verhalten. Sie vermehren sich stark und haben enormen Hunger. Obendrein stehen sie, wie auch die Geländewagen, unter strengem Artenschutz. Niemand darf gegen sie und ihre Brut die Hand erheben. Im Frühjahr brüten sie auf Dächern und Terrassen, die dann für deren Besitzer wegen des weiterhin ausgeprägten Brutpflegeinstinkts der Tiere zur Todeszone werden. Das spielt in der Regel aber keine Rolle, da die Römer ihre herrlichen Terrassen nur zweimal im Jahr zu sozial ehrgeizigen Sommerfesten betreten, bei denen dann Szenen aus dem Film *La Grande Bellezza* nachgestellt werden. Sie finden meistens in den letzten Juliwochen statt, bevor man ans Meer fährt, wo die Möwen mit ihren diesjährigen Jungen in der Regel schon sind, denn am Strand gibt es noch mehr zu essen als in der Stadt. Für den Rest des Jahres aber bleiben die Terrassen den Gärtnern und den automatischen Bewässerungsanlagen überlassen, und eben den Möwen. Gerne sammeln sie sich auch auf Kirchendächern, die wie Felsklippen aus dem Häusermeer ragen. Zwischen vier und fünf Uhr morgens, wenn es hell wird im Sommer, heben sie gemeinsam die gelben Schnäbel mit dem kleinen roten, blutstropfenartigen Fleck gegen die aufgehende Sonne und stimmen ein Geschrei an, das dem Neuling das Mark gefrieren und nur Schlafmittelabhängige nicht aufwachen lässt. Alle anderen sind wach und schlafen in der Regel nicht mehr ein. Es ist immer aufschlussreich, mit Römern über die Möwen zu plaudern. Der alte Nachbar meiner früheren Wohnung im vornehmen Zentrum, der es ausdrücklich begrüßt hatte, nun einen ordentlichen Deutschen im Hause zu haben (*Brava gente!* Gute Leute!), schwärmte auch von den Möwen. *Hanno gli occhi azzurri!*, sagte er immer, und seine tiefdunklen Augen leuchteten sehnsüchtig. *Sie haben blaue Augen!* Arier der Lüfte sozusagen, die allem minderwertigen Gefieder wie den levantinischen Tauben den Garaus machten. Und den Müllsäcken. Haben sie einmal einen Bio-Müllsack aufgerissen, liegt der Inhalt bald über das Kopfsteinpflaster verstreut, wo, wenn diese fast gansgroßen Tiere sich daran erquickt haben, die Krähen, Tauben und Ratten Nachlese halten.

In weniger feinen Bezirken wie dem Esquilin kann das nicht passieren. Hier stehen noch die guten alten *cassonetti*, die riesigen, in allen erdenklichen Formen besudelten Müllbehälter mit Klappen so schwer wie Sargdeckel, die sich manchmal durch ein Fußpedal aufdrücken lassen. Was darin verschwindet, ist für Möwen und Ratten unerreichbar, zumindest sofern der Deckel sich wieder schließt. Das kann er natürlich nur, wenn er nicht durch überquellende Mülltüten offen gehalten wird, was besonders in den Abendstunden eigentlich immer der Fall ist. Oder durch ein eingeklemmtes Obstkisterl, was das mechanische Aufstemmen erübrigt. Ist der Cassonetto voll, legt man seinen Teil auf die Straße daneben. Dort wächst die gegen den Cassonetto gelehnte Masse der Mülltüten rasch an wie eine Schneewehe, und es kann schon vorkommen, dass der eigentliche Behälter darunter fast verschwindet. Für die Tierwelt sind diese kunstvoll aufgetürmten Buffets ein gefundenes Fressen, und sie tun es bis zur Erschöpfung. Die Möwen, zu schwer zum Start, wanken davon, die Ratten passen nicht mehr durch die Abflussrohre.

Besonders üppig wird es, wenn zu dem ohnehin unregelmäßigen Abholrhythmus einer jener Streiks hinzukommt, die einige Stunden oder auch Tage dauern können, oder aber, wenn sich wieder einmal ein Viertel der Müllmänner und -frauen krankgemeldet hat. Der koordinierte Abtransport des Mülls bricht damit sofort zusammen, beste Gelegenheit, wieder einmal über das Thema der *termovalorizzatori* zu diskutieren, der Müllverbrennungsanlagen, die es weit und breit nicht gibt. Die letzte ist vor einigen Jahren samt dem Müll selbst abgebrannt.

Seit Jahrzehnten lebt Rom im Müllnotstand. Paradigmatisch hierfür ist der Skandal um die *discarica*, die Müllhalde von Malagrotta. Mit einer Fläche von zweihundertvierzig Hektar ist sie die größte ihrer Art in Europa, aber das nützt wenig, denn sie ist geschlossen. Der Name Malagrotta (*schlechte*, wenn nicht gar *böse Höhle*) war an sich schon kein gutes Omen, auch wenn er, wie alles in Rom, eine längere Geschichte hat als die Stadt München und sich vom lateinischen *Mola Rupta*, also *Mola Rotta* ableitet, einer eingestürzten Hafenmauer am Flüsschen Galeria. Seit 955 aktenkundig, gehörte das *Castrum Molaruptae* zunächst dem Benediktinerorden und war zum Schluss im Besitz der Fürsten Borghese. Das kann nicht jeder deutsche Müllberg von sich sagen.

Zwischenzeitlich nahm Malagrotta fünftausend Tonnen ungetrennter Abfälle auf, und zwar täglich. Ich selbst produziere davon am Tag etwa eine halbe Tonne, jedenfalls mehr als an jedem der von mir bislang bewohnten Orte. Die Italiener lieben Plastik, je weiter im Süden, desto leidenschaftlicher. Sie sind diesem herrlichen Material mit jener kindlichen Aufgeschlossenheit zugetan, mit der sein Aufkommen in den Fünfzigerjahren gefeiert wurde. So kann es vorkommen, dass man in einfacheren Privathäusern, wo die Porzellantässchen in den polierten Vitrinen des Wohnzimmers glitzern, seinen Kaffee in einem Plastikbecher serviert bekommt. Man tut das nicht, um das Geschirr zu schonen, sondern weil der Kaffee im Plastikbecher – welche Aufmerksamkeit gegenüber dem Gast! – heißer serviert werden kann. Auch trinkt man im Freien grundsätzlich Wein in Plastikbechern, Glas könnte zerbrechen. Eher Faulheit ist es, aber auch die hat ihr Recht, wenn am Sonntag das Mittagessen auf Plastiktellern serviert und diese dann weggeschmissen werden. Zumindest am Sonntag möchte man nicht die Spülmaschine einräumen müssen. Obschon die Produktion von Plastikgeschirr nun seit etlicher Zeit verboten ist, scheint das Land über bedeutende Reserven zu verfügen.

In Rom produziert man Müll auf Schritt und Tritt, vor allem aber beim Einkaufen. Hier spielt neuerdings der Hygienegedanke eine große Rolle. Nachdem über Jahrtausende der Schafskäse in Feigenblättern und die Ziegenmilch in der Kürbisschale verkauft wurden, erhält man nun sein Stückchen Feta, das ohnehin schon in Zellophanfolie eingeschlagen ist, zusätzlich in einem harten, transparenten Plastikbehälter, der dann noch mal mit Zellophan umwickelt und schließlich in eine innerlich mit Plastik beschichtete Tüte geschoben wird, welche der Mann an der Theke mit dem plastifizierten Kassenausdruck versiegelt. Dieses Paket trägt man dann in der Plastiktüte nach Hause, die sich sofort mit dem heimgebrachten Plastikmüll füllt.

Erst hier, in Rom, habe ich verstanden, welch prophetischer Visionär der Verpackungskünstler Christo gewesen ist. Was man einpacken kann, das soll man auch einpacken, er hat es lediglich früher begriffen als andere. Inzwischen aber wimmelt es hier von seinen Schülern, die alles verpacken, was ihnen in die Hände fällt, kostenlos, selbstlos, zwecklos, *l'art pour l'art*. Versuche, diesen Verpackungskünstlern in ihr Handwerk zu pfuschen und den weder fetten noch feuchten Käseblock einfach so ausgehändigt zu bekommen, scheiterten so regelmäßig und so grundsätzlich, dass ich es bald aufgegeben habe. Völliges Unverständnis auf der anderen Seite des Tresens, was ich mit diesem Anliegen denn eigentlich bezwecken wolle. Man dachte, dass ich denke, das Verpackungsmaterial über sein Gewicht mitzahlen zu müssen, wie man jene Plastikfolien, die überflüssigerweise zwischen die Schinkenscheiben gelegt werden, zum Schinkenpreis erwirbt, einige Kilo im Laufe des Lebens. Nein, nein, den Plastikberg erhält man umsonst, der Käse wird zuvor gewogen. Also lasse ich sie einpacken. *È più igienico così*, ist doch hygienischer so, sagen dieselben, deren Mütter und Großmütter auf der Piazza Vittorio die gespaltenen Hammelköpfe noch vom Boden weggekauft und, in altes Zeitungspapier eingeschlagen, unter dem Arm nach Hause getragen haben, ich selbst bin Zeuge. Aber mit Künstlern soll man nicht streiten.

Die Hygiene als Lebensgefühl wird groß geschrieben im heutigen Rom, so groß, dass die Halde von Malagrotta bald zu klein war, zu klein sein musste, und wäre sie so groß gewesen wie der Mond. Als die Müllkippe schließlich voll war, wurde sie trotzdem weiterbetrieben, denn was heißt schon *voll*. Es meldete sich auch niemand mit dem Vorschlag, bei sich im Dorf eine neue Halde zu eröffnen oder gar eine Müllverbrennungsanlage zu errichten. Je hygienischer es in den Familien des neuen Rom zuging, desto gewaltiger stank in Malagrotta die Misere zum Himmel, so sehr sogar, dass man es noch im fernen Brüssel riechen konnte. Im Jahr 2008, vier Jahre nach ihrer offiziellen *saturazione*, wurde sie durch eine *normativa europea* dann tatsächlich geschlossen.

Wäre es nach den Römern gegangen, sie liefe heute noch, nach oben ist immer Platz. Man hätte einfach einen neuen Monte Soratte aus Müll aufgeschüttet und ihn am Ende eingepackt. Stattdessen ist man nun gezwungen, den Römer-Müll in Lastautos und Güterzügen in andere Gemeinden Italiens oder – gegen saftige Gebühren – gleich nach Deutschland zu verschieben, wo er in technisch hochgerüsteten Verbrennungsanlagen zu Strom umgewandelt wird. Wenn Sie also, verehrte Leserin, dies lesen, tun Sie das vielleicht im Schein einer Lampe, deren Strom aus der Verpackung meines Ziegenkäses gewonnen wurde.

# Der Tourismus

**Sind das ungelöste Müllproblem,** die paar Löcher in der Straße, einige Busse, die manchmal etwas länger brauchen, schon der Degrado, vor dem alle erstarren wie das Kaninchen vor der Schlange? Schön wär's, meine lieben Römerinnen und Römer, denn dann hätte ich einen feinen Plan für euch, gemeinsam mit meinem Freund G. in vielen Jahren des Aufenthalts sorgsam erdacht, der all diese Problemchen lösen würde, gründlich und in überschaubarer Zeit. Ich könnte reich werden damit, verrate ihn aber kostenlos, aus Liebe zur Ewigen Stadt.

Als Erstes müsste die gesamte Bevölkerung Roms umgesiedelt werden, wenn auch nur auf etwa fünf Jahre, in eine irgendwo in der Ebene zu errichtende, etwas vereinfachte und begradigte Kopie von Rom, *Roma Due* genannt, Rom II, ohne Hügel, Berge und Tiber, aus Beton, Holz und Gipskarton, nicht unbedingt für die Ewigkeit gebaut, die schönsten Fassaden aber doch fototechnisch aufgedruckt, so wie man das von den Planen vor Baugerüsten kennt. In die großen Kirchen kann man auch tatsächlich reingehen, auf Seitenkapellen müssen wir verzichten, auf den Hauptgottesdienst wiederum nicht. Alles also etwas behelfsmäßig vielleicht, aber immer noch Rom mit Regierung, Polizisten, Papst (der muss mit), Priestern und Nonnen, Eisdielen und allem Drum und Dran, dem Senat und dem Volk, allen Römerinnen und Römern, und den Touristen natürlich auch. Die Pizzerien arbeiten vorübergehend mit Solarstrom, denn Holzöfen würden die Holzgerüste gefährden, aber sie arbeiten. Für *caffè* und *cornetti* ist gesorgt, und auch der *Messaggero* sowie der *Corriere dello Sport* werden pünktlich und in reichlichen Exemplaren geliefert, in der Printversion, denn das Einrichten von Internetverbindungen und Handynetzen lohnt sich nicht für so kurze Zeit. Dafür werden die alten Telefonzellen wieder aufgestellt und *gettoni* kostenlos an das Volk ausgegeben, für Ortsgespräche. Auf ein Fußballstadion würde man verzichten und unter ärztlich-psychiatrischer Aufsicht eine Fußball-Entziehungskur starten. Dafür dürfte man in dieser *Roma Due* überall mit dem Auto rumfahren und in vierter Reihe parken, die Strafzettel werden mit Fördergeldern der Europäischen Union bezahlt.

Inzwischen würden etwa dreihunderttausend chinesische Arbeiter unter der Anleitung von, sagen wir, *Schweizer* Ingenieuren das echte Rom auf Vordermann bringen, alle Straßenbeläge erneuern, alle Leitungen austauschen, die Kanalisation neu, ebenso die U-Bahnen mit allen Rolltreppen, alles abdichten und festschrauben, Müllverbrennungsanlagen errichten, Tiefgaragen bauen, Fahrradwege ausweisen, Solaranlagen montieren, Wärmepumpen vergraben, intelligente Ampeln installieren, Dächer isolieren, Keller austrocknen, geeichte Strom-, Wasser- und Gaszähler anbringen, verständliche Wegweiser aufstellen und viele, viele Mülleimer, auch in den Stadtparks. Die *Polizia Iconografica*, ein neu einzurichtendes, mit umfassenden Vollmachten ausgestattetes, mit der *Polizia Estetica* mal kooperierendes, mal konkurrierendes Organ, würde überwachen, dass die kunstgeschichtliche Würde des historischen Baubestandes bewahrt oder wiederhergestellt wird, etwa durch das flächendeckende Einsetzen handgefertigter hölzerner Fensterrahmen mit Sprossen und historischen Scheiben aus Osteuropa. Zum Schluss käme, nach altem Ritus, die Weihe aller Kirchen und Altäre mit einer halben Tonne Weihrauch, bezahlt aus der deutschen Kirchensteuer.

Fertig.

Man stelle sich den Festtag vor, vielleicht ein 21. April, an dem eine Abordnung der Bürgerschaft mit Eichenlaub auf den Häuptern das Kapitol ersteigt, um dem Jupiter Capitolinus ein

Dankopfer darzubringen, der Bürgermeister betritt sein frisch ausgeweißtes Büro, während die Bevölkerung in mit Blumengirlanden geschmückten Sonderbussen zurückkehrt in ihre hergerichteten Viertel, die Kinder jubelnd durch die schlaglochfreien Straßen radeln und die Älteren, mit Tränen der Rührung, ihre richtig geschriebenen Namen auf den neuen Klingelanlagen finden, die zuverlässigen elektronischen Anzeigen an den Bushaltestellen studieren und über lautlos arbeitende Rolltreppen und Aufzüge in die U-Bahn-Schächte hinabfahren, um einen Spaziergang über das neue funkelnde Gleisbett der erst am folgenden Tag einzuweihenden neuen Linien D, G und F zu machen. Die Touristen übrigens – Idee! – könnte man gleich in *Roma Due* lassen.

*

Damit wären wir beim eigentlichen Thema, dem Tourismus. Die phonetische Nähe zum Terrorismus ist eine nur scheinbar zufällige. Wir müssen – leider – von einem *Tourrorismus* sprechen. *Das* ist der Degrado. Das ist es, was die Römerinnen und Römer zum Handeln treiben sollte. Ich übertreibe?

Wahr ist, dass man in Rom schon immer über die vielen Touristen geklagt hat, vor zehn, fünfzig und hundertfünfzig Jahren. Meist waren es Touristen, die über Touristen klagten. Die Begegnung mit seinesgleichen hat stets etwas Peinliches. Die Römer dagegen lächelten und schwiegen. Und kassierten. Immer schon. Sie sind nicht wählerisch. Zwischen einem Goethe und einer amerikanischen Collegeklasse machen sie keinen großen Unterschied. Beide führen sich schlecht auf in der Stadt, ob sie nun plärrend durch die Gassen eiern oder ehrbare Jungfrauen aus dem Volk verführen. Hauptsache, sie zahlen. Die Römer leben von den Fremden, die Priester von den Römern, die Handwerker und Schneider von den Priestern, alle kommen auf ihre Rechnung, immer schon. Es ist ihr Geschäft, sie haben wenig anderes gelernt, speziell seit die Viehzucht, die als Erwerbszweig dem Massentourismus voranging, im späten 19. Jahrhundert an Bedeutung verloren hatte. Das Umsatteln fiel nicht schwer. Ab 1870 kam als weiterer Einnahmezweig die Regierung Italiens hinzu, die ähnliche Bedürfnisse hat, wie sie die Touristen haben, essen, schlafen und herumgefahren werden in erster Linie.

Zunächst kann ich niemandem böse sein, der meint, nach Rom kommen zu müssen. Ich verstehe das, sehe den Funken der Hoffnung auf Glück in der Asche eines von Mühsal beladenen Lebens glimmen. Alle wollen wir ans Licht, alle wollen wir nach Rom, aber wir können es nicht alle zur gleichen Zeit tun. Schaut euch doch nur an, liebe Touristinnen und Touristen, wie ihr leidet, wie man euch leiden lässt! Ich sehe, wie ihr schwitzen und Schlange stehen müsst, ihr betrogen werdet, wie schlecht man euch zu essen gibt, wie man euch zum Narren hält! Ich sehe Kinder schreien, Müttern die Nerven zusammenbrechen, Väter sich ins Büro wünschen. Paare streiten sich oder reden nicht mehr miteinander, abends, bei der Pizza. Oder, noch schlimmer, sie versuchen zu reden, aber es fällt ihnen nichts ein. Sie schauen dann aneinander vorbei oder in ihre Handys hinein, wo aber auch nichts drinnen ist. Es tut mir weh, wenn ich das alles sehe. Ihr dauert mich, ich bedauere euch. Vor allem: Ich liebe euch, ich wollte euch helfen, tue es auch hier und da, flüstere euch zu: Geht nicht hinein dort in jenes Lokal, man will euch bescheißen, passt auf, schließt die Handtasche und drücket sie fest an den Leib. Manchmal, wenn ihr mich danach fragt, weise ich euch auch den Weg, obschon er ins Verderben führt, hin zum Spanischen Platze oder zum Trevischen Brunnen, wo Wegelagerer eurer harren und der Teufel auf die Pizza pinkelt.

Neulich zumindest war mir ein mildes Werk vergönnt. Da stand sie plötzlich vor mir, sah mir fest, ja starr in die Augen, eine Landsmännin ganz unverkennbar, ein Stück älter als ich mit krausem kurzen Haar, das aus dem Gore-Tex-Schlapphut quoll, mit beschlagenen Brillengläsern und das Gesicht mit winzigen Schweißperlen bedeckt, leicht zitternd, wie vor Wut, die nicht rauskann, aber rausmuss, den zerknüllten McDonald's-Stadtplan vor sich haltend. Sie fixierte mich also und sprach, ja es war mehr ein Ausstoßen als ein Sprechen: *Schpakna!*, fuhr sie mich an, *Schpakna!* Ich wich einen halben Schritt zurück und überlegte einen Moment, dann gab der Herr mir Erleuchtung über ihr Wollen und Trachten. Sie suchte die Piazza di Spagna, und das offenbar schon eine ganze Weile lang, ohne sie zu finden. Sie hatte sie wohl auf dem Stadtplan ausfindig gemacht, nicht aber in der Stadt und fand wiederum auf dem Stadtplan nicht, was sie in der Stadt vor sich hatte. Ich wies der guten Frau in liebenswürdigster Weise den Weg, der Platz lag um die Ecke, sie hätte ihn fast selbst gefunden. Sie starrte mich feindselig an, drehte sich wortlos um auf ihren Wandersandalen und ging ihrer Wege. Muss nicht furchtbar sein, was Menschen in diese Lage bringt?

Was macht den entfesselten Tourismus so gefährlich, worin liegt seine zerstörerische Kraft? Der große italienische Schriftsteller Maurizio Maggiani, einer der wenigen Warner im Lande der Hoteliers, Gastronomen und Zimmervermieter, hat den Vorgang hellsichtig als *sostituzione di una comunità con una non-comunità* bezeichnet, als Ersetzen oder Verdrängen einer *Gemeinschaft* durch eine *Nicht-Gemeinschaft*. Die Gemeinschaft, das sind die gewachsenen sozialen Strukturen in den Städten, wie wir sie, noch halbwegs in Takt, in der Altstadt von Neapel sehen. Das ist, wohlgemerkt, keine heile Welt, ganz und gar nicht, aber es ist eine Welt, in der jeder seinen Platz hat, jeder jeden kennt und jeder weiß, was der andere macht. Nicht alle mögen das, aber ich weiß nicht, ob die Anonymität der bröckelnden Plattensiedlungen der Peripherie besser ist – denn das ist die Alternative, und nicht irgendeine utopische Architektensiedlung.

Eine *non comunità* dagegen, eine Nicht-Gemeinschaft, ist

das soziologische Pendant eines *non-lieu*, eines Nicht-Orts oder Un-Orts, eines Orts also, an dem niemand etwas verloren hat, den man nur aufsucht, weil man muss – wie etwa den Flughafen, weil man fliegen will. Die Nicht-Gemeinschaft ist der Flughafen unter den sozialen Strukturen, vor allem die Nicht-Gemeinschaft der Touristen. Ihre Mitglieder kennen sich nicht und lernen einander auch nicht kennen. Sie bleiben nur kurz und benötigen nur das, was sie in dieser kurzen Zeit brauchen: ein Klo, ein Bett und etwas zu essen. Und eine Apotheke, wo man auch Rasierschaum und Damenbinden kaufen kann. Komplexere Strukturen, wie sie ein Alltagsleben erfordert, brauchen sie nicht. Sie kaufen nicht ein für ihren Haushalt, lassen ihre Schuhe nicht reparieren, kaufen keine Werkzeuge und Bettwäsche, lassen sich nicht beraten, haben kein Stammcafé, kein Stammlokal, sie kaufen keine Bücher und keine Schreibwaren, gehen nicht zum Arzt (wenn, dann gleich in die Notaufnahme), zum Psychotherapeuten, sie kaufen keine Kinderkleidung, keine orthopädischen Schuhe, sie gehen nicht zum Metzger und nicht zum Fischhändler, brauchen allenfalls einmal einen Apfel, aber bestimmt keinen Kürbis.

Nun mögen Sie denken, das stimmt schon, aber die Leute, die im Viertel wohnen, die brauchen all das. Das Problem ist nur: Es wohnen in den touristischen Vierteln keine *Leute* mehr. Jede Wohnung, die frei wird, wandelt man in eine Touristenwohnung um. Wer im Zentrum eine Wohnung hat und dort nicht selber wohnen will – und das wird er nicht mehr wollen, denn wer will schon wohnen, wo sonst niemand mehr wohnt –, der wird vermieten, und zwar nicht an eine kinderreiche Lehrerfamilie, von der kriegt er tausend Euro im Monat, sondern an Touristen, die geben ihm tausend Euro die Woche, mindestens. Versteuern muss er das in der Regel kaum, auch keine Sicherheitsvorschriften beachten, wie etwa Hotels das müssen. Er braucht keinen Portier und kein Zimmermädchen, nur eine Putzfrau, die für sieben Euro die Stunde ausmistet zwischen den Besuchen.

Und so leert sich das Zentrum von seinen Dauerbewohnern, Wohnung für Wohnung, Palazzo für Palazzo, Straße für Straße. Die ganz schönen Wohnungen kaufen sich die ganz reichen Leute, die ab und zu in Rom sind, sonst stehen sie leer. Und, klar, einige Unverdrossene halten weiter aus, aber es werden immer weniger. Die Angelegenheiten des Hauses werden von Hausverwaltern und Verwaltungsfirmen übernommen, denn auch die Wohnung des Portiers ist jetzt *Bedendbrekfest*.

Was kann man von Leuten erwarten, die vorübergehend, für eine Woche oder drei Tage, hier wohnen? Im besten Fall, dass sie nicht in den Hauseingang pinkeln, den Müll nicht ins Treppenhaus stellen und den Aufzug nicht kaputtmachen. Eine Gemeinschaft von Vorübergehenden weiß nichts vom Ort des flüchtigen Aufenthalts, weiß nichts von früher, kennt nicht die nächste Querstraße, hat keine Erinnerung und, vor allem, keine Pläne. Sie ist desinteressiert im engsten Sinn des Wortes.

Das Verrückte dabei ist, dass die Stadt verschwindet, ohne sich äußerlich allzu sehr zu verändern. Denn sieht man einmal von der Belegung der Erdgeschosse ab, wo kaum ein Geschäft mehr dasselbe ist wie vor fünfzehn Jahren, so ist der Rest peinlich genau erhalten. Kein altes Haus wird in Rom mehr abgerissen oder ein neues gebaut, keine Schneisen in die Altstadt geschlagen, kein Fenster dürfte man irgendwo einbauen, wo zuvor keines war, ohne auf der Stelle verhaftet zu werden. Das Sterben der Ewigen Stadt wird von einem vorbildlichen Denkmalschutz begleitet. Die Römer sind Meister in der Pflege der alten Substanz. Leider aber auch in ihrer Zweckentfremdung. Der dramatische Wandel betrifft den Kern, das Innere der so sorgsam bewahrten Form. Denn ein Rom, in dem keine Römer mehr leben, ist wie ein Schneckenhaus ohne Schnecke drinnen, immer noch schön und edel anzusehen, aber tot und entleert. Man kann sie aufs Kaminsims legen.

Die Stelle, wo das neue Leben in den alten Strukturen am sichtbarsten wird, sind die Läden und Geschäfte. Insofern ändert sich der Eindruck der Stadt dann doch, und zwar ziemlich radikal. Es ist eben nicht gleichgültig, ob durch ein in seiner äußeren Form unverändertes Schaufenster ein, sagen wir, Rahmenmacher Einblick gewährt in sein interessantes Tun, oder eine Paninothek, also ein Ort, wo man Paninis kaufen kann (so der korrekte deutsche Plural), ihre traurige Ware stapelt, tückisch an nur einer Seite aufgeschnitten, aus der ein saftiger Inhalt vermeintlich überbordet, während die Semmel tatsächlich ab der Mitte leer ist. Der Gang durch eine solche Straße, äußerlich scheinbar unverändert seit dem letzten Besuch vor zwanzig Jahren, gerät zum Wanken durch eine Wüste, wo kein Schatten ist und kein Wasser, nirgendwo. Nichts beschäftigt die Sinne, der Blick gleitet ab vom flüchtig Gesehenen im Überdruss. Und wo ein Geschäft in einer Seitenstraße frei wird, weil der Friseur oder die Reinigung die Miete nicht bezahlen können, wird zu ebener Erde eine Touristenwohnung eingerichtet, verschlossen hinter schusssicherem Milchglas und mit einer potenten Klimaanlage ausgestattet. *Buona notte.*

Die Menschen kommen nach Rom, um zu essen. Fast scheint es, als habe sich die Welt des Massentourismus in einen frühen Daseinszustand zurückentwickelt, eine präakademische, gastrisch-anale Phase, in der Suche und Aufnahme von Nahrung die lebensbestimmende Sorge ist. Und die Römer beeilen sich, diesem Bedürfnis entgegenzukommen. Auf Schritt und Tritt wird Abhilfe angeboten. Überall schießen gastronomische Einrichtungen – um es vorsichtig auszudrücken – aus dem Boden, Einrichtungen, die sich nicht selten Trattoria, Pizzeria, Snack-Bar oder gar Ristorante nennen, die aber in Wirklichkeit nur Fressstellen sind, Fütterungspunkte, Maststationen, welche die Hungrigen auch gar nicht zum Verweilen nötigen, sondern ihnen das Futter, die Kaumasse mitgeben, in Tüten, Schachteln, Bechern und Boxes.

Zu den Touristen gesellen sich am Abend und an den Wochenenden die pubertierenden Kinder der aus dem Zentrum verdrängten Römer, die mit den Vorortzügen in die Stadt ihrer Ahnen fahren, um dort den *struscio* zu machen, eine feste Institution, die daraus besteht, in größeren oder kleineren Gruppen ganz gewisse Straßen hinauf- und wieder hinunterzuschlendern. Man kann schon verstehen, dass sie keine Lust haben, dort auf die Straße zu gehen, wo sie wohnen. So sind sie, für einige Stunden, Touristen in ihrer eigenen Stadt und streben auch dieselben Viertel an wie die richtigen Touristen. Denn dort gibt es die Dinge, die beide Gruppen ansprechen: Turnschuhe, Handys, Handyhüllen, Telefonanbieter, T-Shirts, Zara und viel zu essen. Und natürlich junge Touristinnen aus dem Norden, welche die Spielregeln noch nicht kennen und offenbar leichter zu beschwatzen sind als die Töchter des Landes. *Wot iis ior neim?* Zum Auto- oder Fahrradfahren, ja zur zielgerichteten Fortbewegung überhaupt, wie sie der Bürger einer Stadt in der Regel anstrebt, taugen diese Straßen freilich nicht mehr. Also werden sie, notgedrungen samt aller darauf zuführenden Seiten- und Nebenstraßen, zur verkehrsberuhigten Zone erklärt, in denen, außer dem Verkehr, nichts mehr ruhig ist. Oder gleich zur Fußgängerzone, zur *zona pedonale*.

Die Fußgängerzone. Weiterblickende Urbanisten haben längst die verheerende Wirkung beschrieben, die von dieser zweifellos gut gemeinten Einrichtung auf den Stadtkörper ausgeht. Der Grundfehler ist immer der gleiche, und er ist ein Denkfehler. Man besieht sich eine lebendige, viel, ja eben zu viel befahrene Straße im Innenstadtbereich, wo man sich eigentlich gerne aufhält, und denkt, wie schön es doch wäre, wenn es all diese Autos nicht gäbe und man in Frieden herumspazieren könnte. Man denkt sich also die Autos weg, bei ansonsten unverändertem Ganzen. Das wäre tatsächlich schön. Aber es ist eine Illusion, denn auch der Rest verändert sich, wenn die Autos einmal weg sind, und zwar zuverlässiger und dramatischer, als man sich das zunächst vorstellen mag.

Die Stadt ist ein Ökosystem mit zahllosen Akteuren, komplex und empfindlich wie der Regenwald, der selbst auf das Entfernen einer Ameisensorte mit ungeahnt heftigen Ausschlägen reagiert. Doch sind Autos keine Ameisen. Sie stehen, was auch ihre Unpopularität erklärt, im Ökosystem Innenstadt an der Spitze der Nahrungskette. Außer der Verkehrspolizei sowie dem Brut- und Parkplatzmangel haben sie keine natürlichen Feinde. Allen anderen – den Fußgängern, den Radfahrern, den Kinderwagenschiebern, aber auch den anderen Autos – sind sie ein Wolf, ein Shir Khan des Großstadtdschungels. Was aber wäre das Dschungelbuch ohne ebenjenen? Schweißt er nicht die anderen Tiere in Notgemeinschaften zusammen, hält sie auf Trab, feuert sie an zum Besten?

Es begann 1953 im Deutschland der Nachkriegszeit, am 9. November – ein deutsches Schicksalsdatum ohnehin – in der Kasseler Treppenstraße. Die erste Fußgängerzone. Sie sollte nicht die letzte bleiben. In den folgenden zwanzig Jahren zog sich eine Schneise der urbanen Verwüstung durch Mitteleuropa, die über Kiel, Stuttgart, Köln nach München führte, als eine Art westliche Geheimwaffe den Eisernen Vorhang und damit die Systemgrenze mühelos in Stoßrichtung Magdeburg durchbrach und sogar, obschon unverkennbar piefkisch, auch in Wien mit Jubel begrüßt wurde. Nein, nicht Heldenplatz, aber Graben. Das war 1971, in meinem Geburtsjahr. In einer zweiten Welle wurden Pflanzkübel aus Beton geliefert, die aussahen wie gigantische Schraubenmuttern und die man als Sperren zur Verteidigung des dem urbanen Leben abgetrotzten Terrains strategisch verteilte. Dort liegen sie, in Clustern von bis zu fünf Exemplaren, noch immer mitten im Weg herum, Müllcontainer und Drahtgittersitzbänke wuchernd an sich bindend, wie Panzersperren oder Wellenbrecher. *Flaniermeile* nannte man das in München, als ob man dort wüsste, was Flanieren bedeutet.

Derweil suchten die Einheimischen das Weite. Der pensionierte Hopfenhändler Alois Permaneder verstarb als letzter Anwohner der Kaufingerstraße im November 1975 im gesegneten Alter von 152 Jahren in seiner Zweizimmerwohnung, die sich bereits mitten in einer Anwaltskanzlei befand.

Man hatte in Rom also verstörend viele Jahrzehnte Zeit, um die Folgen zu studieren, man hätte es wissen müssen, man hätte gewarnt sein können. Hätte. Der Befund wäre klar gewesen: Die Errichtung einer Fußgängerzone ist die vorprogrammierte, inzwischen wissentliche und in der Regel irreversible Verwüstung der urbanen Textur eines zuvor halbwegs gesunden Stadtgebiets. Es bessert die Sache wenig, dass historisch gesehen die Fußgängerzone eine Reaktion auf die ebenso verfehlte Verkehrsplanung der Nachkriegszeit gewesen sein mochte, Stichwort *autogerechte Stadt*. Gut gemeint ist, wie meine Lateinlehrerin zu sagen pflegte, meist das Gegenteil von gut. So auch hier. Ein Sündenfall produziert den nächsten. Der entfesselte Verkehr der Nachkriegszeit, der in reißendem Strom die Mauern der Stadthäuser umspülte und die Luft zum Atmen raubte, wurde zum Rinnsal gedrosselt und dann ganz abgewürgt, Schneisen freilegend für den Sturmangriff der konsumierenden Infanterie.

Eine Stadt ist aber darauf angewiesen, dass Verkehr durch sie hindurchfließt, so wie das Schiff fließendes Wasser unter seinem Kiel braucht, ausgenommen vielleicht die Rickmer Rickmers im Hamburger Hafen. Aber die ist ein Museumsschiff im Freizeitpark Landungsbrücken. Wie das Schiff also die Strömung braucht, braucht die Stadt den Verkehrsstrom. *Verkehr* heißt ja, dass Menschen, die in dieser Stadt wohnen oder dort etwas erledigen wollen, in ihr *verkehren*, mit dem Auto, mit dem Taxi, mit dem Bus, mit dem Fahrrad, zu Fuß, wie auch immer. Der Fußgänger ist nur *eine* Form jenes Verkehrs, welche die Stadt vom Freizeitpark unterscheidet, wo außer dem Fußgänger höchstens die Bimmelbahn unterwegs ist. Stockt aber das Wasser unter dem Schiffsrumpf für längere Zeit, etwa weil das Schiff auf Reede liegt oder im Hafen hängt, so setzen sich dort Algen, Muscheln und dergleichen an, das Schiff wird fahruntauglich, seeuntüchtig. Man muss es aus dem Wasser ziehen und säubern, Taucher hinunterschicken oder es verschrotten.

Genauso ist es mit der Stadt. Wo keine Autos mehr fahren und keine Busse, wo Taxis aberwitzige Umwege machen müssen, um zum Ziel zu kommen, da setzen sich an den zuvor glattgefahrenen Flächen schmarotzende Gewächse fest, niedriges Gewerbe für Spaß und Freizeit: Tische und Stühle, Sonnenschirme und Heizpilze, Blumenkübel und Bänke, Geländer und Trennwände, Podeste und ganze Pavillons, Händler und Stände und dergleichen mehr. Was zuvor ein Verkehrsweg gewesen ist, wo der Bürger in seiner Stadt verkehrte, wo das alltägliche Leben in all seiner Vielfalt dahinfloss und die Mauern und Ecken reinigend umspülte, da wachsen nun Hindernisparcours, bilden sich stehende Tümpel mit algigem Brackwasser. Das Habitat der Touristen und der Shopper, bald auch mit entsprechender Flora, den Fressbuden, Würstelständen, Dönerecken, Pizzahütten, Paninotheken, Turnschuhgeschäften, Fußballtrikotgeschäften, Handyhüllenläden. Und das Gleiche noch mal und noch mal und noch mal. Und noch mal. Kurios die hier gedeihenden Seifengeschäfte, wo man kiloschwere Seifenbarren kaufen kann, deren süßlicher Odem auf Kilometer ruchbar ist. Woher dieses Bedürfnis nach Reinigung?

Das ist keine Stadt mehr, auch kein Museum, wie man einmal dachte, das ist ein Freizeitpark, eine Innenstadtvariante der Kaufzonen unserer Flughäfen. So wie in Rom geht es auch anderswo, etwa in Florenz, wo man die Innenstadt, so wie sie ist, abreißen könnte, ohne einem einzigen Florentiner sein Heim zu nehmen, vom Arno bis zum Dom, inklusive. Denn auch der Dom samt Kuppel ist längst an Touristen vermietet, minutenweise. Die Florentiner, das muss man wissen, sind Weltmeister im Vermieten. Sie vermieten alles, was sich irgendwie vermieten lässt, und sie würden auch ihre Großmutter vermieten, wenn jemand dafür bezahlt. Die alte gebrechliche Muttergottes, Santa Maria del Fiore, ist derweil von ihrem Dom hinaus in die Peripherie gezogen in ein leerstehendes Kirchlein, zusammen mit Johannes dem Täufer, der sich die Eintritte zu seinem Baptisterium nicht mehr leisten konnte mit seiner kleinen Heiligenrente.

Noch wäre Zeit zu handeln. Ich arbeite seit mehreren Jahren in einsamen Abendstunden an einer Eingabe an die Pariser UNESCO mit dem Ziel, die verbliebenen intakten Verkehrsadern Roms in das Weltkulturerbe-Verzeichnis aufzunehmen und gegebenenfalls einzelne Fußgängerzonen zu renaturalisieren. Man könnte dort altes Gewerbe wiedereinführen, Schreiner ansiedeln, Schuster aussetzen und Gemüsehändler auswildern. Ich selbst würde mich bereiterklären, jeden Abend mit einer Fiat 500 fünfzigmal die Piazza di Spagna rauf- und runterzufahren, unentgeltlich und so lange, bis die sogenannte englische Teestube zur Linken der Treppe aufgibt und ihre mit roten VIP-Kordeln gesicherte und mit Palmenkübeln bestückte Tischinsel abzieht.

Vor allem aber: Rettet den Verkehr, wo er noch fließt, lasst ihn strömen (ja, gerne und so schnell wie möglich auch elektrisch) durch die Via Merulana und den Viale Trastevere, wo man so schön im Freien sitzen und Pizza essen kann, an Tischen aus aluminiumumlegtem Kunststoff, im Schatten der Platanen oder im Neonlicht am Abend, das so wunderbar grell ist, dass man das Gesicht zu einem ewigen Lächeln verzerrt. Leute kommen in Scharen vorbei, von der Arbeit, vom Einkaufen, junge mit Kinderwagen und mittlere mit Kindern, alte Ehepaare, er bei ihr eingehängt, traulich dahinschlurfend zur Letzten Pizza. Und dann rumpelt die Trambahn vorbei, Busse röhren, und Autos hupen, parken in zweiter Reihe, die Pizza kommt, das Bier kostet zwei fuffzig. Herrlich. Das ist Stadt.

DCM CAR
FZ 135WP
06 565 48 674

# V.
# Im Dickicht der Stadt

# In der U-Bahn

**Das Verhältnis der Römer** zu ihrer U-Bahn ist nicht von jener Emotionalität, welche Pariser oder Londoner mit ihren Untergrundbahnen verbindet. Es ist, wie so vieles in Italien, das ja oft als Heimat überschwänglicher Gefühle missverstanden wird, sehr kühl und rational. Man nimmt die Metro eigentlich nur dann, wenn es gar nicht anders geht, wenn also weder Buslinien noch das Auto noch das *motorino* sich als Alternative anbieten. Vom Fahrrad wollen wir nicht sprechen, das spielt immer noch keine Rolle, wohl auch deswegen, weil es ständig gestohlen wird. Zu Fuß gehen kommt für Strecken über zehn Minuten eigentlich auch nicht in Frage, Elektroroller und dergleichen lassen wir als hoffentlich ephemere, sich vornehmlich an Touristen wendende Form des Spaßverkehrs beiseite. Die Metro hat einen schlechten Ruf, der ihr anhaftet wie ein Kainsmal. Gerecht ist das nicht. Denn wo die Metro fährt, tut sie das unverdrossen in einem Drei-Minuten-Takt, von dem Besucher aus München oder gar Berlin nach ihrer Rückkehr in die Heimat mit leuchtenden Augen erzählen.

Zumindest trifft das auf die vorzügliche Linie A zu, die Königin unter den beiden U-Bahnlinien. Ja, es gibt in Rom tatsächlich nur zwei U-Bahnlinien, nämlich die A und die B. Eine dritte Linie, die C, wird seit Jahrzehnten mit quälender Langsamkeit durch den archäologischen Untergrund gebohrt. Die bereits bestehende Strecke irrt peripherisch durch den Stadtplan und spielt, obschon die Linie durchaus verkehrt, im Vergleich mit den großen Schwestern keine Rolle. Die Linie A verband ursprünglich die Papst-Basilika von San Giovanni mit jener von Sankt Peter, den Bahnhof Termini in der Mitte streifend. Eine pontifikale Streckenführung, die mit den Jahren über die beiden historischen Eckpunkte hinaus in die einst öde Campagna di Roma verlängert wurde, zu deren immer dichterer Besiedlung sie nicht unwesentlich beigetragen hat. Die zweite Linie, die B, berührt ebenfalls den Bahnhof und schneidet dort die A-Linie. Sie hält vor allem an Schlüsselorten der imperialen Antike wie *Castro Pretorio*, *Colosseo*, *Circo Massimo* und *Piramide* – allerdings deutlich weniger taktmäßig als ihre Schwester. Die Papstlinie und die Kaiserlinie gewissermaßen, die sich im königlich-republikanischen Bahnhof zum Kreuz verbinden, *in hoc signo vinces*.

Welches U-Bahn-System der Welt folgt einem derart grandiosen Plan, der durchaus Anlass für Stolz, ja Liebe sein könnte? Die Römer aber halten die Luft an, wenn sie sich von einer der wenigen Rolltreppen, die nicht gerade wartungsbedingt stillstehen, in den Orkus befördern lassen, um erst aufzuatmen, wenn sie wieder oben sind. Die Vorstellung, auch nur eine Minute länger als nötig dort unten stehen zu müssen (Sitzplätze gibt es nur ganz wenige), ist ihnen ein Graus. Daher auch die echt römische Ur-Angst, im Gedränge des Wagens stecken zu bleiben, sich an der eigenen Station nicht befreien und durch die Türen schlüpfen zu können, bevor sich diese mit einem hastig pulsierenden Pfeifton schließen. Die Römer bereiten den Ausstieg daher in der Regel schon zwei Stationen früher vor, verhandelnd mit den Mitreisenden: *Scende alla prossima?* Oder einfach nur: *Scende*? Steigen Sie aus? Ist das nicht der Fall, so tritt man, anstelle einer Antwort, einen Zentimeter zur Seite, um anzudeuten, dass man der glücklichen Heimkehr schon nicht im Wege stehen werde.

Irgendwie finde ich Gefallen an diesen täglich wiederkehrenden, in Jahrzehnten der Übung hoch konventionalisierten dialogischen Ritualen, die sich die Jungen von den Alten abschauen, um sie, mit kleinsten Variationen, in die nächste Generation zu tragen. Manchmal freilich – ich kann nicht anders –

spiele ich mit dem Gedanken, das Undenkbare geschehen zu lassen: Auf die Frage *Scende?* einfach mit einem trockenen *No!* zu antworten, um auf die zu erwartende Nachfrage, ob man den Fragenden trotzdem werde aussteigen lassen, kriegerisch und mit ausgebreiteten Armen zu erwidern: *Nein, niemals, vergessen Sie's, nur über meine Leiche!* Ich stelle mir das ungläubige Entsetzen in den Gesichtern vor – und verschiebe das Vorhaben auf den nächsten Tag.

*

Natürlich hat die Metro einige kleine Defekte, die man nicht verschweigen sollte. So sind die Aufzüge in die oft sehr tief gelegenen Stationen in der Regel außer Betrieb, meistens auch, ich hatte es schon angedeutet, eine der beiden Rolltreppen. Man sieht dann die geriffelten Stahlstufen wie eine kaputte Ziehharmonika auf einem Haufen liegen, daneben Ketten wie die eines gigantischen Fahrrads. Aus den öligen Eingeweiden des Treppenschachts sieht man hier und da den Kopf eines Mechanikers herausragen, ein bisschen so wie Charlie Chaplin im Film *Modern Times*. Es ist schon vorgekommen, dass ganze Stationen vorübergehend geschlossen werden, weil beide Rolltreppen repariert werden müssen. Analoge Treppen, die nicht kaputtgehen können, wurden nur selten eingebaut, wahrscheinlich schienen sie den planenden Ingenieuren der Sechzigerjahre unter ihrer Würde. Tatsächlich sind die Römer begeisterte Rolltreppenfahrer, und es würde ihnen nie in den Sinn kommen, auf einer Rolltreppe zu gehen, also das Angebot der Maschine in Teilen auszuschlagen. So stehen sie, Alte wie Junge, denen es vorher wie nachher nicht schnell genug gehen kann, geduldig auf dem Förderband, hypnotisiert vom langsamen Gang der Maschine, vertiefen sich in ihre Telefone und wachen erst wieder auf, wenn sie oben angekommen sind.

Zurzeit ist meine geliebte Linie A etwas aus dem Takt gekommen, was freilich daran liegt, dass ihr Gleiskörper gerade erneuert wird. Nachts ab neun bis in die frühen Morgenstunden stellt die Linie den Betrieb auf Busse um, während drunten in den Tiefen, die ich mir nachts noch dunkler vorstelle, als sie es tagsüber sind, eine unbekannte Schar von Arbeitern ans Werk gehen. Manchmal denke ich an sie, wenn ich hoch oben in meinem Bett liege und auf die Nachtgeräusche der Stadt höre, und dann stelle ich mir vor, wie sie da unten als römische Nibelungen mit Stirnlampen durch die Schächte steigen und mit langstieligen Hämmern die Schienen bearbeiten, pling, pling, pling. Dann schlafe ich ein.

Man wartet jetzt lange auf den nächsten Zug, derweil sich der Bahnsteig füllt. Das ist an den vorhergehenden Stationen natürlich nicht anders, so dass, wenn die Wagen endlich einfahren, schon niemand mehr hineinpasst. An den Scheiben der Glastüren haften die Wangen der dort Eingepressten, einen kleinen Hof kondensierten Körperdampfes um sich bildend. Will jemand aussteigen, so findet ein Gefangenenaustausch statt, für jeden, der rauskommt, darf einer rein in den Wagen. Alle anderen auf dem Bahnsteig warten auf den nächsten Zug. Neulich wurde mir bei einem solchen Gedränge das Telefon aus der Brusttasche der Jacke stibitzt, *mir*, dem Rom-Profi, ein – ich muss es zugeben – virtuoser Akt, der mich zu gleichen Teilen mit Ärger und Bewunderung erfüllt.

Endlich bin ich drinnen, durch zwei, drei Nachrückende in das Innere der gequetschten Schar geschoben. Kein Millimeter rechts und links, vorne und hinten. Das alles geschieht, wie schon das Warten am Bahnsteig, mit grimmiger Entschlossenheit, aber doch auch mit jenen unverbrüchlichen Formen gegenseitiger Rücksichtnahme, wie sie den Römern eigentümlich ist, zumindest in solchen Situationen. Keine lauten Worte oder gar Handgreiflichkeiten, kein Wutbürgertum nirgendwo, sondern das stumme Sich-Ergeben in die Misere, die sie vereint, gegen die sie machtlos sind und über die sie sich still hinwegtrösten durch die solidarische Übereinkunft, einander das Leben nicht noch schwerer zu machen. Ich liebe sie dafür, und da ich einen halben Kopf größer bin als ihr Durchschnitt, kann ich im Wagen sogar ruhig durchatmen, obschon nur in kurzen Zügen, da mein Bauch sich nicht wie sonst erweitern kann.

So stehe ich gegen den Rücken eines Vordermanns gepresst, den ich als jenen nicht mehr ganz jungen, irgendwie sympathischen Mann vom Bahnsteig wiedererkenne, der dort mit starr melancholischem Blick das schwarze Ende der Tunnelröhre fixierte, wohl fünf Minuten lang, als könne er den nicht kommenden Zug daraus hervorsaugen. Nun steht er vor mir, sein Telefon sich vors Gesicht haltend, und auch vor meines, während mein Kinn auf seiner Schulter ruht, unsere Wangen berühren sich brüderlich. Ich muss mitlesen. Seine Freundin hat mit ihm Schluss gemacht, heute oder gestern. Er ist schuld. Sie habe keine Worte, schreibt sie, *non ho parole*. Dafür viele Schimpfwörter und Emotionssymbole, von denen ich gar nicht wusste, dass es sie gibt. Bestimmt hat sie recht. Armer Bruder, denke ich in männlicher Solidarität. Ob ich ihm vorschlagen soll, bei Vittorio Emanuele auszusteigen und beim Chinesen an der Ecke, dem mit den Spielautomaten, mit mir ein Bier zu trinken? Man kann draußen sitzen unter den herrlichen Kolonnaden und den Römern beim Leben zuschauen. Ich bin unschlüssig.

Da fährt der Zug in meine Station ein, und ich muss alles daransetzen, nun nicht stecken zu bleiben im Volkskörper. *Scende?*, frage ich die Nachdrücker in meinem Rücken. Auf dem Bahnsteig, wo sich mein Bauch wieder in Normalstellung wölbt, schaue ich noch einmal zurück nach meinem armen Verlassenen. Ich sehe nur seine Mütze. Fahr dahin, mein Freund, es kommen bessere Tage. Das Bier beim Chinesen, der übrigens römischen Dialekt spricht, trinke ich alleine. Man kennt mich hier schon.

# Warten auf den 71er

**Busfahren in Rom,** das ist ein weites Feld, jeder hat hier seine Geschichten. Vor vielen Jahren gerieten wir durch einen Umzug in den Zuständigkeitsbereich des 71ers, was ich, da es mein Geburtsjahr ist, zunächst als günstiges Zeichen wertete. Der 71er verkehrt zwischen der Stazione Tiburtina am Nordostrand der Stadt und der zentral gelegenen Piazza San Silvestro. Bis hierhin klingt alles normal, und natürlich kommt es vor, dass man sich an der Haltestelle Via Tiburtina zu den Wartenden auf den bröseligen Asphalt stellt und der Bus nach kurzer Zeit auftaucht. Aber meistens wartet man etwas länger, oft sehr lange.

Leider ist es mir nicht gegeben, mich in solchen Wartezeiten mit sinnvollen Dingen zu beschäftigen, an etwas Schönes zu denken oder zu lesen. Ich kann nicht einmal mit meinem Telefon spielen. Ich stehe nur da und starre in die Richtung, aus der er kommen muss. Alle meine Gedanken gelten IHM, der nicht kommt, der Omnibus wird zur Obsession. Und man erkennt ihn sofort, wenn er dann doch kommt. Denn obschon im Prinzip baugleich mit den Gefährten anderer Linien, eignet dem 71er etwas Charakteristisches. Es ist immer ein großer Moment, wenn sich seine Silhouette am Horizont der Straße aus dem urbanen Nebel von Platanenlaub, Oberleitungen und Werbetafeln herauslöst. Er hat so etwas Weit-Hergekommenes, wie ein altes Schiff, der Bug im Anfahren auf- und niederschaukelnd. Zudem scheint er leicht schief auf der Straße zu liegen. Und während er, der nicht kommen will, mich beschäftigt, bis das Hirn leergesaugt ist von dem einen Gedanken an sein ausbleibendes Kommen, erscheint er mir in immer neuen, immer fantastischeren Bildern vor dem inneren Auge.

Ist er nicht wie die Pequod des Kapitän Ahab? Ja, die Pequod, das alte Walfangschiff aus Nantucket in Melvilles *Moby Dick* – daran muss ich immer denken, wenn ich auf ihn warte, auf ihn, den 71er. Die Idee beschäftigt mein beschäftigungsloses Hirn, während ich stehe und warte. Dann scheint es mir, als sei der alte Bus mit seinem rechteckigen Leib und der gewaltigen gefurchten Stirn nicht so sehr das Schiff, sondern der Pottwal selbst, Moby Dick, der Gejagte. Und wir hier an der Bushaltestelle, wir sind die Matrosen auf dem Deck des ächzenden Schiffes, aus dessen Masttop vergeblich gespäht wird, Tag um Tag, während die an den Mast genagelte spanische Golddublone in der Morgenröte schimmert. Wer den Gesuchten als Erster ausruft, der wird sie bekommen. Drei junge Studenten sind die Harpuniere, ich selbst natürlich Ismael. Die Sonne steigt. Dann plötzlich geht eine Bewegung durch die Besatzung: *Da bläst er!*, schreit ein kleiner Mann mit Hut, Stock und Kunstledertasche weiter unten bei den Müllcontainern an der Ankerwinde, *da kommt er, der 71er!* Alle recken sich, die Dublone ist sein, die welken Wangen röten sich vor Freude. Ja, da kommt er, der Weiße Bus, verschlagen in seinem langen Fernbleiben, tückisch in seinem plötzlichen Auftauchen. Tatsächlich trägt er ein weißes Mal auf der mächtig sich wölbenden Frontscheibe, das sich im Näherkommen als ein DIN-A4-Blatt erweist, auf dem die Nummer 71 mal per Hand, mal per Drucker geschrieben steht.

Meistens aber wartet man vergeblich auf den erlösenden Ruf. Man muss ihn wohl gerade verpasst haben, obschon die Zahl derer, die beim eigenen Eintreffen schon seiner harren und stumm den Horizont fixieren, eigentlich ganz vielversprechend war. Wenn also schon so viele warten, dann kann es, denkt man, nicht mehr allzu lange dauern. Nun hat man schon den vierten Bus in der Gegenrichtung gezählt und errechnet, dass es an der Endhaltestelle allmählich gar keinen Platz mehr geben kann vor lauter 71ern. Vielleicht blockieren sie sich gegenseitig beim Wenden? Ob es überhaupt mehr als vier Busse auf dieser Strecke gibt? Unter den Wartenden werden Vermutungen ausgetauscht, etwa dass sich die Fahrer aller dieser vier Busse an der Bar der Stazione Tiburtina zum Kaffee verabredet haben könnten.

In solchen Momenten stellt sich die Frage, ob man die Stellung nicht räumen und zu Fuß gehen sollte. In etwa vierzig Minuten wäre man am Ziel, also in etwa jetzt, hätte man sich gleich auf den Weg gemacht. Aber nun, nach so viel eingebrachter Wartezeit? Manchmal hat man Glück, und noch während man diese Möglichkeiten prüft, wird der Bus ausgerufen. Er kommt! Man greift zu den Harpunen, springt in die Boote und klemmt sich hinter die Riemen. Es würde mich nicht wundern, ja fast erwarte ich es, wenn der so plötzlich Auftauchende beim Anlanden von den Wartenden mit Steinwürfen empfangen werden, man ihm die am Müllcontainer lehnenden Bambusstöcke wie Harpunen in den blechernen Leib rammen würde. Manchmal bin ich kurz davor, die Umstehenden zu solchen Strafmaßnahmen anzuleiten. Doch lässt man das Ungetüm unbehelligt näher kommen, während alle untertänigst die Hände heben, um zu zeigen, dass sie mitfahren wollen. Stoisch steigt man ein, so wie man stoisch gewartet hat, sofern man überhaupt einsteigen kann, denn oft haben sich in der langen Wartezeit an den Haltestellen zuvor so viele angesammelt, dass an der eigenen einfach kein Platz mehr ist.

Blass und zitternd vor Wut bückt man sich nach einem Pflasterstein. Die Rückscheibe werd ich dir einschmeißen, du weißes Scheusal! Doch gewahrt man im Bücken aus dem Augenwinkel – wofür die Römer die hübsche Bezeichnung *coda dell'occhio* haben – am Horizont, ja schon darüber hinaus, rasch und schäumend sich nähernd, einen zweiten 71er, und dahinter einen dritten! Ich lasse den Pflasterstein fallen und schreie: Da blasen sie! Zu spät für jene, die es gerade noch geschafft haben in den Bauch des ersten, hineingedrückt von der zischend sich schließenden Tür in das warm dampfende Gedärm. Die drei

Verbliebenen – eben noch die Letzten – besteigen nun als Erste in größter Ruhe den völlig leeren Bus, erfüllt nur vom erkalteten Schweißgeruch der dort zuvor noch Eingepferchten.

Vor kurzem dachte ich, alles werde anders, besser. Eine App wurde freigeschaltet, die zuverlässig anzeigen sollte, wie lange man auf welchen Bus zu warten habe, und was es sonst noch für Möglichkeiten gäbe. Großartig, sofort heruntergeladen. Die Zeiten, in denen man stand, wartete, hoffte und sann – sie schienen vorbei, Geschichte geworden, Erinnerungen aus der Jugend, wie so vieles. Endlich kam die Technik, wie ja auch bei Wahlfängern niemand mehr im Mast sitzt, sondern man auf Radar- und Satellitenbilder blickt. Fast schade, dachte ich, die zwei Minuten wartend, in denen der 71er laut App erscheinen sollte. Allein, er kam nicht.

Ich starre auf den Bildschirm, wie ich früher auf die Straße gestarrt habe, und siehe: Der Bus ist nun in einundzwanzig Minuten angekündigt. Habe ich geschlafen? Ist er unbemerkt vorbeigezogen? Ein Geisterbus? Das kann nicht sein, die Frau mit den Einkaufstaschen, die neben mir wartet, ist noch da, ganz ruhig und entspannt, sie hat die App nicht. Wohin ist der Bus, der vor zwei Minuten noch ganz nah gewesen sein musste, so plötzlich verschwunden? Man wird es nie erfahren. Inzwischen ist der Folgebus bis auf achtzehn Minuten herangekommen, das lohnt sich entschieden nicht. Also doch zu Fuß, was unangenehm ist, da es gilt, den berüchtigten *Traforo* zu durchqueren, ich habe diesen Tunnel der Nacht und des Todes eingangs erwähnt.

Ich betrete den Schlund. Mitten im Tunnel, in Lärm, Gestank und Finsternis, werde ich von einem dahindonnernden Bus überholt, die Leuchtanzeige funktioniert, *71* steht darauf, er ist fast leer.

# Die Linie 117

**Ganz anders im Charakter** die Linie 117. Sie gehört zur seltenen Gattung der kleinen, wendigen Elektrobusse, die vor allem in den engen Straßen des Centro Storico eingesetzt werden. Es sind kuriose Gefährte, die mich an die Kutschen mit den großen Glasscheiben erinnern, aus denen Königskinder neugierig in die Welt blicken. Aristokratisch ist auch die Streckenführung. Der Bus 117 fährt nicht einfach von A nach B, das arbeitende Volk seinem Erwerb oder der Wohnstatt zuführend, sondern mäandert erratisch zwischen den Hügeln herum, so dass man als Neuling ganz irre wird. Wenn man aber weiß, dass das kleine Gefährt mit seinem quengelnden Motor früher oder später mit Sicherheit am Lateran seine Endhaltestelle erreichen wird, kann man sich völlig entspannt durch die Herrlichkeiten von Monti schaukeln lassen.

Ich wohne zwar nicht am Lateran, kann von dort aber nach Hause laufen und unterwegs noch etwas einkaufen. Trotzdem bleibt der 117er für mich ein Luxus, den ich mir nur manchmal am Abend auf dem Heimweg gönne, wenn ich weich und poetisch gestimmt bin. Es ist eine Rundfahrt, die im unitarischen Rom des 19. Jahrhunderts beginnt, über Barock und Renaissance ins unbestimmte Mittelalter führt, kulminierend in den Großbauten der Antike. Jeder Mensch, der nicht gerade in Rom ist, würde vieles geben für eine solche Fahrt. Mich kostet sie nur ein klein wenig mehr Zeit, meist ist auch ein Sitzplatz frei an einem der Fenster.

Durch den dunklen Traforo hindurch schießt das wendige Gefährt in die breite Via Nazionale, die, triumphal vom riesigen Gischtbrunnen der Piazza della Repubblica herabkommend, der Piazza Venezia zustrebt, man sieht schon das Quadriga-gekrönte Denkmal für König Vittorio Emanuele II. festlich sich auftürmen. Das späte 19. Jahrhundert, das muss man ihm lassen, war voller Optimismus. Links liegt der gewaltige Palazzo der Banca d'Italia, der italienischen Zentralbank, ein Meisterwerk des Gaetano Koch, dessen klassizistische, der Funktion so angemessene Solidität durch die üppig davor gedeihenden Palmen ins Heitere, aber auch Tropisch-Unseriöse gewendet wird, zumal grüne Papageien darin nisten. Man sollte vorsichtig sein in der Wahl der Pflanzen.

Der Bus scheint nun dem breiten Verkehrsstrom hinunter ins Zentrum folgen zu wollen. Doch statt an der schief aufragenden Torre delle Milizie – ein etwas sonderbarer mittelalterlicher Turm – sich sanft in die Rechtskurve zu legen und weitertragen zu lassen, schwingt er unerwartet um ein hübsch bepflanztes Rondell herum und ändert völlig die Richtung. Das Touristenpärchen, das aus Versehen zugestiegen ist, blickt verstört umher, als ob im Inneren des Busses eine Erklärung für den unerwarteten Kurswechsel zu finden wäre. Da man mich nicht fragt, sage ich nichts. Vor den Fernstern erscheint nun die mächtig-geböschte Gartenmauer der Villa Aldobrandini, die sich trutzig und romantisch zugleich ausnimmt mit ihren festlichen, mit Agaven besetzten Urnen auf der Balustrade, den Zypressen und Palmen, die aus der unzugänglichen Tiefe des geheimnisvollen Parks hoch in den blauen Himmel ragen. An einem der Ecktürme vorbei, die mehr Belvedere sind als Bollwerk, schlüpft der Bus hinein in die enge Via Panisperna, die mal bergauf geht und dann wieder bergab. Schon sieht man die Kuppeln von Santa Maria Maggiore glänzen auf dem Gipfel des Esquilin – da will ich hin! –, aber dann biegt der 117er hart rechts ab, die Via dei Serpenti hinunter, die sanft in der Talsohle Montis ausläuft.

Links ohne Vorwarnung die heitere Piazza von Santa Maria ai Monti mit dem netten Brunnen, der ukrainischen Kirche von

SS. Sergio e Bacco und der Bar des Ägypters, alte Erinnerungen an schöne Abende mit schlechtem Wein und guten Freunden aufrührend. Dann wieder rechts in die prächtig vom Esquilin herunterdonnernde Via Cavour, erneut pralles 19. Jahrhundert, und endlich sieht man, schemenhaft im Licht der sinkenden Sonne, die Säulen des Forums aufragen, Antike, Abendland, Ursprünge, Lateinunterricht. *Marcus hodie in Colosseo est. Sed ubi est Cornelia?* Ja, wo ist sie, rechts oder links? Links fährt der Bus, im Slalom um die seit einigen Jahren dort provisorisch errichteten Militärsperren herum, an den Kaiserforen vorbei, und plötzlich füllt die weiße Felswand des Kolosseums mit dem wartenden Marcus gewaltig das Fenster, man sieht nicht ihren Abschluss, so weit man sich auch vorbeugt. Da ist sie ja! *Ibi Cornelia stat! Marcus gaudet et vocet.* So geht es weiter, an San Clemente und SS. Quattro Coronati vorbei hoch zum Lateran, wo das emsige Gefährt seine unwahrscheinliche Reise abrupt beendet.

Etwas benommen steige ich aus. Ein merkwürdiger Platz, benannt nach einem neueren Papst, dessen endloses Sterben ich damals in Rom miterlebt habe, mit dem gewaltigen Kubus des Palastes, der kühlen Loggia des Seiteneingangs zur Basilika mit ihren sonderbaren, ganz unrömischen Türmchen, die aussehen, als kämen sie von einer Baptistenkirche. Und dann der gewaltige, fast monströse Obelisk, ein Mordstrumm, das sie von Theben hierhergeschleppt und dann noch auf diesen Riesensockel gestellt haben. *Sono pazzi questi romani.* Die Fläche des Platzes ist riesig, und dort hinten, wo die Öffnung der Via Domenico Fontana in sie hineinlugt, stehen die Autos in breiter Reihe an der Ampel und rasen dann gleichzeitig los, vorbei an Obelisk und Baptisterium, hinunter in Richtung Caracalla-Thermen. Ich wende mich um und sehe jenes Haus, in welches die von Porta Maggiore kommende, auf turmhohen Bögen laufende römische Wasserleitung einfach hineinstößt, wumm! Das hat mich schon vor zwanzig Jahren beschäftigt, also die Frage, wie das Ding im Inneren weiterläuft. Durchquert der Aquädukt die Küche? Dient der Familie die Oberfläche als Tisch und das Innere der Leitung als Brotkasten? Trennt er das Schlafzimmer in zwei Hälften? Ich werde es wahrscheinlich nie erfahren.

Meinetwegen hätte der Bus ruhig weiterfahren können, vielleicht über den Celio hinweg zum Circus Maximus und dann nach Trastevere hinüber, denn es ist angenehm, im 117er zu sitzen. Es ist ein kleiner Bus für ein gehobenes Publikum, das aber nicht so gehoben ist, dass es nur Taxi fährt und den Bus den Hausangestellten überlässt. Das Merkwürdigste ist, dass ich im 117er meiner Erinnerung nach noch nie einen Mann angetroffen habe, von dem stummen Fahrer vorne in seiner abgeschirmten Kabine abgesehen. Das ist so auffällig, dass ich mich manchmal verstohlen umsehe, ob nicht irgendein Schild dieses Gefährt als Frauen-Bus ausweist. Nichts dergleichen, ich darf hier mitfahren. Die Atmosphäre ist mit jener proletarischen des 71ers in keinster Weise vergleichbar. Hier geht es gesittet zu und *per bene*. Fast begrüßt man einander beim Einsteigen, und einige tun es tatsächlich, man ist Stammfahrgast. Ältere Damen sind es meist, von ihren Besorgungen im Centro heimkehrend, die bestimmt eine Putzfrau, aber keine Haushälterin haben, gepflegt und geschmückt, aber nicht so teuer wie ihre Schwestern aus Parioli.

Dazwischen immer auch adrette jüngere Frauen, weder Verkäuferinnen aus Prati noch müßige Luxusschnecken vom Corso Trieste, vielmehr Angehörige sichtlich höherer Berufe, in die sie Herkunft, Bildung und Fleiß sowie das Glück der Tüchtigen geführt haben. Hinter ihnen liegt ein Büro, vielleicht mit einem Chef in etwas zu engen Hemden, der ein schlechtes Rasierwasser hat und ihnen die Hand aufs Knie legt, vor ihnen Kinder und der Ehemann, der das schon lange nicht mehr tut. Auch hier tut das niemand, die Hände bleiben auf den Handtaschen verschränkt, man achtet sorgsam darauf, einander nicht in die Quere zu kommen, auch mit Blicken nicht. Niemand, vor allem kein Mann, der breitbeinig dasäße, alle artig mit zusammengezogenen Knien wie Princess Margaret beim Teebesuch, und so auch ich. Angenehm ist das, in diesem kleinen Biotop der Anständigkeit dahinzufahren, ein bisschen wie auf einem venezianischen Vaporetto jenseits der Saison oder im Wartezimmer eines besseren Augenarztes. Nie wird diese Gemeinschaft durch zudringliche Elemente gestört, sie steigen einfach nicht ein. Wohl deshalb, weil dieser Bus nicht dorthin fährt, wo jene, die nicht einsteigen, hinwollen. Denn im Grunde genommen fährt dieser Bus ja eher herum als irgendwo hin. Wo aber wollen die hin, die drinnen sitzen und nie aussteigen, meistens sitzen bleiben, bis zum Lateran? Wohnen sie alle dort? Sie sehen eigentlich nicht so aus, eher nach Colle Oppio, aber dann hätten sie schon längst aussteigen können.

Vielleicht, so meine Vermutung, bleiben sie einfach sitzen, um sich mit dem 117er ein wenig durch Rom fahren zu lassen, und nur ein bisschen in Richtung nach Hause. Sie entspannen sich, wenn sie das tun, das sehe ich ganz genau, wie beim Friseur oder bei der Maniküre. Sie lassen, auch wenn es langsam dämmert, ihre Sonnenbrillen auf und die Telefone in den Handtaschen – nicht von Fendi, aber doch von Furla –, legen den Kopf leicht geneigt ein wenig zurück, die Wimpern gesenkt und den Mund geöffnet, gerade so weit, dass man die obere Zahnreihe zwischen dem Rot der Lippen hervorschimmern sieht. An den Fingern der manikürten Hände blitzt der Verlobungs- und glänzt der Ehering, schöne Hände, nicht grob und doch strukturiert und kräftig, dazu eine gediegene, aber nicht übermäßig luxuriöse Uhr, die Absätze hoch, aber nicht sehr hoch, die Strumpfhosen blickdicht, was gegen eine Beschäftigung in der Sphäre des Politisch-Parlamentarischen spricht. Anwaltskanzlei? Notar? Wirtschaftsprüfer?

Die älteren Damen, die bestimmt aus keinem Büro kommen, haben Dinge erledigt, zu denen man eben ins Zentrum fahren muss, oder musste. Man geht ins Zentrum, auch wenn es da eigentlich nichts mehr zu tun gibt. Man tut es mit dem 117er. Eine Viertelstunde der Ruhe und der Gesittung. Es sind römische Frauen, die diese Momente brauchen, sie suchen und finden, und ich weiß kaum, was ich mehr bewundere, die elegante Diskretion oder die simple Schlichtheit dieses Rückzugs. Vielleicht, denke ich dann, störe ich als Mann die Intimität solcher Augenblicke, und schaue zum Fenster hinaus. Am Lateran steigen sie dann aus und gehen zu Fuß dorthin, wo sie wirklich wohnen, so wie ich. Guten Abend, meine Damen.

## Mit dem Taxi
## auf der rechten Spur

**In Rom sind derzeit** 7703 Taxilizenzen vergeben, und so viele Taxis werden in etwa auch unterwegs sein. Ob das nun viele oder wenige sind, ist schwer zu sagen. Manchmal meint man, es müssten Hunderttausende sein, so viele stehen und fahren überall herum. Dann wieder fragt man sich, wo zum Teufel diese siebentausendsiebenhundertunddrei Taxis eigentlich sein sollen. Es ist wie mit vielem in Rom: Es gibt vom selben zu viel und zu wenig gleichzeitig.

Taxifahren hat sich, wie alles in Rom, sehr verändert in den letzten Jahrzehnten. Früher, also vor dem Jahr 2000, war ein ordentliches Taxi ein italienisches Fabrikat aus dem Hause Fiat, manchmal auch eine Lancia, immer mit Stufenheck, kantig und zierlich zugleich, und, vor allem, immer gelb. Ein schönes Gelb war das, wie gewisse Wiesenblumen meiner Kindheit. Dieses Gelb – wie auch das herrliche Orange der alten Busse – ist aus den Straßen des ewig sich wandelnden Rom verschwunden wie die Wiesenblumen von den bayerischen Wiesen. Heimische Automarken sind bei römischen Taxis inzwischen die Ausnahme. Damals aber war das Taxifahren eine Leistungsschau des italienischen Ingenieurwesens. Bestieg man eine *Fiat Regata*, *Ritmo* oder, wenn man Glück hatte, sogar eine *Alfa 33*, so war man – aus dem Strich-Achter-Diesel-Deutschland kommend – sofort in einem anderen Land. Es war heiß in diesen Kabinen, der würzige Duft sonnengebrannten Kunstleders schlug einem entgegen und mischte sich mit den orientalischen Aromen der am Rückspiegel baumelnden Riechbäume. Natürlich kurbelte man sofort die riesengroßen, glasklaren Fensterscheiben herunter, wenn sie nicht ohnehin schon offen standen. Bei einigen Modellen ging das nur bis zur Hälfte, wegen des einschwingenden Radkastens. Das war schade, da man dann nicht, wie der Fahrer dies tat, den Arm hinaus ins Freie hängen lassen konnte. So machten es zwischen Juni und September früher nicht nur die Taxifahrer, sondern ausnahmslos alle Kraftfahrer, sofern männlichen Geschlechts. *Braccio morto*, toter Arm, nennt man diese Geste herausfordernd viriler Sorglosigkeit, die uns blassen Jünglingen aus dem Norden den Atem stocken und das Herz höherschlagen ließ. Wer weiß, wie viele von diesen zunächst nur scheintoten Armen zusammen mit den Außenspiegeln ihrem Namen am Ende Ehre gemacht haben. Braccio morto, das war Freiheit, Sommer, Süden, das war Italien.

Heute braucht keine der 7338000 in Italien noch aktiven hauptberuflichen Hausfrauen (ISTAT 2019) um den Arm ihres heimkehrenden Mannes fürchten, wenn sie die Pasta ins Wasser wirft. Er wird noch dran sein, wenn er heimkommt, zur lebendigen Umarmung bereit, denn sein Auto hat längst eine Klimaanlage, und das Fenster bleibt geschlossen. Dass niemand mehr raucht, passt dazu. Manchmal beobachte ich einige Nostalgiker, die, in Erinnerung an die hellen Sommer ihrer Jugend, bei weiterlaufender Klimaanlage die dunklen Scheiben herunterfahren und den Ellbogen ins Freie schieben, was, da die Fenster inzwischen sehr hoch ansetzen, nur mit einer Verrenkung möglich ist, die an Michelangelos Sterbenden Sklaven im Louvre erinnert. Keine gute Ausgangslage, um mit dem Nachbarn an der Ampel einige lockere *parolacce* auszutauschen, sich mit einem Vespa-Fahrer anzulegen oder den querenden Damen nachzupfeifen. Dieses herzlich-spontane Leben an der Ampel, für den staunenden Deutschen Inbegriff mediterraner Lebensfreude, gibt es nicht mehr. Es ist verschwunden, gemeinsam mit dem Braccio morto. Stumm sitzen die neuen Römer hinter den fast undurchsichtigen Scheiben ihrer blitzenden Autos.

Früher waren Taxifahrer kühne Automobilisten, die ihre Gefährte nicht schonten, und auch nicht die Nerven ihrer Fahrgäste. Sie bretterten mit Vollgas über Asphalt und Kopfsteinpflaster, die übrigens schon damals genauso löchrig waren wie heute. Nicht dass sie diese Löcher übersehen hätten. Sie waren ihnen schlichtweg egal, wie ihnen der Zustand ihres Autos egal war. Sie verachteten ihre Fiats, auch wenn sie sie liebten. Egal auch der Benzinverbrauch. Nur die Zeit, die war wichtig, es ging um Leben und Tod. Sobald die Ampel auf Grün schaltete, ging es los im Affentempo, rechts-links-rechts durch die Lücken hindurch, volle Kanne in die Kurven und so schnell auf die nächste Ampel zu, dass es bei Gelb viel zu gefährlich gewesen wäre anzuhalten. Herrlich war das, man fühlte sich in besten Händen. Man lehnte sich zurück, hielt sich am Vordersitz fest, sah das Ewige Rom am geöffneten Fenster vorbeifliegen und entspannte sich.

Dann, bei meiner Rückkehr in die Stadt nach zehnjähriger Diaspora, fiel mir auf, dass der Fahrer seinen klimatisierten Toyota sanft und behutsam der leuchtend grünen LED-Ampel entgegensteuerte, so sanft und behutsam, dass er es tatsächlich fertigbrachte, die Ampel erst beim Umschalten auf Rot zu erreichen. Sachte abbremsend führte er der Batterie ein wenig Energie zu. Wie weggeblasen der Esprit des Rennfahrers, der keine leeren Räume entstehen lässt oder, wenn andere dies tun, wie ein Raubvogel in solche vorstößt. Nun, er wird irgendwie abgelenkt gewesen sein, dachte ich, tatsächlich beschäftigte er sich mit seinem *cellulare*, telefonierte mit Frau und Kind und schrieb daneben ein paar Nachrichten an Vierte. Mich selbst hatte er beim Einsteigen kaum wahrgenommen und nur das Ziel, das er offenbar nicht kannte, in seinen Navigator getippt.

Als das immer wieder passierte und die Taxifahrten durch Rom quälende Ewigkeiten zu dauern begannen, rang ich mich eines Tages zu der schüchternen Bemerkung durch, früher sei man in Rom ja doch ein bisschen rascher unterwegs gewesen.

Der Taxista fährt herum und fixiert mich kurz, so dass ich meine Äußerung schon bereue und nach dem Türhebel taste. Doch dann sagt er mit bitterem Lächeln und einer Handbewegung, als würde er mehrere Tennisbälle über seine Schulter zu mir nach hinten werfen: *Jaja, früher! Früher waren hier auch nicht all diese Löcher. Heute ruinierst du dein Auto.* Die nie aussterbende Sage vom früheren Rom als einem Zürich des Südens. *Roma è un disastro*, fährt er fort, *e tutti corrotti, tutti rubano.* Rom, das braucht man eigentlich nicht übersetzen, sei ein Desaster, und alle würden stehlen, sich bereichern, seien korrupt. Die Wahrheit ist, dass er heute um seinen schönen Toyota besorgt ist, wo ihm der Fiat früher egal war, und sein *padrone*, der die Lizenz hält, ihm eingeschärft hat, weniger Benzin zu verbrauchen.

So geht es im Schneckentempo dahin, links und rechts überholen Rentner, und man hat alle Zeit, sich zu unterhalten. *Ma lei non è italiano*, ist gewöhnlich die Eröffnung des Gesprächs, heute hat es etwas länger gedauert, aber der Satz kommt. Sie sind aber kein Italiener. Sie fragen das nicht unfreundlich, schon gar nicht im Ton des Verdachts oder gar Vorwurfs, sondern einfach als Feststellung der auffälligsten Eigenschaft des Fahrgasts. Kein Italiener zu sein, ist per se kein Makel, zumindest kein schlimmer, sofern man nicht aus einem als niederklassig erachteten Land kommt. Nur durch das einleitende *ma* gibt mein Fahrer zu verstehen, dass hier irgendetwas, das eigentlich so und nicht anders sein sollte, im eigenen Fall eben doch anders ist.

Ich bin schon stolz, dass er mich nicht gleich als Deutschen erkannt hat, obschon einige Worte gewechselt worden waren. Diese unausrottbare Sehnsucht des Deutschen, nicht als solcher erkannt zu werden. Jetzt aber muss man Farbe bekennen. Man tut es, die Gegend um den Bauch versteift sich zur Abwehr dessen, was nun kommen wird, kommen muss und auch kommt. *Ah, Germania.*

Jetzt gibt es zwei Möglichkeiten. Nummer eins: *Vi gäts in Germania? Alles gutt?* Ja, was soll man sagen. Ich setze an zu einer differenzierten Erklärung. Aber die Situation in der Bundesrepublik interessiert den Mann nicht im Geringsten, er hat darüber seine feste Meinung und redet gleich weiter. *Qui tutto una merda*, alles scheiße hier, *tutti rubano, tutti i comunisti di merda.* Nun ja, wende ich ein, zaghaft schon, da ich weiß, dass es sinnlos ist, *aber das eigentliche Problem ist doch ...* Auch das interessiert den Mann nicht, er weiß, was das eigentliche Problem ist, nämlich dass seit 1945 die Kommunisten an der Macht sind, von ein paar reichen Juden finanziert. Dass es in Wahrheit ganz überwiegend die Christdemokraten und der nicht wirklich kommunistische und auch gar nicht jüdische Berlusconi waren und nun sogar eine echte Faschistin im Amt sitzt, ist für ihn kein ernstzunehmender Einwand. Sicher ist, dass es vorher besser war, denn vorher war ER da, der Duce. Er setzt an zum Römischen Gruß, woran ihn nur die Windschutzscheibe hindert. In Deutschland hätte es doch auch gut funktioniert mit Hitler, sagt er und schlägt sich mit der Linken auf den rechten Unterarm, wie um dem erneuten Reflex zum Römischen Gruß zuvorzukommen. *Der* wenn heute da wäre, der würde aufräumen mit all diesem linken Gesocks der Nichtstuer und Sesselfurzer, alle an die Wand stellen, *botte e lavoro*, Schläge und Arbeit, so wäre das dann.

Dann wendet er sich wieder dem Handy zu, sein dreijähriges Kind ist dran in Ton und Bild und entlockt dem eben noch so gestrengen Vater die zärtlichsten Laute. Mir ist auch aufgefallen, dass die härtesten dieser Männer zuverlässig unter Hundehaarallergie leiden, wenn man mit dem Hündchen im Arm sich ihrem penibel gesaugten Auto nähert. Ja, das vergaß ich zu erwähnen, ich habe ein kleines reizendes Hündchen. Zum Glück hat der Fahrer hier gerade nichts gegen Hunde, nur gegen *froci* (*Schwuchteln*), Juden, *negri* und Kommunisten und *lesbiche*, womit er Feministinnen oder ganz generell selbstbestimmte Frauen meint. Und er hat, da sein Kind ins Bett muss, nun wieder Zeit für mich und die Erörterung der politisch-gesellschaftlichen Weltlage, die ihn sehr zu beschäftigen scheint. *Io sono di destra*, ich bin rechts, sagt er, was man sonst im Traum nicht vermutet hätte, und erklärt mir das bereits weit gediehene Vorhaben des jüdischen Investors George Soros, die italienische Rasse durch gezielte Zuführung von *negri* auszulöschen. Wie auch den Geheimplan der Deutschen, Italien mit Hilfstruppen afrikanischer Migranten zu überrennen, herbeigeschafft von einer Flotte aus NGO-Schiffen. Ob ich denn keine Zeitungen läse, was als Redensart gemeint ist, denn er selbst liest bestimmt keine. Er ist mit diesen und anderen Ansichten nicht alleine, auch Vertreter der derzeitigen Regierung äußern sich ähnlich. Er würde sie alle ins Meer werfen, also die *negri*. Dabei lächelt er sanft und verklärt, weil das Stichwort *Meer* ihn wahrscheinlich an den Urlaub mit seiner Kleinen erinnert, die ihre Füßchen darin baden durfte.

Möglichkeit Nummer zwei ist, dass der Tassista auf die Information, dass man aus Deutschland sei, ein *Ah, la Merkel ...* folgen lässt. Richtig, das war einmal, den Scholz kennen sie hier noch nicht. So eine bräuchten wir auch, fährt er fort, die würde aufräumen, oder besser gleich den Duce. Hitler in Deutschland, der Duce hier, dann wäre Ordnung, dann wäre Schluss mit den ganzen *drogati* und *extracomunitari*, den *negri di merda* und den Kommunisten. *Io sono di destra*, erklärt er überraschend und schlägt sich mit der Linken auf den rechten Unterarm. Ob ich Kinder hätte? Ja, zwei. Oh – er dreht sich zu mir um, und seine Augen leuchten, *la cosa più bella del mondo!* Und er fingert in voller Fahrt an seinem Handy herum, um mir die Fotos der seinen zu zeigen.

Neulich war mal wieder Taxistreik und Busstreik und der Termin weit weg und ausnahmsweise einmal wichtig. Ich stehe da, glotze in den vorbeifließenden Verkehr und überlege, ob ich nicht doch versuchen sollte, einen der verachteten Elektroroller zu aktivieren, die überall auf den Gehwegen herumstehen. Da kommt ein leeres Taxi, ich hebe mechanisch zaghaft die Hand, was fast aussieht wie ein Römischer Gruß, das Taxi hält, ich blicke ungläubig hinein, doch, doch, winkt der Fahrer, steig ein. Meine Herkunft interessiert den Mann nicht, das, was er sieht, scheint ihm zu reichen. Noch bevor ich mein Glück fassen und ihm dankbar Ausdruck verleihen kann, sagt er: *Io non faccio lo sciopero, io sono fascista.* Ich streike nicht, ich bin Faschist. Wunderbar, das ist doch mal eine klare Aussage, das sind Grundsätze. Einen Kommentar erwartet der Mann nicht, er gibt Gas, und zwar so richtig, während er am Telefon mit einem Kameraden scherzt, der Wagen rast den Muro Torto entlang, ich halte mich am Vordersitz fest, entspanne mich und bin glücklich. Vielleicht wird doch alles gar nicht so schlimm.

PROFUMERIA
MUZIO

# VI.
# Vom süßen Leben

# Beim Barbier

**Einst sagte mein Friseur** beim Haareschneiden, als wir über dies und das, also letztlich über Rom redeten: *Christo ha detto a Pietro: Pietro, tu devi fondare la mia chiesa – a Roma,* Christus sagte zu Petrus: Du musst meine Kirche *in Rom* gründen. Wo hätte er sie sonst auch gründen sollen, dachte ich, und der Friseur fuhr fort: *Perché a Roma c'è tutto, tutto: il mare, i monti, la porchetta, il vino, le belle ragazze.* In Rom gebe es eben alles: das Meer, die Berge, Schweinsbraten, Wein, hübsche Mädels.

Davon steht allerdings nichts bei Matthäus (16,18), wo es nur heißt: *Du bist Petrus und auf diesem Felsen werde ich meine Kirche bauen und die Mächte der Unterwelt werden sie nicht überwältigen.* Die Szene spielt am See Genezareth, von Rom ist keine Rede. Tatsächlich kam Petrus, dessen Name auf Griechisch *Fels* bedeutet, später nach Rom, ohne erkennbare Absicht jedoch, hier selbst den Felsen der Kirche abzugeben. Als ihm wegen Unruhestiftung und Volksverhetzung die Kreuzigung drohte, machte er sich im Gegenteil aus dem Staub. Kaum hatte er, innerlich wohl schon aufatmend, die Stadt auf der Via Appia in Richtung Süden verlassen, da kam ihm Christus, offenbar gerade auf Erden wandelnd, aus der Gegenrichtung entgegen, ein tüchtiges Kreuz auf der Schulter. Petrus staunte nicht schlecht und stellte seinem alten Chef die berühmte Frage: *Domine, quo vadis?* Herr, wohin gehst du? Worauf dieser, kurz angebunden, denn die Frage war, nach Art des Petrus, ein wenig dumm, erwiderte: *Romam vado, iterum crucifigi.* Ich gehe nach Rom, um mich nochmals kreuzigen zu lassen. Da du offenbar zu feige dazu bist, du Trottel. Letzteres dachte er natürlich nur. Bei Petrus dauerte es ein wenig, bis der Groschen fiel. Dann aber handelte er männlich und entschlossen: Er entriss Christus das Kreuz, schickte ihn in Richtung Eboli zurück, wandte sich um und schritt durch die Porta San Sebastiano in jene Stadt zurück, die alles hat, was das Herz begehrt, und wo er kurze Zeit später tatsächlich gekreuzigt wurde. An der Stelle, wo sich dieses zugetragen hat, errichtete man das kleine Kirchlein von Domine Quo Vadis.

*

Im Ganzen hatte er also doch recht, mein Friseur, der eigentlich kein Friseur ist, sondern ein *barbiere*, ein Barbier also, was das Haareschneiden als die niederere Kunst stillschweigend mit einschließt. Wer den Bart zu scheren versteht, der kann auch Haare schneiden und bedient sich dabei nicht selten des gleichen Instruments, des Rasiermessers. Ich freilich ging meistens nur zum Haareschneiden hin, denn rasieren tue ich mich selbst. Nur manchmal, um ihm eine Freude zu machen und natürlich auch mir, denn die Prozedur ist erhaben und herrlich, ließ ich mich bei ihm auch rasieren. Das konnte ich mir damals eigentlich gar nicht leisten, denn billig war mein Barbiere schon lange nicht mehr. Aber ich habe immer gerne Dinge gemacht, die ich mir eigentlich nicht leisten kann.

Marcello, der Barbiere, ging seinem Geschäft in der Via dei Portoghesi nach, einer kleinen, feinen Straße zwischen Via della Scrofa und Piazza Navona, und zwar in der Torre Frangipane, einem mittelalterlichen Turm an ihrem Ende. Man sieht schon beim Einbiegen das kleine Lokal im Erdgeschoss, sieht durch die Scheiben, ob jemand im Sessel sitzt, denn Termine macht man dort grundsätzlich nicht. Umgekehrt wirft Meister Marcello nach jedem dritten seiner sicheren Handgriffe einen kurzen, prüfenden Blick hinaus, wo er die ganze Straße übersieht. Unmöglich, hier vorbeizukommen, ohne von ihm schon von weitem registriert zu werden.

Die Torre Frangipane heißt im Volksmund auch Torre della Scimmia, Affenturm, was auf ein Ereignis zurückgeht, von dem der amerikanische Schriftsteller Nathaniel Hawthorne erzählt. Eine im Turm lebende Familie war stolzer Besitzer eines kleinen Äffchens und eines neugeborenen Kindes, wahrscheinlich in dieser Reihenfolge, da man sich, wenn man schon ein kleines Kind hat, eher kein Äffchen mehr zulegt. Das Äffchen, wohl weil es sich durch den Neuankömmling um seine Sonderstellung betrogen sah, schnappte eines Tages das Kleine und erstieg damit die Zinnen des Turmes. Die Aufregung war verständlicherweise groß, man wusste ja nicht, was das Äffchen mit dem Kinde vorhatte, und das Äffchen wusste es wahrscheinlich auch nicht. Man tat, was in dieser Situation das Naheliegende ist, und richtete Stoßgebete zur Heiligen Muttergottes, sie möge das Äffchen, das doch auch zu den Kreaturen der Schöpfung gehört, ja schon fast zu den vernunftbegabten, zur Einsicht bringen, was zumindest keine unmittelbare Wirkung zeigte. Der Vater des Kindes, nachdem alle Gebete nichts halfen, besann sich auf das noch Näherliegende und sandte dem Äffchen, das auf der Eckzinne mit dem Kindlein posierte, jenen Pfiff zu, mit dem er es auch sonst zu rufen pflegte. Das Äffchen vernahm den Pfiff, erkannte darin seinen Herrn, packte das Kind, kletterte wieder hinab in die Wohnung und legte das wahrscheinlich schreiende Bündel zurück in die Wiege. Eine auf den Zinnen stehende Madonnenstatue – der Muttergottes die Ehre an der Errettung des Kindes großmütig überlassend – erinnert an den Vorfall.

Zurück zu Meister Marcello. Ich habe ihn zufällig entdeckt, beim Umherstreifen, wohl weil er mich beim Vorübergehen erblickt und über seinen Brillenrand mit den Augen gegrüßt und aufgefordert hat, doch einzutreten. Es war ein Lokal – *bottega* sagt man im Italienischen zu dieser Art Ladengeschäft im Erdgeschoss –, wie man es damals, kurz vor der Jahrtausendwende, noch öfters antraf, freilich schon im Bewusstsein, eine im Verschwinden begriffene Seltenheit zu sehen. Die Grundausstattung mochte aus den 1930er Jahren stammen und in den 1950ern teilweise modernisiert worden sein, als Maestro Marcello das Geschäft übernommen hatte. Insgesamt gab es drei schwere, chromblinkende Barbiersessel aus dunkelrotem Kunstleder, die man drehen und neigen konnte wie Geschütze. In den letzten Jahren war nur noch einer in Betrieb, und zwar jener, von dem aus man die Straße am besten im Blick hatte.

Als ich begann, Marcello zu frequentieren, gab es noch einen etwas jüngeren Assistenten, dem ich als Neukunde zunächst anvertraut wurde. Er mochte in etwa so viele Jahre alt sein, wie sein Patron schon hier im Laden stand, was, wie eine Urkunde an der Wand bestätigte, seit nunmehr fünfundsiebzig Jahren der Fall war. Marcello hatte nämlich, wie er nicht müde wurde zu betonen, mit neun Jahren zu arbeiten begonnen, so wie das damals, in der guten alten Zeit, eben üblich war. Die ersten Jahre hat er mit der Zubereitung des Rasierschaums und dem Schärfen der Rasiermesser zugebracht, am Lederriemen natürlich, was noch schwerer ist, als es aussieht. Später, da er über keinen minderjährigen Gehilfen verfügte und wenig Lust hatte, das Geschäft seiner Kindheit selbst zu erledigen, benutzte er anstelle der echten Klappmesser in der Mitte gebrochene Rasierklingen, die in Halterungen gesteckt werden, die zumindest noch wie Klappmesser aussehen und wie solche zu handhaben sind. Ich habe das, nach Jahren des mühevollen Schärfens von Rasiermessern am Lederriemen, von ihm schließlich übernommen. Man darf sich dem Fortschritt nie entgegenstellen.

Zur Arbeit hatte Marcello ein Verhältnis von schwärmerischer Innigkeit. *A me piace lavorare!* Das war sein Credo, er sagte es immer und immer wieder, und er lächelte selig, wenn er es sagte. Er war nicht wirklich dünn, aber straff und fest, ein glattrasierter Römerkopf mit militärisch praktischem Haarschnitt, dem er seit der guten alten Zeit treu geblieben ist. Stets weißes Hemd und weißer Kittel und, was ich besonders mochte, immer eine Fliege, obschon sie aus der Schachtel kam und nicht selbstgebunden war. Mit neun also hatte er angefangen zu arbeiten, und es tat ihm gut, so früh schon zu arbeiten. Es täte, daran ließ Maestro Marcello keinen Zweifel, auch so manchem heutigen Gesellen gar nicht schlecht, wenn man sie früh von der Straße holte, wo sie sein scharfes Auge beim Müßiggang erspähte, um sie einer geregelten Arbeit zuzuführen, gerne auch mit gelegentlichen körperlichen Aufmunterungen. *Botte e lavoro*, Schläge und Arbeit, das habe ihn und seine Generation fest, stark und am Ende glücklich gemacht.

In diesen fünfundsiebzig Jahren hatte Marcello sein Handwerk recht gut erlernt. Er schnitt meine Haare genau so, wie ich es mag, weder zu kurz noch zu lang und dabei einfach und ohne Sperenzien. Man sah, wenn man sein Lokal verließ, nicht so aus, als sei man gerade beim Haareschneiden gewesen. Das war die hohe, die eigentliche Kunst, und wenn es die Dreißigerjahre waren, die sie ihn gelehrt hatten, so mochten sie zumindest in dieser einen Hinsicht auch etwas Gutes gehabt haben. Marcello schwärmte für sie ohnehin, aber nicht, wie die jungen Taxifahrer, vom Duce und seinem deutschen Freund, sondern von der Einfachheit des Lebens damals, der Ehrlichkeit der Leute, der Solidarität in der Familie und im Viertel, der guten Stimmung aus Zuversicht und Optimismus. Ein Wort war damals noch ein Wort, ein Mann ein Mann und eine Frau eine Frau. Und Arbeit war Arbeit, nämlich ehrliche Arbeit, und davon hatte es immer genug gegeben, und wer arbeitete, der hatte es gut gehabt, damals. *VBI LABOR, IBI VBER.*

Wie hätte ich dem alten Mann widersprechen sollen? War es nicht ein wahrer Menschheitsfrühling, der sich da vor meinen geschlossenen Augen entrollte, während ich zurückgelehnt in der schweren Poltrona saß und er schnippelte und redete, mit glänzenden Augen und immer lächelnd? Neben Marcello selbst gab es in der Bottega noch einige andere Dinge zu sehen, die es aus der damaligen Zeit in die unsrige geschafft hatten, vernickelte Dosen etwa, worin er die Rasierklingen aufbewahrte, alte Schleifleder, die unbenutzt von der Wand hingen, oder die noch in Gebrauch befindlichen, ziemlich großen Flacons mit Zerstäuber und einer stoffumwirkten Handpumpe samt Kautschukschlauch, wie man sie in einem Herrenladen wie diesem gar nicht vermutet hätte. Denn, das war ganz klar, eine Frau hatte auf keinem der drei Poltrone je Platz genommen, allenfalls auf den Holzschemeln an der Wand, als wartende Begleitung des Sohnes oder Ehemanns.

*

Das Haareschneiden war das eine. Rasieren aber war die Königsdisziplin. Marcello freute sich wie ein Kind, wenn man ihn darum bat, ja wenn man um seinetwillen den halben Tag unrasiert unterwegs gewesen war, damit es auch etwas zu rasieren gab. *Ma certo! Faciamo una bella barba!* Er sang fast vor sich hin, während er die Vorbereitungen traf. Als Erstes wurde einem Schränkchen unterhalb des Waschbeckens ein frisch gewaschenes, gestärktes Tuch entnommen, zweimal knallend in der Luft aufgeschüttelt, dem *cliente* um den Hals gelegt und schließlich um den Kragen seines Hemdes geflochten. Allein das Hervorzaubern dieser herrlich frischen Tücher erfreute mich jedes Mal aufs Neue. Sodann, nachdem Marcello Wangen, Kinn und Hals kurz nach Unebenheiten oder Verletzungen abgetastet hatte, begann er eine kühl duftende Eukalyptuscreme in selbige einzumassieren, die zunächst weiß schien wie Theaterschminke, aber dann doch überraschend schnell einzog. Diese Creme gibt es bestimmt auch schon seit den Dreißigerjahren, man kann sie noch heute unverändert in fast jedem Supermarkt kaufen, *Proraso* heißt sie.

Darauf folgte das eigentliche Einseifen. Dabei nahm der Meister einen großen, in Aluminium gefassten Pinsel aus Schweineborsten (Dachshaar verwenden Snobs oder Leute mit zu viel Geld, aber niemals im Leben ein echter Barbiere), formte deren Spitzen zu einem kleinen Spachtel, womit der cremige Grundstoff (von derselben Firma, wie ich auf Nachfrage erfuhr) aus einer gläsernen Dose mit gelbem Schraubdeckel entnommen wurde, eine Fingerkuppe voll, mehr nicht. Dieser wurde dann in einem weißen Plastikschälchen, das früher bestimmt aus Porzellan gewesen war, angerührt, was ziemlich lange dauerte. Man merkte, dass Marcello dieses Geschäft von Grund auf erlernt hatte; es wurde ein herrlicher, sahneartiger Schaum, den er mehr aufpatzte als aufstrich. Nie bin ich in der Lage gewesen, einen so vortrefflichen Schaum herzustellen.

War das geschehen, trat ein Moment der Pause ein, in der der Meister ein wenig Ordnung um das Waschbecken herum machte und sich leise summend auf das eigentliche Geschäft einstimmte. *Vieni, caro* – mit diesen Worten leitete er die Rasur ein, indem er mit Daumen und Zeigefinger der Linken den Kopf an Braue und Schläfe fasste und in die gewünschte Richtung drehte. Man tat jetzt gut daran, in allem gehorsamst mitzugehen. Den ersten Schnitt setzte er in Höhe des Gehörgangs an, dann fuhr er in kleinen, raschen, aus dem Handgelenk ausgeführten Bewegungen nach unten, so dass aus der wolligen Schneelandschaft des eingeseiften Gesichts ein erster klarer Streifen frischrasierter Haut freigelegt wurde. Unbeschreiblich das prasselnde Kratzen der unter dem Messer fallenden Stoppeln.

So ging es von oben nach unten, von links nach rechts, bis kein Restchen Schaum mehr übrig blieb, wobei Kinn und Nase ihm als Steuergriffe dienten, die er, den Kopf in seinen Händen wendend, nur leicht antippte. *Ecco!*, rief er befriedigt, das Messer, das er immer wieder an einem eigens dazu entfalteten Tuch saubergewischt hatte, endlich zuklappend. Nun durfte man sich vorbeugen über das Waschbecken, um sich das Gesicht von ihm mit recht kühlem Wasser spülen zu lassen. Darauf ergriff er das immer noch auf der Brust liegende, um den Hals gelegte Tuch, drückte es auf Augen, Mund und Wangen, um einen im gleichen Moment wieder zurück in den Sessel zu begleiten. Nun kam wieder die Eukalyptuscreme zum Einsatz, und ihr wäre wohl auch der Flacon gefolgt, wenn ich ihn nicht, nach einmaliger Erfahrung mit seinem lavendelduftenden Inhalt, gebeten hätte, darauf zu verzichten, was er sich für alle Zeiten gemerkt hatte. Da er mir zuvor auch die Haare geschnitten hatte, kam nun der Moment, wo er mit dem Handspiegel sein Kunstwerk in allen Ansichten darbot, ein mir unangenehmer Moment, da bei dieser Gelegenheit die sich lichtenden Stellen am Hinterkopf in einer Deutlichkeit zutage treten, von der man im Alltag gütig verschont bleibt.

*

So bin ich über die Jahre immer sofort, wenn ich mal wieder in Rom war, zu Maestro Marcello gegangen, als eines der ersten Dinge. Immer habe ich ihn gleich freudig ob des Wiedersehens angetroffen. Überhaupt war er immer gleich in seiner wie eine gute Suppe leise vor sich hin köchelnden guten Laune. Nur ein einziges Mal habe ich erlebt, wie er für einige Momente aus der Fassung geriet, oder zumindest war er nahe dran.

Es war irgendwann vor Weihnachten gegen sechs, draußen schon die Straßenlichter im Dunkel, drinnen eine gemütlich schwatzende Versammlung von zwei, drei Kunden, die auf den Holzstühlen an der Wand saßen und in den auf einem Tischchen ausliegenden Zeitungen und Journalen blätterten. Ich selbst lag im Sessel und wurde bearbeitet. Da trat ein Mann ein, ich konnte ihn im Spiegel sehen. Auch Marcello hatte ihn zunächst im Spiegel wahrgenommen und sein Handwerk sofort abgebrochen, was er noch nie getan hatte, da mochte reinkommen, wer wollte. Das Gespräch verstummte. Der Mann hatte, in Rom eigentlich undenkbar, weder gegrüßt, noch war er begrüßt worden. Er ließ sich Zeit in der von ihm verursachten Stille, sah sich kurz im Laden um und wendete sich dann dem

Tischchen zu, auf dem die Zeitungen lagen. *Otto*, sagte er, genau im Moment dieser Wendung, nicht laut, aber gut hörbar. Acht.

Marcello legte Kamm und Schere beiseite, wischte sich die Hände an einem Tuch ab und verschwand für einen Augenblick in einen von einem Vorhang abgetrennten Nebenraum. Dort hantierte er offenbar mit einer Schublade. Vielleicht eine halbe Minute später, die wie eine Ewigkeit in der Luft hing, kam er mit einem Etwas in der Hand zurück, das ich im Spiegel nicht erkennen konnte und das er wortlos auf das Zeitungstischchen legte, an dem der sonderbare Mann sich inzwischen in die Lektüre vertieft hatte. Danach kam er wieder zu mir, um die Arbeit fortzusetzen, und das Klappern der Schere war für eine weitere halbe Minute das einzige Geräusch. Schließlich löste sich der Fremde von seiner Zeitung, ließ das Etwas beiläufig in seine Manteltasche gleiten und verließ, indem er *Buon lavoro!* wünschte, das Geschäft. Schweigend und sorgfältig führte Marcello sein Werk zu Ende, schweigend saßen die wartenden Kunden auf ihren Stühlen und hielten die Zeitungen vor sich. Als er fertig war, stand ich auf, zahlte, verabschiedete mich und ging. *Arrivederci, caro!*, rief Marcello, schon wieder ein kleines, aber leicht starres Lächeln im straffen Römergesicht.

Was war geschehen? Ich weiß es nicht. Zumindest weiß ich es nicht mit Sicherheit. Marcello zu fragen, wäre völlig undenkbar gewesen. Meiner Vermutung nach, die mit den Jahren der Italienerfahrung sich der Gewissheit annähert, war der Besucher ein Abgesandter der Ehrenwerten Gesellschaft, um den fälligen Anteil, das Schutzgeld einzutreiben, wie es so schön heißt. *Otto*? Es werden nicht acht Lire gewesen sein und wohl auch nicht achthundert oder achttausend. Aber achtmal Hunderttausend, das käme schon hin, vierhundert Euro heute, wofür Marcello damals achtundzwanzigmal hätte rasieren müssen.

Il *pizzo* nennen die Italiener jene *Gebühr,* die man der Mafia zahlt, um von ihr beschützt zu werden. Vor wem? Vor ihr selbst natürlich. Denn zahlt man nicht, so kann es schon sein, dass irgendwelche Strolche einem die Scheiben einwerfen, die Reifen aufstechen, ein bisschen Benzin im Geschäft anzünden, nachts anrufen, um sich nach der Gesundheit von Frau und Kindern zu erkundigen. Der Staat ist dagegen in der Regel machtlos, nicht aber die Mafia, die Mittel und Wege kennt, solch ruchloses Handeln zu unterbinden.

Man erfährt über solche Dinge naturgemäß recht wenig, niemand hält es für ein gutes Gesprächsthema. Eine große, lang sich hinziehende Serie von Prozessen ist vor einigen Jahren in dritter Instanz zu Ende gegangen. *Mafia Capitale* haben die Zeitungen diese Prozesse genannt, oder besser das Phänomen, das hier verhandelt wurde, Hauptstadt-Mafia, eine witzige Replik auf die damals vorgenommene Umbenennung von Rom in Roma Capitale. Alles ging zurück auf einen mutigen Artikel des Journalisten Lirio Abbate im *Espresso*, der Ende 2012 ein Netzwerk aus teils bekannten, teils unbekannten Banden unter der Führung von teils sehr bekannten Einzelfiguren aufdeckte, deren Tentakel tief in die römische Stadt- und Finanzverwaltung und sogar bis in höchste Sicherheitsorgane reichen sollten.

Mit dem Zeitungspapier, das in der Angelegenheit im Folgenden bedruckt wurde, könnte man das Innere des Petersdomes ausstopfen, samt Kuppel. Die Ermittlungen dauerten eine Weile, dann wurden ein halbes Hundert Geschäftsleute, Bauunternehmer, Führungskräfte aus staatlicher Wirtschaft und Verwaltung, Anwälte und Politiker festgenommen. Die Vorwürfe: schwere Erpressung, Betrug, Korruption, Verrat von Amtsgeheimnis, Manipulation von Zwangsversteigerungen, Bilanzfälschung, Amtsmissbrauch und so weiter. Der schwerste Vorwurf aber lautete auf *associazione a delinquere di stampo mafioso*, die Gründung einer verbrecherischen Vereinigung von mafiosem Charakter, eine Straftat, die es so nur in Italien gibt und die mit bis zu lebenslänglicher Isolationshaft, benannt nach dem berüchtigten Paragraphen *41bis*, bestraft werden kann, ein Regime, dessen Rechtmäßigkeit vom Europäischen Gerichtshof bislang vergeblich in Frage gestellt wurde. Von den fast fünfzig Angeklagten wurden am Ende zweiunddreißig zu teils langjährigen Haftstrafen verurteilt. Allerdings wurde in erster Instanz der *stampo mafioso* so weit abgeschwächt, dass keiner von ihnen unter 41bis fiel. Dagegen legte die Staatsanwaltschaft Revision ein, der die Richter in zweiter Instanz teilweise folgten. Die dritte und letzte Instanz aber, die *Cassazione*, verneinte definitiv, dass es sich bei den zur Last gelegten – und größtenteils bewiesenen – Verbrechen um solche mafiosen Zuschnitts gehandelt habe. Die *aggravante mafiosa* wurde fallen gelassen, die Verurteilten sind damit zwar Verbrecher, aber keine Mafiosi, ein bedeutender Unterschied, nicht zuletzt für sie selbst.

In einem ähnlichen, aber noch gewaltigeren Verfahren in Palermo wurde der italienische Staat kürzlich vom Verdacht befreit, in den Neunzigerjahren mit der sizilianischen Mafia einen Waffenstillstand ausgehandelt zu haben, die sogenannte *Trattativa Stato-Mafia*. Alles gar nicht so schlimm also. Der Staat hat nie mit der Mafia geredet, und in Rom, da muss ich mich entschuldigend korrigieren, gibt es gar keine Mafia, mit der man hätte reden können, Fehlanzeige. Sondern nur ganz gewöhnliche Lumpen und Gauner, wie ebenjener *Otto* in Marcellos Bottega. Es ist, das können wir Deutsche uns hinter die Ohren schreiben, nie zu spät, alte Vorurteile abzubauen.

*

Zurück zu Marcello und mir: Irgendwann hieß es Abschied nehmen von Rom für lange Zeit, vielleicht auch für immer. An einem der letzten Tage suchte ich noch einmal Marcello auf in seinem Affenturm, ließ mich in die Poltrona fallen, und er schnitt mir ein letztes Mal die Haare. Ich sprach kein Wort, er auch nicht, obschon kein Otto da gewesen war. Was hätte ich auch sagen sollen, da ich von meiner Abreise, dem Wichtigsten und Furchtbarsten, nicht zu reden wagte. Ich fürchtete, in Schluchzen auszubrechen, und das wäre bestimmt nicht nach dem Geschmack der 1930er Jahre gewesen. Mein Plan war, einfach zu gehen und ihm dann aus Heidelberg eine Postkarte zu schreiben. *Tanti saluti.* Bei ebendiesem Gedanken rollte mir, noch bevor er den Föhn ergriff, ohne Vorwarnung eine Träne aus dem Auge. Ich versuchte, sie noch schnell fortzuwischen, aber Marcello, der alles sah, sah auch diese. Und er lächelte breit und sonnig, wie er noch kaum je gelächelt hatte. *Parti?*, fragte er, der in den inzwischen fast achtzig Jahren im Metier die Regungen seiner Kunden zu lesen gelernt hatte. *Sì, parto domani*, brachte ich noch heraus und begann schluchzend zu zittern, ich konnte nicht anders.

Der Alte griff ein blütenweißes Tüchlein aus der Lade, öffnete es zweimal knallend in der Luft und reichte es mir, die ritterlichste Geste, die ein Mann dem Manne erweisen kann. Dann fing er an zu erzählen, nämlich dass ich nicht der Erste war, dass er gestandene Männer, Diplomaten und sogar Militärs, hier im Sessel hatte, die geweint hätten wie die Kinder beim Abschied. *Partire da Roma è sempre difficile*, sagte er, der im Leben vielleicht zweimal nach Frascati gefahren war, Rom zu verlassen ist immer schwer, denn hier gibt es eben alles: *il mare, i monti* ... Das Schlimme sei, meinte ich, dass es in Deutschland, wo ich nun hinführe, keine Friseure gebe, die ihr Handwerk verstünden, wie er, Marcello, es so meisterhaft verstehe. Was solle ich nur tun? Er widersprach dieser Einschätzung keineswegs. Stattdessen nahm er Kamm und Schere und zeigte mit ein paar Handgriffen, wie ich mir in der Diaspora oben im Norden in Zukunft selber die Haare schneiden sollte.

Und so habe ich es dann gehalten, und zwar während all der vielen langen Jahre, die ich fort war von Rom. Und auch danach: Denn als ich irgendwann doch wiederkam, diesmal, um zu bleiben, da war Marcello nicht mehr da. Er war einfach fort.

Den Laden gab es noch, aber er war, wie ich schon beim Näherkommen bemerkte, nicht mehr derselbe. Inzwischen hatte nämlich, mit der Unsitte des Barttragens, die Pest der Barber-Shops um sich gegriffen, wo in einem Ambiente aus falscher Vintage-Eingesessenheit Barbiere, die aussehen wie Dostojewski, in gestreiften Manschettenhemden und roten Hosenträgern die Bärte ihrer milchgesichtigen Kundschaft pflegen, trimmen, spülen, bürsten und parfümieren. Das Schlimmste dabei ist, dass beide Seiten so tun, als hätten sie das immer schon so gemacht. Und genau so etwas hatte sich nun im Affenturm eingenistet.

Ich grüßte, entschuldigte mich, drehte auf dem Absatz um und ging. Marcello habe ich nie wiedergesehen. Einen anderen Barbiere auch nicht.

# Über den italienischen Herrn

**In Deutschland** ist Schönheit zunächst eine Kategorie des Geistes, der Seele, der Gedanken und Ideen, von Kunst und Musik, kurz: des Inneren. Auch eine Frau, die schön ist, hat dies zunächst von innen heraus zu sein. In Italien dagegen ist Schönheit eine handfeste Eigenschaft des äußerlichen Lebens und all dessen, was dazugehört. Und da Italien sich selbst bekanntlich das Schöne Land nennt, *Il Bel Paese*, ist *bello* nach *Mama* das erste Wort, das die jungen Bewohner desselben erlernen und wovon sie in ihrem Leben dann reichlich Gebrauch machen. *Bellezza* ist ein Gegenstand des täglichen Bedarfs, gängige Handelsware, pfund- oder meterweise zu haben, unentbehrlich und unspektakulär, man wird geboren mit ihr, man lebt mit ihr, und man stirbt mit ihr.

Bei ihrer Alltäglichkeit hat die italienische Schönheit zahllose Facetten, ich muss mich auf ein enges Feld beschränken. Das Thema Kleidung und Habitus zum Beispiel, der Eleganz ganz allgemein, also der Frage, wie man sich hier kleidet und gibt, und zwar nicht im Sinne irgendeiner Mode, sondern als Ausdruck eines kulturellen Selbstverständnisses. In Deutschland, wo man diesen kulturellen Aspekt gerne übersieht, macht man sich über italienische Eleganz, wie über vieles Italienische, oft sehr malerische Vorstellungen, die ausnahmsweise eher ein Gefühl der Unter- als der Überlegenheit erkennen lassen. Tatsächlich ist das Thema aus deutscher Sicht voller Schlingen, Fallstricke und Missverständnisse, von denen die Reduktion auf den Bereich der Mode, also etwas, was sich käuflich aneignen lässt und das sich ständig ändert, nicht das geringste ist. Dabei sprechen wir vielmehr von einer komplexen, tief in die Geschichte hinabreichenden Kultur, in der man, wenn man nicht hineingeboren wurde, immer ein Fremder bleiben wird. Es ist ein schwacher Trost, dass jene klassischen Höhenzüge, auf die ich mich beschränken will, auch den meisten Italienern zeitlebens unerreichbar bleiben, vom Autor dieser Zeilen ganz zu schweigen. Letzterer beschränkt sich darauf, vom Tal aus die leuchtende Kette jenes Gletschermassivs der Eleganz zu beschreiben, deren Gipfel in vielen Jahren aus der Ferne zu bewundern ihm vergönnt gewesen ist. Die Frauen, das muss ich gleich dazusagen, kommen anders, als bei diesem Thema vielleicht üblich, hier nur am Rande vor. Es sind der Herr und seine Dinge, von denen hier *in primis* die Rede ist.

*

Wie soll man anfangen, wo beginnen? Vielleicht bei einer Figur, die dem einen oder anderen noch geläufig sein dürfte und an der man einige Grundsätze italienischer Eleganz exemplarisch ausgebildet findet: Gianni Agnelli, genannt *l'Avvocato*, der Rechtsanwalt also. Diese Benennung hat er sich natürlich nicht selbst ausgedacht, sondern sein Umfeld, ja sein Volk, denn *il Re*, der König, war ein weiterer Spitzname, der den tatsächlichen Verhältnissen schon näher kam als *l'Avvocato*. Dabei ist die Bezeichnung als Avvocato schon ein Musterbeispiel italienischer Eleganz, indem man eine formal durch Studienabschlüsse vielleicht gedeckte, die wirkliche Bedeutung der Person jedoch in geradezu lachhafter Weise untertreibende Anredeform wählt, um den wirklich Großen nicht bei seinem unnennbaren Namen nennen zu müssen, *l'innominabile*.

Der Stellung, die der Avvocato auch mehr als zwanzig Jahre nach seinem Ableben in Italien einnimmt, hätte sich in Deutschland nicht einmal eine Personalunion aus Heini Thyssen, Gunter Sachs und Curd Jürgens (mühevoll erstellte Auswahl) annähern können. Dass Agnelli als Erbe des Fiat-Konzerns Herr über das größte Industrieunternehmen des Landes war, mag eine Rolle spielen, ist aber nicht der entscheidende Punkt. Mächtige Signori gibt und gab es viele in Italien, darunter der um vier Jahre jüngere Michele Ferrero (1925–2015), um dessen Person sich niemand kümmert, obschon jeder seine Schokoladen isst. Die nicht nachlassende, breite Schichten der Bevölkerung bannende Wirkung Agnellis gründete sich eben nicht allein auf Geld und Macht. Es ist, so würde ich es sehen, die geradezu unerhörte *Freiheit*, die dieser Mann ausstrahlte. Ich sage *ausstrahlte*, denn wirklich frei konnte einer in seiner Position wohl kaum sein, und es gab bestimmt viele Angestellte seines Imperiums, die ihr Leben unbehelligter führen konnten. Er aber war der große Darsteller der Freiheit, es war seine Lebensrolle. Freiheit trotz Macht. Wo immer er auftrat, verströmte er ein Vollgefühl absoluter Souveränität. Sein dankbares Volk nannte ihn daher auch *il re senza corona*, den König ohne Krone, ohne dass die PR-Abteilung von Fiat dahin gehende Direktiven gegeben hätte. Dem Freien unterwirft man sich aus freien Stücken.

Die Herrschaft dieses Ungekrönten war mild und lächelnd, nie befahl er, und doch gehorchte ihm alles. Ein großgewachsener schlanker Mann mit lammartig sich kringelndem, im Alter schlohweißem Haupthaar, und von jener seltenen Mischung aus forscher Virilität und Zügen weiblicher Anmut, wie sie in Italiens Oberschicht als prinzlicher Habitus ab und an vorkommt. Nichts ist einnehmender und zugleich verunsichernder als diese graziöse, delikate, irgendwie antikische Bipolarität, der gegenüber der Macho sich plump und der Schöngeist sich schwächlich vorkommt. Bei all dem trug er in seinem von Lachfalten gekräuselten und von der Sonne des Mittelmeers gegerbten Gesicht zwei blitzende Sarazenendolche, wahre Habichtsaugen, deren Onyxschwärze eine schauerliche Ahnung cäsarischer Kälte verbreitete. Man stand, bei aller Liebenswürdigkeit, seinem Willen wohl besser nicht im Weg.

Schon als Knabe war er der Liebling des in seiner unternehmenden Bürgerlichkeit so ganz anders gearteten Großvaters und Firmengründers, des Jupiters der italienischen Schwerindustrie, doch hätte er – die Firma den mächtigen Prokuristen überlassend, die seit dem Tod des Alten herrschten – problemlos jenes Leben weiterführen können, für welches er in den Jahren nach dem Krieg weltberühmt geworden war. Es das Leben eines Playboy zu nennen, wäre eine grobe Verknappung. Agnelli war das, was der Große Gatsby des Francis Scott Fitzgerald gerne gewesen wäre: Potenz und Sicherheit aus der ererbten wirtschaftlichen Macht der industriellen Großbourgeoisie in organischer Durchdringung mit der müden Eleganz des Hochadels, dem er mütterlicherseits ja auch entstammte, mit einer nicht unwichtigen, ihm sehr gut zu Gesicht stehenden Beimischung amerikanischer East-Coast-Oligarchie großmütterlicherseits. Mit dieser Melange in den Adern, hoch attraktiv, ohne im klassischen Sinne schön zu sein, machte er in der unmittelbaren Nachkriegszeit das Gebiet zwischen Turin und Saint-Tropez unsicher, und zwar zu Land, zu Wasser und in der Luft. *He just loved being Gianni Agnelli*, so eine Freundin über ihn.

Bei einem dieser Raubzüge verunglückte er mit seinem Auto so schwer, dass es beinahe um ihn geschehen gewesen wäre, natürlich auf einer der für höhere Geschwindigkeiten nicht ausgelegten Küstenstraßen der Côte. Es seien jene morgendlichen Dämmerstunden gewesen, in denen man als Pilot schwankt zwischen der Entscheidung, nach Instrumenten oder auf Sicht zu fliegen, so Agnelli über die Umstände des Unfalls. Wir alle kennen das. Er überlebte schwer lädiert mit zertrümmertem Bein, besann sich, heiratete – graziös an zwei Gehstöcken humpelnd – die Principessa Marella Caracciolo di Castagneto aus Neapel, eine offizielle Schönheit aus ältester Familie, die auch als Haute-Couture-Modell von sich reden machte, und stieg in die Leitung des vom Großvater ererbten Konzerns ein, dessen *Presidente* er bis zum Lebensende bleiben sollte. Daneben führte er, in leicht abgedämpfter Intensität, das Leben als

Jetset-König fort, ging segeln mit Leuten wie John F. und Jackie Kennedy, hatte Affären wie jene mit Anita Ekberg oder der einen oder anderen Aristokratin. Natürlich sehr diskret und nie bewiesen.

Als Jackie Kennedy 1962 nach Ravello und Capri kam (ihr Stiefbruder, der Schriftsteller Gore Vidal, hatte ihr den Tipp gegeben), sich dort häuslich einquartierte und mit einem heute unvorstellbaren Minimum an Bewachung das Meeresleben genoss, kümmerte sich Gianni, zur Freude der internationalen Paparazzi, als eine Art Bade-Staatspräsident so aufopferungsvoll um den hohen Gast, dass es JFK, der daheim in Washington auch Zeitung las, schließlich zu bunt wurde und er seine Frau zurückbestellte. Marella auf der Gegenseite überhörte und übersah dergleichen mit unerreichter Klasse, fand es aber doch besser, Jackie als liebevolle Freundin bald nicht mehr von der Seite zu weichen. Wie gesagt, schwer vorstellbar dies alles heute.

Aus diesen und anderen Geschichten schält sich ein Avvocato heraus, der nicht minder populär war als der Turiner Industrielle, einer, dessen Körper nicht in Anzügen steckte, sondern, zumindest obenherum, in heroischer Nacktheit hinter den Steuerrädern seiner Segelyachten prangte, rauchend, ohne Sonnencreme und Sonnenbrille. Es waren Zeiten, als die männliche Physis durch ein mäßig sportliches Leben geformt, nicht aber durch maschinelle Fitness entstellt wurde. Die in ihrer Länge vergleichsweise bescheidenen, mit spartanischem Luxus ausgestatteten Yachten waren aus Holz und Stahl zusammengefügt, wie die atemberaubend schöne Fünfundzwanzig-Meter-Jolle *Agneta*, Mahagoni innen und außen sowie ochsenblutrote Segel, eine Jetset-Version des Fliegenden Holländers.

Leider war auch Agnelli vollständig vom italienischen Dämon, dem Fußball, besessen, mochte er ihn auch zu besitzen glauben, als Besitzer von Juventus Turin. Er liebte es, seine kostbare Zeit im Kreise gedungener Athleten zuzubringen. Vielleicht geht jene Herrschaft der Gladiatoren und Freigelassenen, die das öffentliche Leben des heutigen Italien bestimmt, eine Art Spätantike der Postmoderne, im Kern ja auf ihn zurück, den König ohne Krone. *Nobody is perfect.* Dass er die Autos der eigenen Produktion hingebungsvoll liebte, zumindest jene aus dem Hause Ferrari, kann man ihm nicht zum Vorwurf machen, auch wenn das Herumrasen damit im öffentlichen Raum zu den etwas fragwürdigen Manifestationen mediterranen Herrentums gehört. Aber auch der Pianist Arturo Benedetti Michelangeli, ein Signore vom Scheitel bis zur Sohle, frönte dieser Schwäche, und man muss dazusagen, dass die Ferraris von damals dann doch eleganter waren als die brüllenden Proll-Rutschen von heute.

Irgendwann hat man Agnelli in Rom zum Senator auf Lebenszeit ernannt. Ein- oder zweimal hat er sich tatsächlich im Senat blicken lassen, alle Augen waren auf ihn gerichtet, keiner hörte mehr den Reden zu. Diverse Versuche, ihn zur Übernahme höchster Staatsämter zu bereden, mussten selbstverständlich fruchtlos bleiben. Was er als Konzernchef getaugt hat, kann ich nicht beurteilen, davon verstehe ich nichts. Immerhin hat *er* es verstanden, den italienischen Staatshaushalt als erweiterte Konzernkasse fast nach Belieben in Anspruch zu nehmen, was an sich schon eine große Leistung ist. Tatsächlich hat er sich mit den Wechselfällen in der niederen Politik stets pragmatisch und mit Weitblick arrangiert. Berlusconi durfte schon ganz früh bei ihm im Boot mitfahren und sogar zum gleichen Schneider gehen wie er, wenn auch mit ungleichem Ergebnis. Nicht zuletzt dank dieser Fähigkeiten gibt es Fiat immer noch, wenn auch die Firma inzwischen anders heißt, nicht mehr in Italien sitzt und – seit Abgang des Alten – sogar profitabel sein soll. Der Selbstmord des Sohnes und andere obskure Vorfälle lassen die dunklen Abgründe erahnen, die sich zwischen den leuchtenden Gipfeln auftun.

In seinen öffentlichen Rollen ist Agnelli zum Exempel italienischer Männlichkeit geworden, ein Vorbild, das in der Gesamtheit seiner Facetten so unerreichbar ist, dass sich Regungen von Neid und Missgunst von vornherein erledigen. Niemand wäre auf die Idee gekommen, ihm als Gesamtfigur nachstreben zu wollen. Schon Einzelheiten seines Lebens und Wirkens auf Erden reichten aus, um das Imaginarium seiner Bewunderer zu beschäftigen. Viele waren völlig damit zufrieden, die Armbanduhr nicht wie jeder normale Mensch am Handgelenk auf der Haut zu tragen, sondern, so wie ER, *über* der Manschette des Hemds, was natürlich nur bei langärmligen Hemden möglich ist. Oder die Krawatte so schlampig zu binden, dass der hintere Lappen länger ist als der vordere. Geht auch nur, wenn man Krawatten trägt. Weniger Nachahmung fand die subversive Angewohnheit, bei den Jacken seiner fabelhaften Zweireiher den unteren Knopf zu schließen anstelle des oberen, was sehr lässig aussieht, sofern Anzug und Träger es hergeben. Aber natürlich braucht man dazu erst mal Zweireiher und ein Auge für Subtiles. Dieses nun hatte Agnelli seinerseits sich abgeguckt, und zwar von Berti, dem Herzog von Windsor, dem abgedankten König Eduard VIII., der eine Generation vor ihm die globale Stilikone gewesen war.

Das mit der auf dem Hemdsärmel getragenen Uhr hatte natürlich den Nebeneffekt, dass das Schauen auf diese zur ostentativen Geste ausgestaltet werden konnte. Ein sehr alter Freund von mir erzählte neulich die Geschichte, wie er als junger Mann Ende der Fünfzigerjahre bei einer wichtigen Papstmesse dank guter Beziehungen in der Vierung der Peterskirche zu sitzen kam, mit freiem Blick auf die Ehrentribüne gegenüber, wo in erster Reihe Gianni Agnelli mit Gattin thronte. Bei der Wandlung schließlich, die der gemütliche Giovanni XXIII. vielleicht etwas umständlich zelebrierte, sah der Freund, sah die ganze Peterskirche, wie der Avvocato den linken Arm in langsamer Bewegung ausstreckte und anwinkelte, so dass die Manschette weiß blitzend aus dem Ärmel fuhr. Alle sahen ihm nun dabei zu, wie er, mit einer gewissen Sorgfalt, auf die dort sitzende Uhr sah – außer der Papst, der mit seinen Hostien und dem Wein beschäftigt war. So eine Unverschämtheit konnte sich in Italien, wo der Papst nicht irgendein alter Mann ist, eigentlich auch ein Gianni Agnelli nicht erlauben. Er tat es trotzdem.

Agnelli war extravagant, aber kein Exzentriker. Diese sind in Italien auch gar nicht vorgesehen. Seine Anzüge bezog er, wie andere auch, von der Sartoria Caraceni, zumindest in Mailand das Maß aller Dinge, wenn man sich mit ihrem leicht höfisch-livreehaften Stil anfreunden kann, der über historisch-habsburgische Kanäle mit der Wiener Herrenschneiderei in Verbindung stehen mag: lang geschnittene Jacken, enorme, fest umgeschlagene Revers mit spitz geschnittenen Ecken, vergleichsweise starke Auspolsterungen der Schultern, entsprechend rosshaarverstärkte Leinenbrust, superexakte und dabei selbstverständlich von Hand ausgeführte Nähte sowie eine deutliche Vorliebe für das Genre des Zweireihers. Ein solcher Anzug ist formell, herrschaftlich, ja furchteinflößend, sofern der Träger ihm gewachsen ist – und macht ihn zur steifen Puppe, wo dies nicht der Fall ist. Er vertritt damit das Gegenteil des weich-beweglichen, schulterlosen Neapolitaner Stils der Nachkriegszeit, ist aber auch weit entfernt von der Unart der toskanischen Schneider, den Körperformen allzu eng zu folgen. Aber man muss ein wirklicher Signore sein, um solche Anzüge tragen zu können.

Agnelli war also kein Rebell, der barfuß ging, im Drogenrausch Hotelzimmer zerlegte oder halbtot aus solchen gerettet werden musste. Das heißt keineswegs, dass er Drogen (in seinem Fall Kokain) nicht so konsumiert hätte, wie er alles konsumierte, was ihm in die Quere kam, mit Neugierde und Freude, aber ohne sich wirklich hinzugeben. Ansonsten begnügte er sich damit, die anderen dadurch zu verunsichern, dass er im hellgrauen Anzug erschien, wo alle dunkel trugen. Kleine Dinge, die sich aber nicht jeder erlauben kann, weder damals noch heute. Auch muss man erst einmal auf solche Sachen kommen. Einiges geschah vielleicht tatsächlich so, wie es aussehen sollte, nämlich aus Nachlässigkeit, ja Wurstigkeit. Häufiger jedoch scheint eine Übung im Spiel zu sein, auf die sich nur die ganz Großen und Vornehmen mit der nötigen Beiläufigkeit verstehen, nämlich die aktive Ausübung von Langeweile, der Ennui – ein uralter Bestandteil der aristokratischen Kultur Italiens. *Sprezzatura* (von *sprezzare*, verachten) nannte sie Baldassare Castiglione in seinem Traktat *Il libro del Cortegiano* (Das Buch vom Hofmann) von 1528. Er umschreibt damit die nicht zuletzt aus Langeweile betriebene Geringschätzung von Normen und Regeln durch jene, die sie vollkommen sicher beherrschen. Das können in vollendeter Form nur sehr wenige Auserwählte. Aber das Streben danach ist weit verbreitet. Auch in Deutschland pflegt man die Kultur der gezielten Transgression, nur dass bei uns nicht Castigliones *Hofmann* stilbildend wirkte, sondern eher die etwa gleichzeitig verfassten Tischreden des Doktor Martin Luther.

Andere – auch sie sind inzwischen schon in vorgerückten Jahren – imitierten Agnellis Art zu sprechen. Man erkennt sie nach wenigen Sekunden, eine erstaunlich hohe, melodische Stimme, mit der leichten gequetschten, zu flachen Vokalen neigenden Intonation der Turiner und jenem trockenen Rachen-R, das nordisch ist, aber auch sehr oberschichtlich. Es ist eher die Stimme eines schöngeistigen Ästheten als die eines Fabrikherrn, sie vermeidet typisch virile Ausdrucksmittel, ist delikat und angenehm rhythmisiert, trotzdem sehr eindringlich und ein klein wenig monoton. Sie rechnet nicht damit, etwas zweimal sagen zu müssen – oder gar unterbrochen zu werden.

Richtige Herausforderungen waren selten im gesellschaftlichen Leben Agnellis. Fast alle, denen er begegnete, waren auf irgendeine subalterne Art freundlich und zuvorkommend. Daher auch der regelmäßige Anflug von Langeweile oder auch Traurigkeit in den Zügen des Alternden, die Traurigkeit eines Löwen, der seine Tage im Streichelgehege mit Ziegen verbringen muss, die er nicht fressen darf.

Agnellis Eleganz blieb ohne echte Nachfolge, auch wenn sein Ziehsohn (es gibt Stimmen, die das *Zieh-* weglassen) Luca Cordero di Montezemolo oder sein Enkel Lapo Elkann sich darin versucht haben. So fern und unerreichbar diese Gestalt aber auch sein mag, sie ist ein leuchtender Fixstern in Fragen des mediterranen Herr-Seins, was in Italien – und speziell in Rom – keineswegs an die soziale Herkunft gebunden sein muss. Die italienische Eleganz kokettiert nicht wie die britische mit schlechtem Benehmen, ausgesuchter Schäbigkeit und Vernachlässigung, mit Triangeln und aufgescheuerten Ärmeln, mit zerzausten Haaren, zu großen Jacken und brüchigem Schuhwerk, was den armen Commoner, der sich ordentlich anziehen *muss*, auf die Plätze verweist. Gerade darin besteht die vielleicht schroffste Ausformung des englischen Kastenwesens, das in Italien eher spielerisch ausgelebt wird. Hier geht es nicht um die von Sadismus und Häme untermalte Demütigung des Inferioren, sondern im Gegenteil darum, diesen durch eigene Superiorität zu erfreuen.

Und, vor allem, jeder kann mitmachen, im Rahmen seiner Möglichkeiten und seiner Kenntnisse. Es ist dies eine höfische und zugleich egalitäre Grundhaltung, historisch gesehen vielleicht die Folge eines eher durchlässigen gesellschaftlichen Gefüges, das kaum einer höheren Kontrolle wie kaiserlichen Kanzleien oder Hofkalendern unterworfen war. Jeder der in rascher Folge wechselnden Päpste konnte unter den Seinen fast nach Belieben Fürsten, Grafen und Herzöge kreieren, mit den Titeln nahm und nimmt man es nicht so genau. Man muss vor allem Herr sein und es verkörpern, eine Meritokratie des Aristokratischen, wenn man so will. Ist einer erst mal oben, so fragt keiner mehr, wie er das geschafft hat.

Wichtig für das gesellschaftliche Ansehen sind Zahl und Güte der Privilegien, die einer im Laufe des Daseins auf sich vereinigen kann. Hans Magnus Enzensberger schrieb einmal, Italien sei in seiner Selbstwahrnehmung ein Volk von fünfzig

Millionen Privilegierten. Jeder glaubt, in irgendeiner Weise bevorzugt zu sein, und speist daraus sein Selbstwertgefühl. So ist auch jeder hier auf seine Weise ein Signore. Nichts steht so deutlich für dieses universelle Herr-Sein (und für das Dame-Sein natürlich auch) wie die hiesige Kultur des Kaffeetrinkens, also die ubiquitäre Verfügbarkeit des noblen Getränks zu kommunistischen Preisen. Ein Euro kostet *il caffè* im Durchschnitt, also in Rom, im Süden weniger, im Norden etwas mehr. Dafür erhält man ein vollendetes Produkt, von einer hoch ausgebildeten Fachkraft an einem technischen Wunderwerk auf Bestellung nach individuellen Wünschen zubereitet und mit aller Förmlichkeit in klirrendem Porzellan serviert. Diese Wohltat kann sich fast jeder jederzeit leisten, ja man kann den anderen sogar mit großer Geste hierzu einladen – die kleinste, aber doch gülden glänzende Münze signoriler Gefälligkeit.

Die Essenz des mediterranen Herrn ruht im Bewusstsein, aus der Fülle der eigenen, auf Privilegien gründenden Ressourcen anderen gefällig sein zu können. So und nicht anders ist hierzulande die Macht definiert. In einer ganz auf Beziehungen, Umgehungen und Ausnahmen angelegten Gesellschaft hat fast jeder die Möglichkeit, anderen, die in irgendeinem Bereich schlechtergestellt sind, etwas zu verschaffen, was sie sonst gar nicht oder nur mit Mühen erhalten könnten. Das betrifft vor allem Zutritte, Zugänge und Zugriffe, die nach dem Prinzip der Ausnahme gewährt werden: Zugang zu einem sonst abgeschirmt wirkenden Mächtigen, dessen Verwandter man ist; Zutritt zu einer exklusiven Gesellschaft, deren Mitglied man ist; Zugang zu einem Wettbewerb, in dessen Jury man sitzt; Zutritt zu einem Raum, der *eigentlich* geschlossen ist, weil man der Direktor, Portier oder Wächter ist; Zugang zu bestimmten Ärzten, die *eigentlich* ausgebucht sind, weil man der Sohn eines Chefarztes oder seine Sekretärin ist; die Erlaubnis, das Auto kurz abzustellen, wo es *eigentlich* verboten ist, weil man entweder den Verkehrspolizisten selbst oder aber den Zeitungsverkäufer kennt, der wiederum den Verkehrspolizisten kennt. In letzterem Fall kauft man natürlich eine Zeitung, aber erst nachher.

Diese Schaffung von Ausnahmen beruht technisch gesehen auf der Überwindung des *Eigentlichen*. Was eigentlich gilt, gilt für dich in diesem Moment ausnahmsweise nicht, und zwar deshalb, weil ich dir wohlgesonnen bin, *perché ti voglio bene*. Auf solches Wohlwollen aber ist früher oder später jeder angewiesen, ohne Ausnahme. Denn *eigentlich* kann man in Italien gar nicht leben, vor allem nicht, wenn alle Regeln, Vorschriften und Gesetze stets zur Anwendung kommen würden. Davon gibt es nämlich so viele, dass der Rechtskundige alles jederzeit blockieren könnte. Deswegen sind Avvocati so mächtig in Italien, und deswegen gibt es von ihnen so unendlich viele. Das *Eigentliche*, das ist der Staat, die Gesellschaft, das Allgemeine und Abstrakte, kurz: *das Gesetz* – lebensfern und unerbittlich, in letzter Konsequenz auch lebensfeindlich. So wie der Türhüter in Kafkas gleichnamiger Erzählung. Wenn jemand sagt: *É la legge!* – das ist Gesetz, so klingt das nach Urteil und Verdammung, nicht nach Versicherung und Garantie. Befreiung von diesem Eigentlichen ist nur durch das Tatsächliche möglich, durch das Konkrete, Individuelle und Persönliche, durch die Ausnahme, die Gefälligkeit.

Seit Staatsgründung reiben sich diese beiden Welten aneinander, der moderne Verwaltungsstaat auf der einen sowie das patriarchalische Geflecht aus persönlichen Beziehungen, Gefälligkeiten und Abhängigkeiten auf der anderen Seite. Eleganz und Lebensstil gehören fraglos der zweiten Sphäre an. Nur in ihr ist es möglich, die notwendige Regelung der Alltagsfragen als eine für beide Seiten erquickliche Erfahrung zu gestalten. Der Mechanismus ist einfach und immer derselbe: Der Empfänger der Wohltat freut sich, über so gute Kontakte zu verfügen, und der Wohltäter ist stolz, solche Wohltaten geben zu können. *Nur Sie können mir helfen!* Wer so anfragt, hat schon halb gewonnen, denn der andere, der helfen soll, fühlt sich gehoben und in der Pflicht. Und da jeder irgendwann irgendetwas geben kann, muss sich auf Dauer niemand nur als Bittsteller fühlen.

Der Kellner bringt den Kaffee an den Tisch, obwohl man sich den eigentlich selber holen müsste. Er gewährt aus freien Stücken eine *cortesia*, die, obschon äußerlich eine Dienstleistung, tatsächlich ein Gunsterweis ist, den Gast in seiner Stellung hebt, und zwar sichtbar hebt. Daraus entsteht Prestige. Andere bekommen den Kaffee nicht gebracht und sehen das auch. Wer so über Gunst, über die Erhöhung des anderen verfügen kann, ist nicht kellnernder Diener. Er ist gewährender Herr, der den andern Herrn erkennt und grüßt. Wie auch das zwischen Signori geschlossene, selbstverständlich unausgesprochene Agreement mit meinem Mittagessenskellner: Ich gebe ihm, was keineswegs üblich ist hier, einen Euro Trinkgeld, weil es mir Vergnügen macht, wogegen es ihm ein *piacere* ist, mich zum Kaffee einzuladen, der nicht auf der Rechnung erscheint, aber auch ungefähr einen Euro kosten würde – eine Situation also, an der alle Freude haben und welche den Lokalbesitzer, dem dieser Euro am Ende des Tages in der Kasse fehlt, nicht umbringen wird.

Dieses allen gemeinsame aristokratische Selbstbild verbindet unseren Avvocato auf seiner Yacht und den Kellner in der Bar wie ein unsichtbares Band. Natürlich blickt der Kleine sehnsüchtig nach den Großen, aber ohne Neid und Bitternis, sondern mit dem fast religiösen Staunen, dass es dem Herrgott gefallen hat, das eigene Herrentum in derart schwindelerregender Potenzierung hervorzubringen.

*

Gibt es den gleichen klassenübergreifenden Konsens auch in der Kleidung? Nein, leider, aber es hat ihn bis vor gar nicht so langer Zeit gegeben, in den Fünfziger- und Sechzigerjahren, ich erinnere mich, als ob es gestern wäre. Jeder trug das Gleiche, nur in unterschiedlicher Ausführung. Doch auch wenn das – durch Touristenmassen statistisch gestörte – Straßenbild heute anderes nahelegt, lebt die Kultur italienischer Eleganz unter der Kruste plebejischer Funktionskleidung unvermindert fort.

Beginnen wir mit dem, was man sich in Deutschland unter *italienischer Mode* vorstellt – an sich schon ein Widerspruch, aber Mode ist ja immer auch Idee, Wiederholung, Reaktion, Nachahmen, Missverstehen, vor allem Letzteres. So beruht die deutsche Rezeption dessen, was der Herr in Italien angeblich trägt, auf solchen Missverständnissen, wenn auch auf liebenswürdigen. Der Italiener scheint, wenn man seine Reinkarnation in der Vorstellung des deutschen Bruders betrachtet, ein Wesen im ständigen Müßiggang zu sein. In Italien ist immer Samstagnachmittag. Hosen in allen Farben außer jenen, die hier tatsächlich getragen werden – auch am Samstagnachmittag –, nämlich in Beige, Weiß oder Dunkelblau. Dann gibt es diese schräg gestreiften Hemden mit rot genähten Knopflöchern, die man hier allenfalls in den Pizzerien von Garbatella sieht. Jacken (vulgo Sakko), die irgendwas zwischen Strandpromenade, Picknick, Freizeitpark und Safari darstellen, nicht aber Via Margutta. Schließlich die Schuhe. Ich verstehe ja, dass man gerne in Sonne, Sommer und Freiheit leben will, und ich kann nachvollziehen, dass barfuß getragene Lederschuhe dafür stehen sollen. Wenn ich aber die meist etwas zu fleischigen deutschen Füße mit ihren starken Knöcheln in den engen Schuhen stecken sehe, dann denke ich mehr an gekochte Kalbshaxen als an Portofino, Sie verzeihen. Ob die Schuhe wohl schon riechen? Natürlich sieht man in Italien auch Herren, die so herumlaufen. Aber bestimmt nicht im Büro und eher ein gewisser Typ von Mann, auf dessen stilistische Vertrauenswürdigkeit ich mich lieber nicht verlassen würde.

Und dann die Schuhe selbst: Es zirkulieren unter dem Begriff *italienische Schuhe* die größten Merkwürdigkeiten, hellbraune bis braungelbe Kreationen, lang und spitz zulaufend wie Narrenschuhe im Mittelalter oder aus sonderbaren Spezialledern zusammengefügt mit Kroko- oder Schlangenprägung, überflüssige Nähte hier und da und was sonst noch. Kein ernst zu nehmender Italiener würde jemals darin herumlaufen. Keineswegs sind italienische Schuhe immer hellbraun, ja sie sind es eher selten. Denn auch wenn die Regel *Ab sechs Uhr abends schwarz!* so stur-mechanisch ist, dass nur Deutsche sie brav befolgen, so trägt man in Italien abends doch überwiegend dunkel bis sehr dunkel, ja und manchmal auch schwarz. *Testa di moro* ist die politisch unkorrekte, aber zutreffende Bezeichnung für den überwiegenden Farbton italienischer Schuhe, also dunkelbraun. Das Wichtigste aber kommt noch: Wenn der deutsche Gentleman's-Gazette-Leser glaubt, durch den Erwerb viel zu teurer englischer Fabrikschuhe etwas Besonderes zu besitzen, so weiß der italienische Herr, dass er dafür noch ein bisschen mehr ausgeben und zum Schuhmacher gehen muss. So ist das halt.

Gleiches gilt für die Anzüge. Auch hier firmiert als *italienisch* zurzeit ein Slim-Fit-Typus, den man nicht anders denn als Bürschchen-Anzug bezeichnen kann. Alles etwas zu eng und vor allem zu kurz, Revers so breit wie mein Mittelfinger, dafür gerne sieben Knöpfe an den Ärmeln, einer den anderen überlappend, die Hosenbeine so knapp, dass sie beim Aufstehen an den Waden hängenbleiben und die selten erfreuliche Strumpfware freigeben. In Italien gibt es das schon auch, aber eher bei Immobilienmaklern in der Provinz und dergleichen. Der italienische Herr, der nur irgendetwas von der Sache versteht, geht zum Schneider, ob er es sich leisten kann oder nicht. Oder er trägt die Jacken von Vorfahren oder Freunden.

Denn, noch so ein Missverständnis, auf den genauen Sitz kommt es ja gar nicht an. Wenn man das Wort *Maßanzug* fallen lässt, so assoziiert man das in Deutschland immer noch mit dem Thema *Problemfigur*, Stichwort Helmut Kohl. Der Maßanzug kommt dann zum Einsatz, wenn die Stange nicht mehr ausreicht, so wie orthopädische Schuhe. Um nichts geht es weniger. Ob Jacke, Hose oder Schuhe: Die Maßanfertigung ist eine individuelle Handanfertigung, und genau darauf kommt es an. Fabrikware, an der man etwa die Schultern noch regeln kann (*semi-sartoriale*), kommt gar nicht erst in Betracht. Einen handgenähten Anzug erkennt man auf zwei Kilometer Entfernung im Gegenlicht, er sitzt anders, fällt anders, wirft Fältchen, wo die Fabrikware glatt ist, ist glatt, wo die Fabrikware aufwirft, er hat Details, die den Kenner beim Erkennen für den Rest des Tages glücklich machen, den Träger sowieso.

Man muss freilich genau wissen, was man will, und darf sich nicht auf die Vorschläge des Schneiders verlassen. Die neigen nämlich, um ihre Kunst zu zeigen, vor allem in ländlichen Zonen wie Florenz dazu, die Jacke zu eng den Körperlinien folgen zu lassen. Unerfahrene verlassen dann das Atelier mit einer Luxusversion des Bürschchen-Anzugs, was man natürlich auch auf zwei Kilometer Entfernung sieht. Der kenntnisreich gefertigte Maßanzug dagegen hat etwas unaufdringlich Lässiges, zutiefst Entspanntes, Zwangloses und Informelles, sein Träger fühlt sich wohl, als ob er im Pyjama liefe, und blickt zuversichtlich in den Tag. Alle Herzen öffnen sich ihm, ohne zu wissen, warum.

Der weitgehende oder auch völlige Verzicht auf Schulterpolster und Rosshaaraussteifungen verstärkt diese Wirkung noch, eine Errungenschaft des neapolitanischen Anzugs, die langsam nach Norden vordringt. Der neapolitanische Anzug ist nicht die zivile Spielart der Militäruniform wie der englische, sondern der in die Neuzeit übersetzte Peplos des freien Bürgers einer griechischen Kolonie. Und so bewegt sich sein Träger. Bei den zu engen Anzügen hat man dagegen immer Angst, dem anderen könnte beim Niedersetzen die Hose platzen oder er im nächsten Moment von einem Schweißausbruch überwältigt werden. Kein gutes Gefühl, für mich genauso wenig wie für ihn.

Sollten Sie übrigens kein Geld haben für den Schneider und auch keine Vorfahren oder Verwandte, die Ihnen Geschneidertes überlassen – beides ist nicht im Geringsten ehrenrührig –, so empfiehlt sich der Flohmarkt. Der wirkliche Herr verschmäht diesen nicht, sondern ist im Gegenteil neugierig, welche Lösungen ihm dort Fantasie und Kennerschaft früherer Generationen anbieten. Man wird Sie am Ergebnis beurteilen, nicht am Preis. Oft haben die Witwen und Waisen vergessen, das Etikett mit dem Namen des verblichenen Trägers aus der Innentasche herauszutrennen, so dass man nicht nur seinen Vorgänger kennenlernen kann, sondern auch den Namen des Schneiders. Neulich habe ich eine handgenähte Sommerjacke aus Baumwolle erstanden, so etwas ist selten, die ein Mitglied einer seit dem 13. Jahrhundert gräflichen Familie – ansonsten von meiner Statur – bei Marinaro in Auftrag gegeben hat. Das mag etwas bedeuten. Oft ist sogar das Datum der Fertigstellung vermerkt, auf den Tag genau. So feiert ständig irgendeine meiner Jacken im Schrank Geburtstag.

Auf dem Flohmarkt sind freilich hohe Kenntnisse gefragt, die Jahre des Studiums erfordern. Rechnen Sie dort nicht mit fachkundiger Beratung. Auch braucht man einen fähigen Schneider für diese oder jene Änderung, und solche Schneider sterben langsam aus. Ja, sie *sterben* aus, denn sie arbeiten, wie die Barbiere, in der Regel so lange, bis sie vom Schneidertisch fallen. Ich hatte bis vor wenigen Jahren einen großartigen Mann aus Benevent bei Neapel, Maurizio hieß er, beseelt von seinem Handwerk und der messianischen Sendung, die Segnungen des neapolitanischen Anzugs zu verbreiten. Ein gelbes Maßband um den Hals, das umgebundene Nadelkissen wie eine Armbanduhr am Ärmel und ein Stückchen weißer Kreide in der Hosentasche, nahm er die ihm gebrachten Jacken aus wie Brathühner, bis die Eingeweide aus Wollwatte, Leinen und Rosshaaren auf dem Tisch lagen. Das Entfernen dieser *Panzerungen*, wie er es nannte, waren für ihn Akte der Befreiung. Ärmel an der Schulter zu kürzen, schreckte ihn nicht im Geringsten, und wurde ein Futter mal löchrig, so schuf er von den im Regal liegenden, über die Jahre mager gewordenen Rollen herrlichsten Bembergs im Handumdrehen Ersatz. Er selbst trug selbstverständlich Selbstgeschneidertes, kunstvoll seinen Buckel umrundend, was ich mir gar nicht so einfach vorstelle. Seine Liebe zu extravaganten Details wie farbigen Knopflöchern und schimmernden Perlmuttknöpfen teilte ich nicht. Er aber hatte riesigen Spaß an solchen Dingen und konnte es gar nicht erwarten, diese Kleider mit seiner um zehn Jahre jüngeren Frau von etwa Mitte siebzig auf der nächsten Kreuzfahrt zwischen Genua und Palermo auszuführen. Sein Bubengesicht leuchtete bei der Vorstellung.

Viel gelernt habe ich von ihm, auch Kurioses. So erklärte er mir, dass man bei den Hosen der Anzüge (anders als bei den Jacken) vor allem deswegen keine Namen einnähe, weil dies den Besitzer verraten würde, sollte dieser bei einer Polizeirazzia ein Etablissement überstürzt (also ohne Hose, aber offenbar mit Jacke) verlassen müssen. Bordelle sind in Italien offiziell verboten. Ich nehme an, dass das in den Fünfziger- und Sechzigerjahren genauso gewesen ist. Die frühe James-Bond-Zeit eben, die Zeit des jungen Gianni Agnelli und seiner Jackie O., die Zeit der hölzernen Yachten und der schlanken Rennautos, die auch die Zeit meines Maurizio gewesen war. Nun misst er den Engeln die Hemden an, ob mit oder ohne Monogramm. Ich vermisse ihn.

*

Bei den Hemden, wo wir schon dabei sind, ist jedes Zugeständnis an Originalität unbedingt zu vermeiden, sei es in Schnitt, Stoff, Muster oder Farbe. Auch hier gilt manche Verirrung als *italienisch*, dabei ist die Sache ganz einfach. Stoff: Popelin oder Oxford; Farben (uni): Weiß oder Hellblau, zur Not Rosa; Muster: vertikal gestreift, vom *millerighe* bis einem Zentimeter alles möglich (Farben hierbei: Blautöne, zur Not auch Rot und Grün, meinetwegen Rosa oder Mauve); Schnitt: gerade, nicht tailliert, keine Brusttaschen, keine Haifischkrägen und kein *button-down*. Man meide zu kleine Knöpfe, jene oberhalb der Manschetten kann man weglassen. Vor allem: Hemden müssen locker sitzen, und man soll in ihnen, was die Länge betrifft, zur Not auch ohne Hose auftreten können, in welcher Situation auch immer. Wichtiger noch: Kommen einmal schlechtere Zeiten, und vor denen ist kein Signore sicher, so kann man aus dem Stoff der langen Gesäßlappen neue Kragen und Manschetten schneidern. Überhaupt zeichnet die sichtbare Reparatur die Garderobe des Herren aus, weggeworfen wird überhaupt nichts, nach dem Tod müssen es die Enkel tragen.

Auch bei Hemden trifft zu, was bei Schuhen und Anzügen schon ausgeführt wurde: Sie sehen einfach besser aus, wenn sie vom Hemdenschneider kommen. Außerdem ist ein Konfektionshemd so gut wie immer irgendwo zu eng, zu weit, zu kurz oder zu lang. Den richtigen Kragen findet man so gut wie nie, und auch der Hemdenschneider braucht Jahre, bis er kapiert, was Sache ist. Wenn ein Monogramm sein muss, dann auf der unteren Brust und sonst nirgendwo. Wer nicht sicher ist, ob er anständige Manschettenknöpfe besitzt oder auswählen kann, sollte einfache Manschetten nehmen, was am Ende sogar eleganter ist.

Bei Krawatten gilt das Gleiche wie für Hemden, nur dass man sie zur Not auch fertig kaufen kann. Keine Experimente, wenn Sie sich Ihrer Sache nicht vollkommen sicher sind, wozu Sie in der Regel wenig Anlass haben. Da muss man streng sein mit sich selbst. Bitte nie der Versuchung nachgeben, hier einmal etwas anderes probieren, dem trüben Alltag durch Lustiges abhelfen zu wollen. Also keine Hunde und Micky-Mäuse, auch dann nicht, wenn sie von Hermès kommen und ein gewisser Typus des in diesen Dingen wenig kenntnisreichen deutschen

Adels dazu neigt. Der italienische Signore hält sich an das Zurückhaltend-Konservative, sowohl in Farbe wie in Muster, und er weiß, warum. Grelle Töne, wie sie in England so beliebt sind und, neben roten Nasen, als oft einzige Farbtupfer zur nötigen Aufheiterung beitragen, sind in Italien entbehrlich. Das Leben ist hier aufregend genug, da müssen es nicht auch noch die Krawatten sein. Und natürlich wählen Sie nur solche Krawatten, die beim Binden keine Knoten ergeben, die so dick sind wie Zigarettenschachteln. Ansonsten ist alles erlaubt.

Sie werden vielleicht fragen, was es mit all diesen tollen italienischen Marken auf sich hat, von denen so viel die Rede ist und an deren Filialen in der Via dei Condotti sich Schlangen bilden wie am Würstelstand. Nun, die meisten dieser Marken waren früher einmal Luxusschneidereien für Frauen mit gewissen Ansprüchen. Dann kam irgendwann das Konfektionsgeschäft dazu, man muss ja auch Geld verdienen. Den Frauen scheint das zu gefallen, und damit gut. Die sogenannten Herrenlinien aber kann man, so wie sie sind, in den Altkleidercontainer verschieben und als Spende nach Russland oder China verschiffen. Ein Signore lässt sich damit nicht blicken.

*

Zuletzt doch noch zwei Worte zu den Frauen. Ich vermute, dass Sie, verehrte Leserinnen, schon beim letzten Kurzurlaub tiefer in die Materie vorgedrungen sind, als es mir in Jahren staunenden Schauens vergönnt gewesen ist. Auffallend, darauf können wir uns vielleicht einigen, ist zunächst der unvergleichlich höhere kosmetisch-körperliche Pflegegrad der durchschnittlichen Italienerin.

Das betrifft, irgendwo muss man anfangen, etwa Haare und Nägel. Die italienisch-deutschen Beziehungen sind in dieser Hinsicht traditionell belastet. Dass sich deutsche Frauen die Haare unter den Achseln nicht entfernen, ist ein in Italien liebevoll und mit wohligem Schauer gepflegtes Klischee aus den Siebzigerjahren, das weibliche Pendant zu Tennissocken und Sandalen, die als Nachtrag zur Kleidung des Herrn ein erstes und letztes Mal erwähnt seien. Beides gehört überwiegend – aber nicht vollständig – der Vergangenheit an. Es ist freilich nicht so, dass durch die Überwindung dieser aus italienischer Sicht heidnischen Sitten und Gebräuche in der Realität schon viel gewonnen wäre.

Die durchschnittliche italienische Frau strahlt eine körperliche Gepflegtheit aus, die sich unmöglich durch eine eilig in den Terminkalender gequetschte Sitzung im Kosmetikstudio kurz vor Abreise erreichen lässt. Der Körper ist kein Möbelstück, das man eben mal aufpolieren kann, sondern eine organische Angelegenheit, einem Garten mehr verwandt, als uns lieb sein mag. Und wie der wahrhaft gepflegte Garten erst nach Jahren und Jahrzehnten zäher Arbeit diese zu belohnen beginnt, so ist auch die Pflege des eigenen Körpers ein nie endendes Werk im Weinberg der Herrin, das im Leben der Italienerin früh (meist unter Anleitung der Mutter) in Angriff genommen wird.

Man erkennt deutsche Frauen in Italien sofort. Denn die forschen Amazonen, die einem auf der Frankfurter Kaiserstraße in Stechschritt, Fleece und Gore-Tex entgegenstürmen, *ready for combat*, verwandeln sich nicht in einer Flugstunde in arkadische Nymphen und Nereiden. Selbst wenn sie in der Aneignung italienischer Kleidung und Accessoires einen gewissen Aufwand betreiben, so bleibt doch immer ein untrüglicher Rest Kaiserstraße zurück, ein *praktischer Rest*, wie ich es nennen will, ein Detail oder deren mehrere, die gering erscheinen mögen, aber doch wie das fatale Blatt auf dem Körper des im Drachenblut badenden Siegfried die verwundbare Stelle anzeigen. Und Hagens italienische Schwestern haben bei ihren nordischen Cousinen die Todesstelle schon entdeckt, wenn diese noch mit fröhlicher Zuversicht Prosecco trinken. Der praktische Rest verrät die tiefsitzende Gewöhnung an Dinge, deren

Vorzüge eher im Funktionalen als im Schönen liegen. Auch der elegantesten deutschen Touristin sieht man an, dass sie zu Hause, sobald es geht, auf Freizeit- oder Funktionskleidung zurückgreift, wovon das eine oder andere Stück sich zuverlässig in den Koffer geschmuggelt hat.

Die weiblichen Füße sind in dieser Hinsicht das, was bei den Männern die Schuhe sind, ein Blick genügt, und man gewinnt tiefe Einblicke. Mag die deutsche Touristin ihre Fußnägel vielleicht kurz vor der Reise noch einmal kurz überlackiert haben, bieten sich dem Blick des Kenners bei römischen Frauen wahre Juwelen der Pflege, eingefasst in das zarte Geschmeide von Sandalen, die nicht von Valentino sein müssen, um so auszusehen.

Wie erklären sich diese Unterschiede? Worin wurzelt dieser nur im Süden sichtbare praktische Rest des Nordens? Es hat vielleicht, so eine kluge nordische Freundin neulich, mit dem protestantischen Erbe zu tun, wozu auch das gespannte Verhältnis zwischen Innen und Außen gehört, zwischen dem göttlichen Seelen-Ich auf der einen und der eitlen Körper-Hülle auf der anderen Seite. Kleidung und Schmuck sind in diesem Weltbild leerer Tand. Der Weg zu Gott führt über den inneren Glauben, nicht über die Manifestation desselben durch äußere Pracht. Weiblicher Putz, ja weibliche Schönheit per se steht immer im Verdacht, abzulenken vom Inneren, vom Eigentlichen, wegzuführen von Gott und direkt hin zu Beelzebub. Ehrlich und einfach sei das Weib in Kleidung, Schmuck und Benehmen.

Im schroffen Gegensatz dazu die katholische, von spirituellem Erotismus knisternde Anbetung der Jungfrau Maria und ihres weiblichen Heiligen-Hofstaats, gefeiert auf Millionen Altar- und Andachtsbildern. In vollendeter Toilette, frischem Teint, jugendlicher Blüte und mit himmelwärts gedrehten Augen prägen sie von Kindesbeinen an die Vorstellung vollendeter Weiblichkeit, eine Weiblichkeit, die zur privaten wie öffentlichen Verehrung hergerichtet und freigegeben ist. Und wenn sie erst an Festtagen in dreidimensionaler Lebensgröße und mit schimmernd-gläsernen Augen, gekleidet in Gold und Brokat, mit Perlen und klirrenden Ketten behangen und funkelnden Edelsteinen geschmückt als Sinnbild der Verschmelzung von heiliger Keuschheit und göttlichem Luxus durch die Straßen getragen werden – dann fallen alle auf die Knie, Männer, Frauen und Kinder.

Eine solche Kultur der unbedingten Verehrung höfisch überhöhter Weiblichkeit ist undenkbar im Land der Pastoren und Bibellesekreise. Gut so, werden Sie sagen, wollen wir alles gar nicht, diesen Äußerlichkeitsfetischismus, dieses puppenhafte Sich-Herrichten und Aufdonnern für die Männer, dieses Schaulaufen unemanzipierter Frauchen für den patriarchalischen Macho-Katholizismus! Tatsächlich wäre es falsch, in der Römerin das ersehnte Vorbild aller deutschen Frauen zu vermuten. Eine aus Stuttgart stammende Freundin gestand mir vor vielen Jahren ihr regelmäßiges Aufatmen, wenn sie nach längerem Aufenthalt in Italien wieder auf einem ICE-Bahnsteig stand zwischen den für die Entsagungen des Lebens gerüsteten und von ihnen gezeichneten Gestalten. Endlich wieder normale Menschen, die sich natürlich benehmen und *so anziehen, wie sie sind* (eine starke These, nebenbei). Keiner hier starrt oder spricht sie an, sie kann es wagen, den Blick zu heben, kann endlich wieder einfach dastehen und nur sie selbst sein, gemeinsam allein mit allen anderen in Ruhe und Frieden. Erholung vom römischen Schaulaufen, von der Notwendigkeit der stets bereiten Abwehr, dem finster zu Boden gerichteten Blick der Römerinnen, Erlösung von körperbetonter Kleidung, und sei es die der anderen. *Körperbetonte Kleidung*, genau diesen Ausdruck hat sie gebraucht als Summa Summarum dessen, was wir ehrfurchtsvoll *italienische Mode* nennen, und zwar mit jener leise lächelnden verächtlichen Empörung, die immer schon Essenz protestantischer Romkritik gewesen ist.

Doch sind die Italienerinnen immer wieder gut für Überraschungen. Vor längerer Zeit, es mag 2008 gewesen sein, starb ein deutscher Schauspieler, der deutscher nicht hätte sein können und dessen Tod nicht nur in Deutschland, sondern merkwürdigerweise auch in Italien echte Trauer hervorrief, und zwar bei den Frauen. Die Rede ist natürlich von Horst Tappert aus Elberfeld, in seiner Lebensrolle als Kommissar Derrick, der Inkarnation des praktischen Rests, womit er im Land der Latin Lovers wahre Triumphe feierte. Wo er dort auftauchte – also während der Urlaube am Gardasee mit Frau und Kindern im Audi 100 –, gab es Aufläufe weiblicher Fans, die ihm auch waschkörbeweise Liebesbriefe nach Deutschland schrieben.

Was war geschehen? Ein Missverständnis? Verwechselte man den Darsteller mit dem Dargestellten? Und wenn ja, worin lag die Faszination des Dargestellten? Derrick, also Tappert, lieferte einen erhellenden Hinweis, als er – in anderem Zusammenhang – von sich einmal sagte: *Ich bin ein Spießer. Und ‹Derrick› hatte meinen Charakter, mehr oder weniger, da gab es nichts zu spielen. Ich selbst habe nicht einmal falsch geparkt, oder Punkte in Flensburg, oder Alkohol am Steuer. Das kenne ich alles nicht.*

Aha, das also ist es, was so viele Italienerinnen, wenn es hart auf hart kommt, eigentlich wollen: einen *ordentlichen* Mann, auf den frau sich verlassen kann. Der Deutsche als idealer Ehemann. Das ist doch was. Also, meine Herren, holt schon mal den Wagen.

# Der Sistabenismo

**Hört man den Römern zu,** wenn sie miteinander sprechen – an der Bar, an der Bushaltestelle, im Aufzug, also immer dann, wenn die Flüchtigkeit der Begegnung nach gut eingespielten Gesprächsthemen verlangt –, dann scheint es manchmal, als unterhielten sich da die Insassen der Vorhölle. Alles ist *una merda.* Der Bus kommt nicht, man braucht eine Ewigkeit bis ans Fahrziel, weil man wegen der Baustellen nicht vorankommt, diese Baustellen, die ihrerseits schon seit Jahren nicht vorankommen, weil sie schlecht geplant sind, vom Comune, einem Hort der Unfähigkeit und der Korruption, wo keine oder nur die schwachsinnigsten Entscheidungen getroffen werden, während doch jedes Kind genau zu sagen wüsste, was zu tun wäre, weil alles offen zutage liegt, die Misere, die Unfähigkeit, die Korruption, die Wurschtigkeit. Die Politiker, einer wie der andere, *tutti uguali, tutti corrotti, la città in degrado, lo stato inesistente ...*

Dann nähert sich der Bus, einsteigen wird nur einer der beiden Gesprächspartner, der andere noch unbestimmte Zeit auf seine Linie warten. *Tu cosa fai il weekend?*, fragt Ersterer zum Abschied. Was machst du am Wochenende? Die Augen des Gefragten, bis dahin verkniffen hinter der leicht beschlagenen Brille, als ob er sich auf seine Magenbeschwerden konzentriere, sie öffnen sich weit und beginnen zu leuchten. Er wendet sich dem Fragenden zu (dessen Bus, obschon in Sicht, im Stau nur langsam vorankommt) und fängt an zu reden, als ob er nie wieder aufhören wollte. Wir geben die Rede leicht gekürzt wieder: *Ahh, io vado al mare, vicino a [...], sai, c'è un posto dove fanno un [...] con i gamberi [...] e [...] vino [...] e [...] caramel, poi c'è la terrazza, si vede il [...], c'è sempre un [...], si sta bene, si sta […] bene.* Der Mann, so die Kernaussage, kennt ein Lokal am Meer, wo man gut isst und nett sitzt. Vor allem: *si sta bene.* Dorthin wird er fahren am Wochenende, dorthin fährt er anscheinend öfter, allein, mit Frau und Familie, mit Freunden, darauf freut er sich schon am Dienstag im Büro und am Freitag an der Bushaltestelle, denn dort *si sta bene.*

Sie werden dieser Unterhaltung zunächst keine weitere Bedeutung beimessen wollen. Hört man dergleichen nicht millionenmal an Bushaltestellen und in Bars, zumal wenn Freitag ist? Genau das ist der Punkt. Millionenmal. Sie waren gerade Zeuge eines Massenphänomens, einer konstituierenden kulturellen Konstante der italienischen und speziell der römischen Gesellschaft: des *Sistabenismo.* Der Sistabenismo – deutsch: Sistabenismus [m]; in Italien weiß man noch nichts von dieser meiner Entdeckung –, das ist die stillschweigende Übereinkunft von geschätzten fünfzig Millionen Italienerinnen und Italienern, solange stillzuhalten und keine Revolte anzuzetteln oder gar eine Revolution, als man von sich sagen kann: *Si sta bene.*

Si sta bene. Es ist klar, dass dies nicht jeden Tag der Fall sein kann, ja nicht einmal jede Woche. Aber ein ganzer Monat ohne das Gefühl, dass es einem nach allen Maßgaben mediterraner Ansprüche gut gegangen sei, wäre bereits ein kritisches Quantum. Worin genau aber besteht dieses *stare bene*?

Als ganz grober Behelf mag das *gemütliche Bierchen am Feierabend* herhalten. Auch ein solches gemütliches Bierchen besänftigt den Deutschen und kühlt sein Mütchen, aber eben nicht auf Dauer. In regelmäßigen Abständen muss er es auf Mallorca einnehmen oder auf Bali, sonst wird er ungemütlich. Mit dem fetten Auto auf der Autobahn mal so richtig Gas geben hilft auch ein bisschen. Früher oder später aber muss man schon in den Flieger steigen und abdüsen. Hältst ja sonst nicht aus hier. Und wehe einer Regierung, die nicht still und fleißig dafür sorgt, dass am Monatsende für solche Sachen auch das nötige Restgeld übrig bleibt. Wenn Franzosen unzufrieden sind, blockieren sie alles und zünden alles an, damit kann man leben. Kaum auszudenken aber, wenn es die Deutschen mal so richtig jucken würde. Darf nicht passieren. Also muss die Wirtschaft laufen, um beinahe jeden Preis.

Der Sistabenismo nun – und das ist der grundlegende Unterschied – bezeichnet ein Wohlergehen, mit dem die Regierung nicht das Geringste zu tun hat. Es sind Genüsse, die die Italiener sich selbst bereiten, allen Bemühungen von Regierung und Bürokratie zum Trotz, ihren Untertanen das Leben zu vermiesen. Naturgemäß liegt so ein Wohlergehen eher nahe als fern. Ins Flugzeug steigen muss man in der Regel nicht, viel Geld ausgeben meistens auch nicht. Es reicht wenig, aber dieses Wenige muss von vollendeter Güte sein, nämlich auf der Höhe einer mehr als zweitausendjährigen römisch-lateinisch-griechisch-arabisch-mittelmeerischen Kultur, und diese Höhen sind, für deutsche Verhältnisse, schwindelerregend. Sie erleben das selbst beim ersten Kaffee, den Sie nach Überwindung der Grenze auf einer Raststätte einnehmen, vor allem dann, wenn Sie den brühheißen Halbliterbecher an einer deutschen Raststätte noch in Erinnerung haben. Wenig, aber vom Köstlichsten – ein eher arabisch-japanisches als römisches Prinzip, aber in Rom kommt eben alles zusammen.

Den *caffè* trinkt man nicht, wie ich das von deutschen *Tatort*-Büros aus dem Fernsehen kenne, literweise am Schreibtisch, sondern in der Bar, worunter man sich freilich keine Ledersessel und Cognacgläser vorstellen darf. Eine Bar ist ein eher nüchtern ausgestattetes Lokal für leibliche Stärkungen, die man meist im Stehen einnimmt, wenig, schnell und gut, wahre Stützpunkte des Sistabenismo, tausendfach über das städtische Territorium verbreitet. Es scheint eine Art Grundrecht auf die Nähe einer solchen Bar zu geben. Haben Sie dagegen schon mal versucht, mit etwa sechs Minuten Zeit und sechs Euro in der Tasche im Zentrum Berlins oder Münchens – von den Randgebieten der Republik wollen wir gar nicht reden – vollwertig verköstigt zu werden, ohne dass Sie irgendetwas irgendwohin mitnehmen müssen? Und zwar auf der Höhe der jeweiligen Disziplin, also nicht irgendeine mit altem Käse überbackene Salami-Breze. In Rom geht das: ein Tramezzino Prosciutto und Formaggio bzw. Tonno e Carciofini bzw. Pollo e Maionese bzw. Bresaola e Rughetta bzw. Salmone bzw. Gamberetti usw., dazu ein Glas Wasser und hinterher ein caffè. Macht zusammen vier Euro fünfzig und dauert vier Minuten und fünfzig Sekunden.

In der Bar herrscht Professionalität auf jeder Ebene. Hinter der Kaffeemaschine steht einer, der den ganzen Tag nichts anderes macht, als Kaffee zu machen, seit vielen Jahren schon. Und an der Kasse sitzt eine, die nichts anderes macht, als zu kassieren, auch das schon seit vielen Jahren. Und hinter der Glastheke, wo unter feuchten Tüchern die Tramezzini in artigen Stapeln liegen und warten, steht einer, der nichts besser kann, als eines davon mit silberner Zange zu greifen, auf ein Tellerchen zu hieven, auf dem die Serviette schon richtig draufliegt, und Ihnen dieses Tellerchen mit leichtem Schwung zuzuschieben und auch noch zu sagen: *Il tramezzino per il dotto'* (damit sind Sie gemeint).

Während man das Tramezzino isst, behält einen der Mann an der Kaffeemaschine so weit im Blick, dass er das Erlahmen der Kaubewegung zuverlässig wahrnimmt. Wenn er den Moment für die Zubereitung des Kaffees für gekommen hält, klopft er – tocktock! – den Kaffeesatz aus der Form, die er wie einen Knüppel schwingt, füllt prasselnd neuen ein und setzt, den Verschluss mit einem Ruck festziehend, die Maschine in Gang. Wie ein Maschinist im U-Boot. Früher gab es schöne lange Hebel aus blitzendem Chrom und mit schwarzen Griffen aus Ebenholz, welche der Mann im weißen Hemd mit hochgekrempelten Ärmeln kraftvoll nach unten drückte und die sich dann langsam und von selbst wieder nach oben bewegten. Heute geht das irgendwie automatisch. Ein Barista trägt übrigens keine Armbanduhr, genau wie ein Chirurg, dafür gerne ein Kettchen oder so was. Während die Brühe läuft, stellt er Ihnen schon mit einer eleganten Drehung das Tellerchen so vor die Nase, dass das Löffelchen richtig herum liegt, und schiebt den Zuckerbehälter in Griffweite. Nach dem Schlucken des letzten Tramezzinorestes – keinen Moment früher oder später – steht der Caffè fertig da, und zwar ohne Krokantchen, Schokobohne oder irgend so eine Albernheit. Man trinkt, genießt, und schon ist man wieder auf der Straße, frisch gestärkt, hocherfreut, unternehmungslustig und guten Muts, auf zu neuen Taten! Ein Land, was dieses bietet, kann nicht untergehen.

Nun aber zum Essen, das länger dauert als fünf Minuten, eine, wie wir an der Bushaltestelle gehört haben, entscheidende Komponente des Sistabenismo. Dass dies nicht materiellen Aufwand oder gar übermäßige Fülle bedeutet, sei in Hinblick auf das Angebot der meisten italienischen Gaststätten auf dem Gebiet der Bundesrepublik erwähnt. Es geht vielmehr um die kundige Zubereitung exzellenter Rohstoffe, ein hoher Anspruch, dem ein deutscher Koch in der Regel auch dann nicht gerecht wird, wenn er sich nach langjährigem Aufenthalt im Lande in die Geheimnisse der welschen Küche eingeweiht glaubt. Er wird immer zu viel von irgendetwas beigeben, sei es Knoblauch (beliebter Fehler), Tomaten-Sugo (noch beliebter), überhaupt Gewürze, Salz, Öl, Wein, Wasser, Hitze und so weiter. Oder aber zu wenig, vor allem ein zu wenig an Zeit. Wie überschaubar Ingredienzien und Kochverfahren der italienischen Küche im Vergleich zu jenen der französischen oder bayerischen auch sind, die Möglichkeiten ihrer falschen Dosierung und Durchführung sind unendlich. Es ist ein schwacher Trost, dass dieses seit den Tagen Dantes tradierte Wissen mit dem Aussterben der Großmütter auch in Italien langsam verschwindet. Wo man es aber noch antrifft, und sei es in schwachen Ausläufern, da isst man gut, *si mangia bene*. Über das Essen an sich wird noch zu sprechen sein.

Gut essen heißt noch nicht *stare bene*, aber es ist die Grundlage. Hinzu kommt etwas, das wesentlich schwerer zu charakterisieren ist als gutes Essen. Der Ausdruck *gute Bedienung* trifft es nicht, denn darunter versteht der Deutsche in der Regel einen raschen, prompten, effektiven, womöglich sogar humorig kalauernden *Service*, frisch aus der Hotelfachschule. Das, was ich mit guter Bedienung meine, betrifft mehr das Gefühl des Gut-aufgehoben-Seins im Herrschafts- und Verantwortungsbereich des Wirtes. Es ist ein Verhältnis der Gegenseitigkeit und auf Augenhöhe. Der Gast muss des Wirtes würdig sein, sich aber gleichzeitig mit seinen individuellen Prätentionen und Stimmungen erkannt und ernst genommen fühlen. Man weiß sich in guten Händen, entspannt sich, überträgt die Sorge um das eigene Glück für die nächste Stunde einem anderen, Kundigen. Das gilt unterschiedslos vom Luxusrestaurant bis zum Innereienstand am Jahrmarkt.

Völlig unerheblich dagegen ist das, was bei uns ausgerechnet mit dem italienischen Begriff *Ambiente* bezeichnet wird. Unter *ambiente* versteht man in Italien die Umwelt, das Umfeld, das Milieu, aber keinesfalls Zimmerbrunnen, Schummerlicht und Kerzenschein. Apropos Kerzen: Diese werden in Italien auf Altären und an Särgen angezündet und natürlich auf den Geburtstagskuchen der Kinder. Aber nicht daheim und schon gar nicht im Restaurant. Wenn man im Zimmer ohne Sarg eine Kerze anzündet, holt der Italiener die Feuerwehr. Er versteht nicht, was die Deutschen haben mit ihrem Kerzenfimmel, sie sind berüchtigt dafür. Vermietet man an Deutsche, so schließt man vorher eine Feuerversicherung ab.

Was die Deutschen mit Kerzenlicht verbinden – Gemütlichkeit und Romantik –, sind im Lande Machiavellis völlig unbekannte Kategorien. Entsprechend sind nicht nur die Wohnungen, sondern auch die Lokale eingerichtet und gestaltet. Sie können nach Lage und Interieur für deutsche Begriffe schlicht grauenhaft sein. Grell beleuchtet, schauderhafte Musik, freier Blick auf die Durchgangsstraße, jener in die Natur dagegen mit

Wänden aus Plastikgeflechten und künstlichem Grün verrammelt, Plastiktische auf Kunstrasen, Bodenkacheln vom Autobahnklo, Formel-1-Rennen auf Riesenbildschirmen, geschlossene Fenster, vor allem am Meer, wummernde Kühltruhe.

Natürlich hat man in Rom, wo man sich auf Fremde versteht, irgendwann herausgefunden, dass diese aus unerfindlichen Gründen von rot-weiß-karierten Tischdecken und farbigen Strohstühlen angezogen werden, weswegen man solche Köder massenhaft entlang der Trampelpfade im Zentrum auslegt. Da sitzen sie dann mit seligem Lächeln in der Falle, glücklich, ein so nettes Lokal gefunden zu haben, während man in der Küche eifrig die Tiefkühlpizzen auftaut und unverderbliche Carbonarasoße aus Fünf-Liter-Kübeln schöpft. Bleiben Sie lieber bei Plastik und Neonlicht. Da ist es zwar weder nett noch romantisch, aber es gibt hervorragende Vongole, zarteste Acciughe, ein Risotto, an dem Stunden gearbeitet wurde, ein Fisch, der vor Stunden gefangen wurde, ein Kellner, der einen nicht mit seinem *Schmeckts?* zur Lüge nötigt, sondern mit stillem Blick überwacht, ob etwas fehlt, der neues Wasser bringt oder frisches Eis für den Weinkübel, oder auch neues Brot oder eine frische Serviette, der sofort sieht, wenn jemand tatsächlich einen Aschenbecher braucht. Und im Hintergrund ein Padrone, der diskret überwacht, ob der Kellner seine Arbeit tut, der sich manchmal selbst jovial und freundlich blicken lässt und zehn Prozent von der Rechnung abzieht. Er weiß, dass sich das lohnt. Man fühlt sich in besten Händen, wie bei einem sehr guten Zahnarzt, nur besser. Das Essen kann, gerade wo Lastwagen halten und ihre Fahrer essen, durchaus auf Plastik serviert werden, und es kann schon passieren, dass man neben einer immer offenen Klotür landet. Solange das Publikum überwiegend aus Italienern besteht, denen man kein X für ein U vormachen kann, ist ein hohes Mindestmaß an Qualität garantiert. Und man muss nicht reich sein, um sich das ab und zu leisten zu können.

Aber natürlich macht es in Italien auch großen Spaß, reich zu sein, mehr vielleicht als in irgendeinem anderen Land. Denn die Leute lieben die Reichen, umgarnen sie, verwöhnen sie, wollen so werden wie sie. Kein Neid weit und breit. Alles liegt den Reichen hier zu Füßen, die herrlichsten Ecken des Landes stehen ihnen offen. Wenn Deutsche öffentlich Geld ausgeben wollen, dann feiern sie ihre Hochzeit auf Sylt, angegiftet vom gaffenden Haufen. Meinetwegen, aber eine Einunddreißig-Meter-Segelyacht mit schöner junger Crew in weißen Polos und marineblauen Shorts still und diskret in Portofino liegen zu haben, ist mit Sicherheit die feinere Sache. Si sta bene. Das denkt sich aber auch der Besitzer eines Neun-Meter-Protzbootes in Anzio ohne Crew oder der Eigner einer Vier-Meter-Plastikwanne in Vada, wo das Angelzeug immer einsatzbereit im Bordkasten liegt. Die schönsten Villen der Welt stehen in Italien an den schönsten Hügeln und Küsten, vergesst Starnberg, Potsdam und die Elbchaussee. Aber auch kleine und kleinste Häuschen gibt es reichlich, die *casetta* der Nonna auf dem Lande, jederzeit bereit, Familie und Freunde zu einer herzhaften *grigliata* mit Plastikbechern und phänomenalen *salsicce* aufzunehmen.

Ich selbst habe die glücklichsten Stunden an einer Strandbaracke verbracht, wo das zuvor ohne übergroßen Eifer vom Barackenbesitzer Zusammengefischte in der Baracke in die Pfanne geworfen und vor der Baracke mit lauwarmem Weißwein verzehrt wurde. In der Baracke gab es sonst nichts, vor allem kein Klo, man musste sich im Bedarfsfall in die nahe gelegene Osteria schmuggeln. Und dennoch hätte ich den Ort in keiner Sekunde gegen die elegantesten Restaurants in Ravello oder Capri eintauschen mögen, auch wenn gegen die nicht das Geringste einzuwenden ist. Alles zu seiner Zeit. Es sind Augenblicke, in denen man sonst gar nichts will, außer dass sie ewig währen mögen, ja, in denen sogar die Illusion entsteht dazuzugehören, kein Fremder mehr zu sein. Nie wieder zurück. Oder man sitzt einfach nur an einem der siebenhundert Millionen Orte Italiens, wo man nett sitzen kann, auf einem Plastikstuhl oder einer Stufe, schaut vor sich hin und lässt, wie man so schön sagt, den Herrgott einen guten Mann sein, der wahrscheinlich im Himmel sitzt und auch nichts anderes macht. Si sta bene.

Aber auch die Menschen hier haben die seltene Gabe, sich das Leben im Zweifelsfall eher angenehm zu machen als schwer. Das betrifft freilich weniger die Einstellung zum kollektiven Gemeinwesen, welches in der mit dem Ich, der Familie, den Freunden und den Nachbarn beginnenden Werteskala ziemlich weit unten rangiert, als den persönlichen Umgang von Angesicht zu Angesicht. Sobald man sich aus der gesichtslosen und daher irrelevanten Masse der Gesellschaft, des Staates, der Res Publica als Individualperson herauslöst und einer ebensolchen gegenübertritt, herrschen Verbindlichkeit und Verantwortungsbewusstsein.

In Deutschland scheint es eher umgekehrt. Neulich war ich wieder einmal in meinem geliebten München und wurde in knapp drei Tagen gefühlt dreißig Mal dumm angeredet, und zwar erstaunlich oft mit dem Hinweis, dass mein Verhalten den Interessen der *Allgemeinheit*, selten aber denen des Zurechtweisenden selbst entgegenstehe. *Sigst ned, dass des a Radlweg is?* Sagt der Fußgänger. Oder dass man beim Überqueren der Straße den gar nicht anwesenden Kindern ein schlechtes Vorbild gewesen sei. Solche Dinge. Vielleicht liegt das ja tatsächlich an mir und meinen im Süden verwilderten Sitten. Aber ich hatte doch den Eindruck, dass ganz unabhängig von meinem Auftreten die Bereitschaft, völlig Unbekannten an den Karren zu fahren, sie zurechtzuweisen, zu beleidigen, die verbale Eskalationstreppe emporzustürmen, zwei Stufen auf einmal nehmend, erstaunlich verbreitet ist. *Saupreiß damischer.* Am ersten Tag war ich verblüfft, am zweiten verstimmt und am dritten machte ich mit. Man wird schnell wieder zum Münchner, auch wenn man lange weg gewesen ist, *du bleder Depp, du bleder …* Nicht dass so etwas in Rom nie geschehen könnte. Vor allem im Straßenverkehr verliert der Römer – und leider auch die Römerin – rasch Haltung und Würde. Ein Wutradler hingegen ist mir am Tiber noch nicht begegnet, obschon es auch hier inzwischen einige Radfahrer, aber noch immer keine Radwege gibt.

Und auch sonst bin ich immer wieder eingenommen von einem gewissen Grundniveau an *civiltà*, das den persönlichen Umgang von Mensch zu Mensch prägt – etwas, das nördlich der Alpen höchstens das Merkmal Einzelner, keineswegs aber der Allgemeinheit ist. Es gibt im Deutschen auch keine geläufige Entsprechung für den Ausdruck *civiltà*. Viele Wörter, mit denen er sich umschreiben ließe, sind selbst Leihgaben aus griechischer und lateinischer, französischer, ja sogar angelsächsischer Gesittung, wie *Empathie*, *Zivilisierung*, *Korrektheit*, *Courtoisie*, *Fairness*, mit denen wir uns behelfen, wie andere Sprachen das mit *Blitzkrieg*, *Zeitgeist* oder *Leitmotiv* tun. *Höflichkeit*, *Liebenswürdigkeit*, *Anstand* oder *Wohlerzogenheit* dagegen sind Wörter, die zwar noch im Duden stehen, aber vielleicht nicht mehr lange.

Diese den Grund des italienischen Miteinanders bestimmende Civiltà macht den oft so schwierigen Alltag deutlich weniger anstrengend, ja immer wieder erfreulich. Wer hier aus der Reihe tanzt und sich gehen lässt wie meine lieben Münchner, wird umgehend mit dem Stigma der Schlechterzogenheit belegt. Ein Schlechterzogener zu sein, ein *maleducato*, ist so ziemlich das Schlimmste, was Italiener einander vorwerfen können. Sie tun es gleichwohl überraschend häufig. Aber eben nicht nur die Signora gegenüber dem Rüpel auf der Straße (ja, die gibt es), sondern auch der eine *camionista* (das ist ein Lastwagenfahrer) gegenüber dem anderen, erregt aus dem Führerhaus des mächtigen Gefährts sich lehnend, den tätowierten Arm drohend schwingend. Man stelle sich vor, dass ein Lastwagenfahrer an der Shell-Tankstelle bei Remscheid-Hohenhagen den querstehenden Kollegen öffentlich einer schlechten Kinderstube bezichtigt.

Manchmal wirkt es geradezu erheiternd komisch, wenn ein junger Mann, dessen Kleidung und Habitus eher Skepsis gegenüber bürgerlichen Formen des Komment auszudrücken scheinen, beim Besteigen des Busses einen aus Versehen ganz leicht anstößt, um sich sofort umzuwenden und sich zu entschuldigen, wobei er die Anrede *signore* gebraucht und mit schlichterzogener Geste den Vortritt anbietet, zum eigenen Entsetzen gelegentlich auch den von ihm angesteuerten Sitzplatz. *Siediti pure, nonno*, denkt er dann wohl still bei sich. Ich beneide die Italiener – und natürlich auch die Franzosen – um die schiere Möglichkeit einer solchen höflichen Anrede, welche der Tonlage des Umgangs von vornherein eine gewisse Verbindlichkeit gibt. Wird man mit *signore* angesprochen, mit *monsieur* oder mit *sir*, geht man gleich ein klein wenig zuversichtlicher in den Tag.

*

Der Sistabenismus, um zu den allgemeinen Aspekten des Phänomens zurückzukommen, ist ein inoffizielles, parallel zu den Institutionen des Staates bestehendes System tragender Stützen und Streben, welches Italien zusammenhält und das Land gegen jede prognostizierte Wahrscheinlichkeit immer wieder durch Krisen trägt, deren bloße Schatten ausreichen würden, um die Bundesrepublik in ihren Grundfesten zu erschüttern.

Und genau hier liegt das Problem. Sistabenismo, das ist der Grund, warum Italien niemals untergeht, aber eben auch nie fortschreitet. Er bedeutet tägliche Rettung um den Preis der ewigen Stagnation. Warum das Schmerzlich-Langwierige in Angriff nehmen, wenn das Angenehme so nah zu haben ist? Der Sistabenismo ist der lächelnde, breite, mit Blumen gesäumte Pfad, der den italienischen Herkules am Scheidewege regelmäßig schwach werden lässt. Wer kann es ihm verübeln! Wer würde wirklich den steilen, engen, von Dornen gesäumten Weg der Initiative, der Reform, ja vielleicht sogar der Revolution wählen, wenn links und rechts sich erfreulichere Alternativen bieten? Immer dann, wenn der Frust groß ist, besinnt man sich auf die unerschöpflichen Möglichkeiten der Zuflucht in jene privaten Freuden, die dieses herrliche Land so großzügig für jeden Geschmack und jeden Geldbeutel bereithält.

Der Sistabenismo sorgt seit 1870 mit ruhiger Hand dafür, dass alles so bleibt, wie es immer war, auch und vor allem dann, wenn sich alles immer wieder zu ändern scheint. Die Revolutionen von 1992 (Mani pulite, eine umfangreiche Kampagne gegen Korruption) oder jener selbstgerechte Institutionensturm der sogenannten Fünf-Sterne-Bewegung waren Scheinrevolutionen, *molto fumo e poco arrosto* (viel Rauch und wenig Braten), die das Land lediglich seitwärts verschoben, aber kein Stück vorangebracht haben. Der Sistabenismo ist stets die letzte Ausfahrt vor der wirklichen Revolution, der konsequenten Veränderung, und nur einige donquijoteske Spinner, die es natürlich auch gibt, fahren geradeaus weiter, ins sichere Verderben. Idealisten werden belächelt im Lande der tiefhängenden Früchte, und das gar nicht einmal mitleidig. So gibt es in Italien auch keine Partei von nennenswerter Größe, die ein Programm verfolgen würde, das über die täglichen Bedürfnisse und Ängste der Wähler hinausgeht: Arbeit, Schule, Rente, Krankenhäuser, Steuersenkungen, Migration. Mit Umweltschutz lässt sich hier kein Blumentopf gewinnen, die Grünen kommen kaum über zwei Prozent hinaus, wenn überhaupt.

Je länger man über den zunächst so golden blinkenden Sistabenismo nachdenkt, desto mehr verdüstert sich dieser Glanz. Denn ganz so unbeteiligt ist der Staat an dem Räderwerk der Tröstung dann doch nicht, er hat es längst für seine Zwecke entdeckt. *Panem et circenses* – Brot und Spiele – war gewissermaßen der staatlich gelenkte Sistabenismus der Antike.

So blieb schon damals ein Volk brav und ruhig, das allen Grund zur Unruhe gehabt hätte.

Der moderne, hyperkommerzialisierte Fußball nun ist ein Problem, das alle westlichen Gesellschaften im Griff hält, aber keine so umfassend wie die italienische. In Italien trägt diese Hinwendung Züge der Selbstaufgabe. Vielleicht ist es in Argentinien noch schlimmer, aber das ist nicht mein Problem. Hier in Italien sind auch Professoren, Unternehmer und Philosophen davon ergriffen, was die Dinge nicht besser macht, im Gegenteil. Wenn die Matrosen sich betrinken, ist das eine Sache. Aber der Kapitän und die Offiziere? Wer bleibt dann noch übrig? Der Fußball absorbiert ein Gutteil der edelsten Kräfte des Landes, auch der geistigen. Er ist überall, alles muss ihm weichen, den Herren Fußballern sowieso, aber auch den sogenannten *tifosi*, also jenen, die nichts Besseres zu tun haben, als ihr Schicksal an das einer Mannschaft zu ketten und dieser hinterherzureisen. Man spricht von ihnen wie von Angehörigen einer offiziell anerkannten Ethnie, eines Volksstammes wie der Tutsi oder Hutu, deren Existenz für das Handeln des Staates bestimmend ist. Sie haben angestammte Gewohnheitsrechte und Territorien. Nichts darf ihnen verweigert werden, nicht das neue Stadion und am wenigsten der Zutritt zu den Stadtzentren, die für alle anderen Zwecke gesperrt und unbenutzbar werden. Manchmal blockieren die Tifosi auch eigenhändig eine ganze Autobahn, um sich an einer Raststätte mit den Angehörigen eines konkurrierenden Stammes zu prügeln. Bestraft wird das ebenso selten wie das tausendfache Zeigen des Römischen Grußes in den von den *Ultras* bewohnten Kurven, wie man jene Tifosi nennt, die eigentlich ganz schlicht Straftäter oder Verbrecher genannt werden müssten. Alle lernen die Sprache und Begriffe der Tifosi, allen voran die Politiker, um ihnen besser schmeicheln zu können. Berlusconi, der seine Partei vor dreißig Jahren nach dem Schlachtruf der Tifosi *Forza Italia* benannte und ihr die Farben der Nationalmannschaft verpasste, hat dies als Erster verstanden. Meloni griff bei ihren *Fratelli d'Italia* gleich nach der ersten Strophe der Nationalhymne. Jetzt bleibt nur noch die Bibel.

Der Fußball steht in den Medien immer und überall an erster Stelle, und auch an zweiter und dritter. Erst danach kommen die wirklich wichtigen Meldungen, etwa dass ein Polizist seine fünfköpfige Familie im Raptus ausgelöscht, ein zurückgewiesener Liebhaber seine Ex erwürgt, Francesco Totti sich von Ilary getrennt, Chiara Ferragni dem Fedez eine Ohrfeige gegeben, der Fedez der Ferragni verziehen, ein Bär einen Mann angefallen, der Papst eine Mutter umarmt, ein Sechzehnjähriger seine Lehrerin erstochen hat oder aber dass ein Brautpaar durch die Streckenführung des Giro d'Italia am Erreichen des Traualtars gehindert und mit einem Fiat Panda der Polizei dankenswerterweise dorthin eskortiert wurde (mit Foto). Und das nicht in irgendeinem Käsblatt, sondern auf *Repubblica Online*, der Website der bedeutenden Tageszeitung.

Die den kritischen Geist ablenkenden Schönheiten Italiens abzuschaffen, ist schwer, obschon man sich hier alle Mühe gibt. Den Fußball dagegen könnte man von einem Tag auf den anderen verbieten. In den Stadien würde man das endlich legalisierte Marihuana anbauen, die Fußballer zur Tomatenernte in den Süden schicken, wo starke Arme immer willkommen sind, und die Ultras zum Müllsammeln in die Wälder und Parks. Und die Tifosi könnten endlich in all ihrer freien Zeit gute dicke Bücher lesen, kostenlos abzuholen an den ehemaligen Ticketschaltern. *Alla ricerca del tempo perduto*, nur zum Beispiel.

Ich hoffe, dass meine Theorie vom Sistabenismo nicht stimmt, es wäre eine gute Nachricht für Italien. Und vielleicht ist sie ja tatsächlich nur eine jener guten Theorien, die nach Nietzsche vor allem deswegen gut sind, weil sie sich leicht widerlegen lassen. Hoffentlich.

# VII.
# Der Mensch lebt nicht vom Brot allein

# An Marmortischen

**Ich sehe sie vor mir,** die Marmortische, spüre die glatte Kühle des Steins im schattigen Dämmer der Trattoria, versunken im tageszeitlichen Niemandsland zwischen Mittag und Nachmittag, wo die Zeit in irgendeine Kuhle rinnt und nicht mehr weiterfließt. Töpfe klappern, die kehligen Stimmen zweier letzter Gäste, der Wirt mischt mit. Eine Viertelstunde geht das so, dann ist die Kuhle voll, die Zeit tritt über den Rand, findet die Rinne abwärts, und plötzlich ist es Nachmittag.

Die Marmortische. Ich sehe den verbleichenden Ölfleck, die zart violetten Ringe der Rotweingläser über den bläulichen Adern, welche den Schwämmen und Putzlappen standhalten. Spuren längst vergangener Gelage. Der einst weiße Marmor ist gelblich geworden, die Ecken rundlich gebrochen, Narben und Kratzer, frische und alte, kristallen glänzend und dunkel weich gerieben, ein Sprung vielleicht auch, feiner als jedes Haar, aber doch unvergänglich, nachgezeichnet vom dunkel einsickernden Staub der Stadt.

Ich sehe sie vor mir, sage ich, denn gesessen bin ich schon länger an keinem mehr. Sie verschwinden, sind schon fast verschwunden, sind so selten geworden, dass man sie sofort bemerkt, wo man sich früher achtlos an ihnen niedergelassen hatte. Roms Marmortische sind längst nicht mehr aus Marmor, sie sind aus Holz, aus Plastik, sie schwanken beim Aufstützen. Nie hätte das ein Marmortisch getan. Er stand dort, wo er stand, unverrückbar wie festgeschraubt, die dicke Platte auf ein massives Holzgestell montiert, oder, gar nicht selten, in den hölzernen Rahmen der Tischkonstruktion eingelassen, die Ränder leicht hervorstehend oder auch glatt abschließend. Die Brotkrumen in der Ritze zwischen Holz und Marmor. Man schob ihn nicht beiseite beim Putzen, wischte um die Beine herum wie um Baumstämme. Auch wo eine Tischdecke über ihn gebreitet war, spürte man ihn, den Marmortisch.

Er war stark und geduldig, stellte wenig Ansprüche an seine Gäste. Und die Gäste wenige an ihn; er wurde vorausgesetzt, man war ihn gewohnt, man behandelte ihn als Marmortisch und konnte ihn so behandeln, weil er ein Marmortisch war, immer schon. So hat er die Sitten geprägt, die seiner bedurften. Beim Essen ging es in Rom nicht zimperlich zu, wir sehen es auf alten Fotos, sehen es in den anstrengenden Filmen Fellinis, und manchmal glaube ich, es selbst noch erlebt zu haben. Vielleicht sind es aber nur die Filme und Fotos, die sich mit dem wirklich Erlebten verbinden, wie die Rotweinringe, von denen man fast schon glaubt, sie gehörten zum Marmor. Erlebt oder nicht, es spielt keine Rolle. Erlebt habe ich es ja doch, so oder so. Denn natürlich gibt es sie noch, die Marmortische, wie es die Kutschen in den Museen noch gibt oder die alten Autos, die, poliert und von älteren Herren gesteuert, die Blicke auf sich ziehen. Erst wenn man sie sieht, begreift man, dass es sie eigentlich nicht mehr gibt.

Genau das ist die Wirkung, die Marmortische auf mich haben, wenn sie tatsächlich noch da sind. In einer Pizzeria irgendwo, nicht im schnuckeligen Altstadt-Trastevere um die Piazza von Santa Maria, sondern an einer urbanen Verkehrsstraße, wo noch ordentlich der Stadtverkehr braust, die Trambahn auf dem ausgelatschten Geleise vorbeirumpelt, echte Geschäfte die kleinen Bedürfnisse echter Römer befriedigen und große Platanen das Ganze beschatten. Die Tische sind aus Marmor, der Boden ist es auch – kleine, ineinandergepasste Splitter. Sogar die Wände sind bis in Schulterhöhe mit großen Marmorplatten verkleidet, dunkel vom Reiben der Rücken der Römer. Aus Marmor selbstverständlich auch die großen, mehligen Flächen hinter den Glasscheiben, auf denen die gekneteten Teigbälle wie auf einer Eisfläche hin und her rutschen, bis sie zu tellerdünnen Fladen geformt, mit *passato di pomodori* begossen, mit Mozzarellaschnitzel beworfen und auf Blechtellern an langen Stangen in die Tiefe des lodernden Ofens befördert werden, der mich immer an den Hölleneingang ganz rechts in Michelangelos Jüngstem Gericht erinnert. Das Ganze prächtig ausgeleuchtet durch hundert Neonröhren, der ästhetische Graus unserer Großeltern, namenloses Entzücken uns Heutigen.

An anderen Orten, die mindestens ebenso römisch sind wie die Pizzerien, stehen die Marmortische dagegen wie eh und je, nämlich in den Kirchen. *Mensa* heißen sie hier, was auf Latein ja nichts anderes sagen will, als dass auch auf ihnen gastlich getafelt wird. Es mag auch Altartische aus Holz geben, aus Plastik aber ganz bestimmt nicht. In jeder Kirche steht mindestens einer, am Hauptaltar. Doch wo es den Hauptaltar gibt, gibt es auch Nebenaltäre, in Rom so gut wie immer, in Querhäusern und Seitenschiffkapellen, alle mit Tischen davor, wahre Trattorien des Glaubens, gestiftet von Familien, die es sich leisten konnten, dafür zu zahlen, dass hier bis ans Ende der Zeiten ihren Verstorbenen die Messe gelesen würde. Die Kirche hat das Geld genommen, die Messen aber irgendwann eingestellt. Die Altartische dagegen sind geblieben.

An ihnen verzehrt der Priester das Abendmahl, stellvertretend für seine Gemeinde, die ihm dabei hungrig zusieht. Früher tat er dies mit dem Rücken zum Volk, seit dem Zweiten Vatikanischen Konzil ihm zugewandt. Zu dem Zweck wurden die alten Mensen entweder von den Altären nach vorne gerückt – damit sich der Priester dahinter aufstellen kann –, oder aber es wurden neue Tische, Marmortische in der Regel, im Chorbereich aufgestellt, Monster der Sechzigerjahre. Es wurde als Fortschritt empfunden, dass der Hirte nun so seinen Schäfchen sich zeigte, sonst hätte man das, was in tausend Jahren unverändert blieb, nicht geändert. Freundlicher, verbindlicher, kommunikativer sollte es sein, und es wird wohl auch so empfunden. Nur manchmal frage ich mich, ob es nicht doch vielleicht richtiger war, als noch der Priester, als Erster der Seinen, mit ihnen versammelt, gemeinsam mit ihnen und doch an der Spitze, in gleicher Richtung wie sie dem Gotte essend und trinkend zugewandt stand, man seinen Rücken sah wie die Rücken aller vor einem Stehenden eben auch. Jetzt steht er da wie ein Lehrer, den Altar im Rücken wie eine Tafel, wo es geschrieben steht, die Mensa vor sich wie ein Schultisch, und isst uns in Gottes Namen was vor, das wir glauben müssen. Aber die Kirche wird schon wissen, was richtig ist. Wichtig ist, dass dieses mystische Mahl an den gleichen Tischen eingenommen wird, an dem die im Glauben Versammelten in ihren Trattorien und ihren Küchen ganz unmystisch getafelt haben, wobei der Wein Wein blieb und das Brot Brot: an Marmortischen, gehüllt in goldbestickte Brokatdecken oder nackt und frisch gewischt.

Marmor – das ist der Stoff, der in Rom das Alltägliche mit dem Transzendenten und das Transzendente mit dem Alltäglichen vereint. Aus Marmor sind die Stufen, über die der müde Angestellte zu seiner Wohnung im dritten Stock des Condominiums hinaufsteigt, weil der Aufzug kaputt ist, aus Marmor die Flächen, auf denen der Metzger sein Fleisch zerlegt, aus Marmor sind die kleinen, in die Hauswände eingelassenen Fontänen aus Renaissance und Barock, an deren immer sprudelndem eiskalten Strahl man die Hände wäscht und die Lippen netzt, aus Marmor die Fensterbrüstungen, auf die man sich lehnt, um zu schauen, wer auf der Straße so schreit, mit ihren Rinnen, die das Regenwasser, das durch die morschen Fensterrahmen dringt, nach außen leiten, die Schwellen zu Schulen, Ämtern und Kirchen, die man täglich überschreitet, aus Marmor die Poller an den Ecken der Paläste, wo die Hunde ihr Bein heben, aus Marmor die Trümmer der Antike, die Säulen, Blöcke, Kapitelle und Gebälkstücke, denen man überall begegnet.

Was in Rom nicht aus Marmor ist, ist zumindest aus Travertin, eine niedere Verwandtschaft zwar, aber doch zur Familie gehörend. Vielleicht ist das nicht immer so gewesen, denn erst Kaiser Augustus hat von sich behauptet, eine Stadt aus Ziegeln vorgefunden und eine aus Marmor hinterlassen zu haben. Aber zumindest seit Augustus ist das so. Deswegen lieben ihn die Römer auch so, dass sie bis heute seinen Geburtstag feiern, die *Feriae Augustae*, den *Ferragosto* am 15. August, und wer im Augustus-Monat August nicht ohnehin alle Tätigkeiten längst eingestellt und sich ans Meer verzogen hat, der tut dies zumindest an diesem Tag, um mit den Seinen fröhlich zu speisen, an welchen Tischen auch immer. Keiner der Mächtigen hat es seitdem versäumt, seinen Namen und seine Taten auf Marmortafeln an allen Ecken und Enden der Stadt zu verewigen. Auch die Straßennamen sind in Rom in Marmor gemeißelt.

Was spielt es da für eine Rolle, wenn die Marmortische verschwinden, verschwunden sind? In Rom wird, in magischer Transsubstantiation, am Ende doch alles zu Marmor. Die zierlichen Klapptische aus windigem Holz etwa, die man auf die Gehsteige und Straßen stellt, wo eben eine Lücke ist, mit grauen Bögen aus Papier darauf, worin man die Ritzen zwischen den Latten mit dem Finger nachzeichnen kann. Sie sind die Lastentiere unter den römischen Tischen, den Marmortischen so ähnlich wie ein Esel dem Rennpferd und doch von gleicher Familie, alt und ehrwürdig, vom Verschwinden erfasst auch sie. Aber die Stadt wird auch über diesen Verlust hinweghelfen, denn wie schon die Päpste noch jeden dahergelaufenen Abenteurer zum Grafen und Fürsten zu erheben verstanden, so stattet das gütige, in langen Zügen waltende Rom so gut wie alles, was nur einige Zeit sich in seinen Mauern behaupten kann, mit der Würde des echt Römischen aus, des *civis romanus*.

Gerade neulich saß ich in einer mir bislang unbekannten Bar – also einem Café – auf der Straße und dachte, dass hier doch wirklich alles noch so ist, wie es sein sollte. Um erst auf den zweiten Blick zu entdecken, dass der Stuhl, auf dem ich saß, nichts anderes war als jene alberne Variante des Stapel-

Klassikers, bei der man sich nicht entblödet hatte, die Signatur jenes Designers, der ihm eine sonderbare Art-Déco-Linie verpasst hat, in die Plastiklehne zu fräsen. Was habe ich mich nicht, als dieser Stuhl vor dreißig Jahren aufkam, über diese dämliche Geste gewundert. Und jetzt? Begrüße ich ihn als alten, inzwischen kaum mehr gesehenen Bekannten, der an diesem reizenden Ort überdauert hat, täglich geputzt, gestapelt und wieder aufgestellt wird, und der so römisch ist wie der kleine, beleibte und etwas melancholische Barista, der hinter seinen herrlichen Glasvitrinen aus den Fünfzigerjahren bedächtig wirtschaftet. Nichts ist ewig, nicht einmal im Ewigen Rom, aber alles ist doch immer ewig römisch.

# In der Trattoria

**Was eine wirklich römische** Trattoria einmal gewesen ist, davon kann man sich heute kaum mehr einen Begriff machen. Es gibt sie nicht mehr, und das schon seit einiger Zeit. Ich habe, halb aus Erzählungen und vielleicht durch verstreute Erlebnisse, noch die letzten Ausläufer davon erahnen können. Eine Trattoria war ein Familienbetrieb im umfassendsten Sinn. Unvorstellbar, dass jemand Fremdes hier eingestellt worden wäre, sei es als Kellner, Koch oder auch nur Putzkraft. Bezahlt wurde keiner von ihnen. Auch die Gäste gehörten im weitesten Sinne zur Familie, Fremde bekamen keinen Platz. Natürlich gibt es auch heute noch Familienbetriebe. Aber sie sind in der Regel durch gedungene Lohnkräfte erheblich unterwandert.

Eine Trattoria hat, von hinten nach vorne, drei wichtige Abteilungen: *la cucina, la cassa, la sala*. Manchmal kommt noch *il banco* dazu, die Theke, die aber auch in die Kasse integriert sein kann. Die Cassa, die einzig wirklich unumstößliche Konstante, wird entweder von der Nonna oder der Mamma besetzt. Irgendwann, wenn die generationale Situation es gebietet, kommt die Figlia hier zu sitzen, der Figlio dagegen nie. Der Frau, also der verheirateten Frau, wird in der Führung familiärer Finanzgeschäfte eine bessere, da unbestechliche Hand zugeschrieben. Sie wird keine Lira mehr als unbedingt nötig herausrücken, nicht aus Laune, nicht aus Sympathie (was eine Schwäche wäre) und schon gar nicht aus Unachtsamkeit. Kein Lieferant wird sie übers Ohr hauen oder bezirzen, und auch der Rest der Welt, der etwas von ihr will, kann sich warm anziehen. Sie wird auch auf keine Lira verzichten, die ihr zusteht, da braucht sich der reiche Stammkunde ebenso wenig Hoffnung machen wie der klamme Anschreiber. Die diesbezügliche Schlamperei bayerischer Wirtshäuser wäre hier undenkbar. Die Signora vergisst nichts. Vor allem aber schützt sie die familiären Finanzen vor der Familie selbst. So sitzt sie meist still und regungslos leicht erhöht in einem kathederartigen Aufbau, von dem aus sie den Betrieb ihres Lokals überwacht wie ein Fluglotse das Rollfeld. Nur wenn sie eine Störung im Ablauf feststellt, ertönt anweisend ihre tiefe, feste Stimme. Manchmal nimmt sie auch die Telefonate und Reservierungen entgegen. Diese Matriarchin an der Kasse hat als Institution vielleicht am besten überlebt, wohl weil ihre Funktion weder obsolet geworden noch anders besser zu besetzen ist.

Fast oder ganz ausgestorben sind dagegen die Nonni in der Küche, und das ist der eigentliche Einschnitt, die unumkehrbare Zeitenwende in der italienischen Gastronomie. Das Verschwinden der Großeltern aus der Küche geht mit dem allgemeinen Verschwinden der Großeltern aus der Maschinerie der Gesellschaft einher, in welcher sie bis vor nicht so langer Zeit ein wenig beachtetes, aber essentielles, da immer funktionierendes Getriebeteil gebildet hatten. Es wird zunehmend schwierig, wenn nicht unmöglich, die Kinder während der ewigen Sommerferien zwei bis drei Monate zu den Großeltern ans Meer zu schicken oder aufs Land oder in die kleine Stadt. Vielleicht haben die Alten heute anderes vor, vielleicht sind sie vom Haus in eine kleine Wohnung gezogen. Vielleicht sind sie zu alt, weil ja auch die Eltern immer älter werden. Wie auch immer, sie stehen dem Familienverband nicht mehr mit der alten Selbstverständlichkeit als rechtlose und unbezahlte Kindermädchen zur Verfügung. Vielleicht fehlt ja auch die Unterstützung durch die Mamma, also die Figlia der Nonna, die jetzt manchmal im Sommer arbeiten muss. Früher blieb nur der Mann in der Stadt, um an den Wochenenden sowie im August zur sommerfrischelnden Restfamilie dazuzustoßen. Unter der Woche führten diese Männer ein nie näher erforschtes kollektives Strohwitwerdasein in den von Kindern und Frauen geräumten Städten. Nun ist das alles anders, nur die Ferien sind immer noch so lang, wie sie immer waren. Summercamps haben dort, wo sie bezahlt werden können, die Rolle der Nonni eingenommen.

In den Trattorien nun bildeten die Nonni das Rückgrat, indem sie bis zum Umfallen – und das gar nicht selten auch wörtlich – in der Küche arbeiteten. Das hatte zwei Vorteile, die zusammen lange den Inbegriff der einfachen italienischen Auswärtsküche überhaupt ausmachten: Die Nonni wussten, wie man kocht, und zwar sowohl die Nonna als auch der Nonno. Das fing bei der unbestechlichen Kenntnis der Rohstoffe an, die sparsam, aber mit sicherem Auge beschafft und zugerichtet wurden. Das zentrale Wissen dieser Generation versammelte sich jedoch um die Kunst der Zubereitung. Hier herrschte der Pizzaprosciuttismo (siehe unten) in Reinform: Ein einmal gefundenes, meist von den eigenen Nonni übernommenes Rezept wurde eisern weitergetragen und höchstens in winzigen Nuancen veränderten Umständen angepasst, wie sie etwa die Umstellung von der Holz- auf die Gasküche oder die Einführung des Kühlschranks mit sich gebracht haben mögen. Im Grundsatz wurden alle Produkte mit einer linearen Einfachheit behandelt, bei der heute jeder Hobbykoch nervös werden würde. Die Zutaten beschränkten sich in der Regel auf ein Dutzend Elemente, die da wären Olivenöl, Knoblauch, *peperoncino*, Karotten, Zwiebeln, Sellerie, Tomaten, Lorbeer, Rosmarin, Basilikum, Mentuccia, Salbei sowie Salz und Pfeffer. Mit diesen Ingredienzien (und natürlich dem Basisprodukt selbst, also Fleisch, Geflügel oder Fisch) lassen sich etwa neunzig Prozent der gängigen Gerichte zubereiten, also neun von zehn Speisen. Mehr wird man auf der Speisekarte einer so geführten Trattoria auch niemals finden, und zwar die Primi und die Secondi zusammengerechnet.

Allen Freunden des Neuen und Unerhörten, des Cross Over

und Down Under, den Schnupperern, Experimentierern und Rumprobierern sei gesagt: Diese Trattorien sind für euch die falschen Orte, denn hier werdet ihr immer das Gleiche finden. Mit ganz wenigen, vielleicht saisonbedingten oder einer unvorhergesehenen Möglichkeit beim Einkauf geschuldeten Ausnahmen ändert sich die Speisekarte nie. Sie wurde daher oft per Hand geschrieben, bei der *cartoleria* um die Ecke auf das alte Fotokopiergerät gelegt und dann in trübes Plastik eingeklebt. Wenn die Preise sich änderten, wurden die alten durch Etiketten mit den neuen überdeckt, die man auf die Plastikfolie klebte. Die Gerichte selbst mussten dagegen nie überklebt werden. Gab es etwas außerhalb dieses ehernen Kanons, so wurde es *a bocca* mitgeteilt oder manchmal auch mit Kreide auf eine Tafel geschrieben, die irgendwo hing.

Ich bin im Deutschland der Siebzigerjahre aufgewachsen, im Münchner Umland. Dort gab es damals – ebenfalls in den allerletzten Ausläufern – noch Gasthäuser, wo der Wirt an der Theke lehnte, deren Aluminiumrand tief in die riesige Masse seines ballonartig von Hosenträgern umspannten Bauchs einschnitt. Dieser Wirt hatte jene herrschende Funktion, die in Italien die Signora an der Kasse ausübt, ein gendergeschichtlich interessanter Unterschied. In unmittelbarer Nähe der Theke, so dass der Wirt das gemächlich an den gebogenen Hähnen gezapfte Bier rüberschieben konnte, ohne sich weiter vom Fleck zu bewegen, stand quer der Stammtisch, der zu den Stoßzeiten voll besetzt war. Rechts davon die mit einem Milchglas versehene Küchentür mit der offenen Durchreiche, die nicht hoch genug war, um die Köpfe und Gesichter der in der Küche Werkenden zu sehen. Aber es waren immer Frauen, so viel konnte man erkennen. Plötzlich ein heller, silbriger Klingelton aus dieser Richtung, wo nun plötzlich ein weißer Teller mit einem dampfenden Schnitzel neben jenem Spieß stand, auf dem die handgeschriebenen Bestellungen aufgesteckt warteten. War keine Bedienung da, musste sich der Wirt nun doch von der Theke lösen und das Schnitzel persönlich an den Tisch tragen, wobei sein großer roter Daumen manchmal schon in den Kartoffelsalat hineinreichte. Der Teller nun, und darauf will ich eigentlich hinaus, war eine Konstruktion aus einem Haupt- und zwei bis drei Nebenkompartimenten. Ich habe so etwas schon lange nicht mehr gesehen. Im Hauptkompartiment lag das Schnitzel oder schwamm der Kalbsbraten in seiner Soße. In den Nebenkompartimenten war alles Mögliche, was als Beilage eben dabei war und damals schon aus der Dose kam, automatisch, man musste es nicht bestellen. Kartoffelsalat, rote Rüben, Gurken, Krautsalat, kunstvoll gehobelte Karotten und so weiter, jedes wiederum in seiner eigenen, spezifisch gefärbten und schmeckenden Flüssigkeit schwimmend.

Ich erinnere mich noch, als ich zu Beginn meiner italienischen Zeit einmal eine Bistecca bestellte, vielleicht war es auch ein Stück Huhn, und die Frage des Kellners, was ich denn als *contorno* wünschte, also als Beilage, dahingehend beantwortete, auf eine solche gänzlich verzichten zu wollen. Ich hatte auf der Speisekarte gesehen, dass diese Beilagen kosteten, und – im Vergleich zum Hauptgericht – gar nicht wenig. Zu meinem grenzenlosen, wenn auch zugegeben etwas naiven Erstaunen kam wenig später ein mittelkleiner weißer Teller aus dickem, robustem Porzellan (ich habe solche Teller der Firma *Ginori* später mühsam auf Flohmärkten zusammengesucht), und darauf ein Stück Fleisch oder vielleicht auch ein Viertel Huhn. Und sonst nichts, gar nichts. Kein Kartoffelsalat, kein Krautsalat, keine geriffelten Karottenstücke, kein Salatblättchen, keine Gurkenscheibe, ja nicht einmal ein Stückchen Zitrone, nichts. Nur das Stück Fleisch war da, und es sah recht klein aus. Da hast du, was du bestellt hast, schien der Blick des Kellners zu sagen.

Salz und Pfeffer standen natürlich nicht, wie aus Bayern gewohnt, in einem netten Körbchen am Tisch, aus dem auch die Maggi-Flasche und die Zahnstocher grüßten, sondern mussten extra verlangt werden und wurden eher widerstrebend gebracht. Ein Stück Fleisch auf weißem Porzellan, vielleicht umgeben von einigen Tröpfchen gelblichen Öls. Ich hatte tatsächlich bekommen, was ich bestellt hatte, nicht weniger, aber vor allem auch nicht mehr. Hätte ich einen *contorno* bestellt, also etwa *patate al forno*, um eine der höchstens fünf denkbaren Beilagen zu nennen, so wären auch diese auf einem separaten kleinen Teller der gleichen Bauart gebracht worden. Ofenkartoffeln, sonst nichts, aber eben genau das.

Bald schon habe ich mich berauscht an dieser wunderbar archaischen Klarheit, die sich, wie in einem Kinderbuch, als exakte Verkörperung des in der Speisekarte Angekündigten auf das Wesen der Dinge konzentriert. Bei meinen immer spärlicher werdenden Deutschlandbesuchen konnte ich den gegenteiligen Trend beobachten. Zwar waren die Kompartiment-Teller meiner bayerischen Kindheit verschwunden, doch rückten nun die Beilagen, oder wie man es nennen will, der Speise auf den gekochten Leib. Das Lamm gab es jetzt nur noch *am Wirsing* oder das Rind *am Blumenkohl*. Ohne Wirsing war das Lamm nicht zu haben, und ohne das Lamm der Wirsing auch nicht. Meist gab es aber ohnehin weder Wirsing noch Blumenkohl, sondern irgendwelche Sondergemüse, die zu meiner Zeit weder bekannt waren noch serviert wurden. Ein Zeichen von Weltläufigkeit und kulinarischer Kuriosität, ohne Zweifel.

Zurück zur Trattoria. Der zweite Vorteil der in der Küche arbeitenden Großeltern war, dass sie nichts kosteten. Gut, zweimal am Tag mussten sie essen, und sie bedienten sich zu früher Stunde, wenn die Gäste noch nicht da waren, an den eben gekochten Speisen oder, wahrscheinlicher, an den Resten des Vortags. Dafür blieben sie abends, wenn die Mamma zu den Kindern musste, so lange, bis der letzte Gast fort war, um anschließend Küche, Theke und Gastraum zu putzen. Mochten die müden Beine, die aus gelblichen Tennissocken ragten, noch so schmerzen, gegangen wurde erst, wenn das Lokal sauber war. Diesen Kostenvorteil konnte man, in Teilen zumindest, an die Kunden weitergeben. Einfaches italienisches Essen war dadurch in seiner monothematischen Perfektion nicht nur sensationell gut, es war auch günstig. In Städten lohnte es sich für Junggesellen meist gar nicht, eine eigene Küche zu führen. Man begab sich, mittags wie abends, einfach an einen der zahlreichen kühlen Orte, wo die Signora an der Kasse saß, der Mann den Wein abfüllte und bediente und die Nonni nur gelegentlich sichtbar hinten in der Küche schufteten. Auch Kinder kamen, wo nötig und möglich, als Arbeitskräfte recht umstandslos zum Einsatz, vor allem im Sommer.

*Tempi passati.* In den Küchen werden heute Menschen ausgebeutet, die leider nicht halb so gut kochen können wie die versklavten Großeltern, aber dennoch erheblich mehr kosten, so wenig sie auch verdienen mögen. Man isst also schlechter und bezahlt mehr dafür, ein Angebot, das vor allem an Touristen gerichtet ist, während Einheimische sich in der Mittagspause in die Welt der Snacks, Tupperdosen und Paninis gerettet haben.

Ja, verehrte Leserbriefschreiberinnen und -schreiber, der korrekte deutsche Plural von *panino* ist *Paninis*, mit *s* und großgeschrieben, deutsches Wort, so wie man in Deutschland auch zwei *Cappuccinos* bestellt, und nicht irgendwas mit *-ini*. Das machen die Berliner schon ganz richtig. Wer meint, er müsse sich daheim wichtigmachen mit seiner Weltläufigkeit und den Sprachlehrer spielen, ist ein *rompipalle*, ein *Bällebrecher*, ein Nervbolzen, oder, wenn Sie es feiner haben wollen, ein *rompiscatole*, wie die Mutter meiner italienischen Schwiegermutter gesagt hätte, ein *Schachtelbrecher*, was das Gleiche ist. Also: *Zwei Paninis, bitte.*

Aber ich komme vom Thema ab. Was die aus ihrem Frondienst befreiten Nonni so machen? Wahrscheinlich sitzen sie in ihren kleinen Wohnungen – die größeren Häuser von einst, wohin die Enkel in den Ferien kamen, können sie sich nicht mehr leisten – und schauen Berlusconi-Fernsehen. Ihre Enkel wollen Fußballer werden, ihre Enkelinnen die Frauen von Fußballern oder auch Influencerinnen. Aber kochen wollen beide ganz bestimmt nicht.

*

Nun, es hilft nichts, man muss ja doch manchmal etwas essen gehen, auch wenn die Nonni nicht mehr in der Küche stehen. Manchmal – immer seltener – gibt es zumindest noch die Orte, also die Lokale, denen diese tapferen Soldaten des Kulinarischen einst, Jahr für Jahr, zu unvergebenen Sternen in nicht existierenden Restaurantführern verholfen haben. Meist erkennt man sie nicht wieder, wenn man seit langer Zeit nicht mehr dort gewesen ist. Denn die Generation zwischen den Nonni und den Influencerinnen hat das durch die Gratisarbeit der Ersteren verdiente Geld im Zweifel dazu verwendet, das geerbte Lokal zu *renovieren*.

Neben vielleicht nötigen Einrichtungen wie einer Lüftungsanlage umschreibt dieses Wort in der Regel die erbarmungslose Zerstörung all dessen, was gut, schön, alt und ehrwürdig ist. Ich verstehe ja, dass ein Volk, das in den Faltungen der Altertümer aufwächst und die Schönheit jeden Tag frei Haus bekommt, von einer Unruhe, von einer kollektiven Sehnsucht nach einer schönen *Neuen* Welt erfasst wird, wo alles hell und sauber ist, wo nichts tropft und zieht, muffelt und stinkt. Und doch ändert dieses Verstehen nichts daran, dass ich die millionenfachen, täglich ungerührt weiter begangenen Zerstörungen im Namen des Praktischen und Angenehmen für den größten, unwiederbringlichen Kulturverlust dieses alten Kulturlandes halte. Im Vergleich dazu wäre das gelegentliche Sprengen einer alten Kirche nicht der Rede wert.

Neulich doch eine unerwartete Entdeckung. Ich hatte sie

schon länger von außen beäugt, die alte schäbige Trattoria, denn sie ist immerhin in meiner neuen Nachbarschaft. Und je eingehender ich das Äußere analysierte, desto stärker wurde der Verdacht, dass hier noch etwas übrig geblieben sein mochte, aus besseren Zeiten. Hölzerne Rahmen von Fenstern und Türen, die kein Schreiner der Welt mehr so machen könnte. Ein kleines Tischlein mit krankenhausgrüner Tischdecke draußen neben dem Eingang, und neben dem Tisch häufig ein melancholisch dreinblickender Kellner, vielleicht war es auch der Chef, in einer fleckigen weißen Jacke. Zur Melancholie hatte er offenkundig Anlass, denn sein kleiner Schanigarten, wie man in Wien zu den Wirtshausterrassen auf der Straße sagt, blieb weitgehend unbesetzt. Hineinschauen konnte man nicht, da ein tiefer, trüber, mit Milchglas versehener Windfang das nicht zuließ.

Immerhin hatte ich einmal durch die offene Tür einen kurzen Blick ins Innere werfen können, aus dem anheimelnd kaltes Neonlicht drang. Was ich da sah, gefiel mir sehr: Bodenfliesen mit Mortadella-Muster, Fünfzigerjahre, kleine Tische, die wie jener draußen gedeckt waren, nämlich mit besagter OP-Saal-grüner *tovaglia*, also Tischdecke, worüber, die Ecken frei lassend, im Fünfundvierzig-Grad-Winkel die *coprimacchia* gebreitet waren, die Fleckenüberdecker, dasselbe Grün, nur drei Töne heller. Das gefiel mir noch mehr, denn so muss es sein: eine Unterdecke, die vielleicht ein- oder zweimal im Jahr gewaschen wird, und eine Überdecke, auf der man isst. Ferner konnte ich sehen, dass die Stühle aus den Achtziger- oder Neunzigerjahren stammten, schade zwar, aber dennoch stilecht, nämlich falsche Thonet-Stühle aus schwarz lackiertem Stahl mit hellbraunem Flechtimitat aus Plastik.

Niemand war im Raum zu sehen, gähnende Leere herrschte, was besagte, dass die Lokalität auf keiner Hipster-Internetplattform empfohlen war. Meine Trattoria, dachte ich und trat näher, um die vergilbte Speisekarte zu studieren, die in einer leicht angelaufenen, messinggefassten Glasvitrine von einer schwachen Funzel beleuchtet wurde. Die Speisekarte war – dreisprachig. Unendliche Enttäuschung. Wie konnte das sein? Das sichere Anzeichen einer Touristenfalle, bei sonst eindeutig positiven Parametern! Ich ließ vom Vorhaben ab, die Probe aufs Exempel zu machen.

Ein halbes Jahr später, im Februar, stechende Kälte, kam ich von einer Reise zurück und fand einen Wasserschaden in meiner Wohnung vor. Kein Totalschaden, aber unangenehm, so dass mir die Lust verging, daheim zu kochen. Wohin nun? In die kitschige Kellertrattoria unten am Eck, vor der sich die Touristen die Füße in den Bauch stehen? Lieber verhungern. Dann plötzlich wusste ich: Heute ist es so weit. Ich rief eine Freundin an, zu zweit hat man mehr Mut. Ob sie mich bei meinem Wagnis begleiten würde. Sie fand das spannend und kam.

Das Lokal war nicht ganz leer, aber fast. An den Wänden der zwei ansonsten völlig kahlen Räume prangten Acrylgemälde von den Monumenten des antiken Rom, und so hieß auch das Lokal. Eine hölzerne Leiste war in Höhe der Stuhllehnen entlang der mintgrünen Wände festgeschraubt. Im Eck ein gläsernes Buffet, in dem einige *contorni* vor sich hin warteten. Der ältere melancholische Kellner kam in schwarzer Hose und weißem Hemd, das auch eines Coprimacchia bedurft hätte. Die Karte war äußerst einfach, vor allem war sie einsprachig. Es wurde, um es kurz zu machen, ein unvergesslicher Abend, eine Zeitreise in die Achtzigerjahre, das Essen einfach, römisch, vorzüglich, der Wein rot, lazialisch und gerade so trinkbar, alles frisch, und sogar der Kellner taute nach einer Weile auf und machte einige knorrige Bemerkungen. Endlich ein hausnahes Refugium gefunden, dachte ich. Etwas später durfte man sogar rauchen, drinnen, stellen Sie sich das vor.

Am nächsten Tag suchte ich im Internet nach dem Lokal, um es einem Freund zu empfehlen. Da war es schon, ein Bild von diesem ikonischen Innenraum, leer, Mortadella-Kacheln,

OP-Tische, Holzrahmen mit trübem Milchglas, die schwarzen Buckel der falschen Thonets. Dass die alten Leute so eine gute Webseite haben, dachte ich, klickte und landete auf der Seite einer Immobilienfirma. *Trattoria in vendita*, las ich, und es dauerte einige Sekunden, bis ich begriff, was ich da vor mir hatte: Das unterschriebene Todesurteil meiner geliebten neuen Gaststätte.

Ja, kann denn das sein? Kann denn wirklich gar nichts so bleiben, wie es einmal war und wie es sein und bleiben sollte? Bin ich ein Todesengel, der alles, was er mit Sehnsucht berührt, dem Untergang weiht? Jetzt weiß ich nicht, was ich tun soll: So oft wie noch möglich hingehen, Besuche am Sterbebett sozusagen? Oder der Tragödie den Rücken kehren und so tun, als sei ich, wie es ja beinahe geschehen wäre, niemals dort gewesen? Ich werde wohl das Erstere machen, wie ich schon vor einigen Jahren die Pizzeria Leoncino ins Jenseits begleitet habe, den Ort so vieler glücklicher Abende, mit dem krummen römischen Haudegen als Kellner, der am letzten Abend dann tatsächlich geweint hat. Mal sehen, wie lange es dauert, bis die Trattoria hier an der Ecke von Via Merulana einen Käufer findet. Ab und zu schaue ich nach, auf der Immobilienseite. Noch kann man sie kaufen, 160 000 Euro soll sie kosten, auf Verhandlungsbasis.

# Pizzaprosciuttismo

**Ich weiß, dass es Leute gibt,** denen Abwechslung gefällt. Sie lieben es, jedes Jahr und jedes Wochenende woanders hinzufahren, sich Dinge anzuschauen, die sie noch nicht kennen, neue Menschen zu treffen, neue Speisen auszuprobieren. Ich gehöre nicht dazu. Am liebsten fahre ich dorthin, wo ich schon gewesen bin, weil für mich Orte immer rätselhafter werden, je öfter ich hinfahre. Der Gedanke an Fernreisen liegt mir so fern wie jene Länder, denen diese Reisen gelten. Vielleicht ist es Trägheit, vorzeitiges Altern, möglich. Als Kind bin ich mit meinen Eltern viel herumgeflogen, nicht wirklich weit weg, aber doch die Grenzen des Römischen Reiches um 150 nach Christus in jede Himmelsrichtung ausschöpfend. Später war ich einmal zwei Wochen in New York, dann einmal in Moskau und Sankt Petersburg. Für den Moment reicht mir das. Der Gedanke, dass ich den Rest der Welt nicht kenne, beunruhigt mich nicht, auf alle Fälle weniger als die Tatsache, dass ich noch nie in Garbatella gewesen bin, was, wie ja schon angedeutet, ein sehr interessantes Viertel von Rom sein muss. Irgendwann schaffe ich auch das, wenn nicht in diesem, dann im nächsten Jahr, denn zuvor möchte ich so viele Orte in Rom erst einmal wiedersehen.

Aber ich wollte ja eigentlich über das Essen sprechen, wo für mich ganz ähnliche Grundsätze wie für das Reisen gelten: Ich esse am liebsten das, was ich schon sehr viele Male gegessen habe. Fremde Küchen, vor allem außereuropäische, reizen mich nur sehr bedingt. Aber auch innerhalb der mir bekannten Küchen esse ich das, was mir einmal geschmeckt hat, am liebsten einfach noch mal. Keine Experimente! Damit bin ich immer gut gefahren.

In Italien ist das beispielsweise die Pizza Prosciutto. Ich habe sie irgendwann, als ich vielleicht zwölf war, als besonders lecker entdeckt, damals noch, bei München, im italienischen Restaurant unseres Ortes, eine Offenbarung. Seitdem esse ich immer Pizza Prosciutto, davon abweichende Versuche haben mich nicht überzeugt. Allenfalls verhandelbar ist die Frage, ob gekochter oder roher Schinken zum Einsatz kommt.

Ich nenne dieses Prinzip den *Pizzaprosciuttismo*, deutsch: *Pizzaprosciuttismus* [m]. Er ist auf alle Lebenslagen ausdehnbar. Man vermeidet Enttäuschungen, welche jene, die sich durch die Speisekarte hindurchprobieren, regelmäßig und ziemlich zuverlässig in meiner Gegenwart erleben, und entdeckt doch immer Neues. Man beißt nie zweimal in dieselbe Pizza Prosciutto, ja nicht einmal in die gleiche. Jedes Lokal macht sie anders, und sogar im selben schmeckt sie nie wirklich gleich. Da man aber über die Jahre ja doch eine Vorstellung gewinnt, wie sie schmecken könnte und sollte, lässt sich aus dem, was man tatsächlich serviert bekommt, eine Menge ablesen: die Ofenhitze, der Durchknetungsgrad des Teiges, der Bittergrad des Tomatensugo, von dem ich immer weniger bestelle, und so weiter. In einem fremden Lokal muss ich nur eine Pizza Prosciutto bestellen, um sagen zu können, wie viel der Ort taugt, und das ziemlich sicher.

Eine ähnliche Präzision habe ich nur noch mit Spaghetti alle Vongole erreicht, die ich immer dann esse, wenn es keine Pizza gibt oder ich sie nicht essen will. Auch hier bin ich Experte, wenn auch noch nicht seit so langer Zeit. Natürlich spielt das Grundprodukt eine entscheidende Rolle. Es reicht nicht, wenn die Muscheln noch nicht ganz tot sind, also noch irgendwie dahinleben, wenn sie in das siedende Öl geworfen werden. Das mag zwar für Muscheln besser sein, für den Geschmack ist es dies nicht. Quicklebendig müssen sie sein, sie müssen sich im Wasserbad öffnen und Wasser durch ihre Schläuche pumpen, fest und gerade schließen, wenn man sie berührt.

Das Dumme ist, dass man das in der Regel nicht wissen kann. Den Kellner fragen? Dann könnte man gleich fragen, ob man nach seiner Meinung lieber bei ihm oder anderswo essen sollte. Man muss schon erstens ein wirklich eingeführter Stammgast sein und zweitens eine wirkliche fachliche Autorität genießen, um bei der Frage nach der jeweiligen Tagesform einzelner Gerichte eine nicht vollständig unaufrichtige Antwort zumindest nicht ausschließen zu können. Ersteres zu erreichen, nämlich den Status des Stammgasts, ist vergleichsweise leicht und kostet nur Zeit und Geld. Letzteres, also das Ansehen eines wirklichen Kenners, vor dem sich auch der Kellner ungern blamiert, liegt außerhalb meiner Reichweite, schon weil ich ein Deutscher bin. Die Italiener können sich einfach nicht vorstellen, dass das kulinarische Beurteilungsvermögen eines Deutschen ein gewisses, in der mittleren Mitte angesiedeltes Niveau übersteigen könnte, jenes Niveau also, bei dem man als Gastwirt ziemlich *tranquillo* sein kann. So schlecht, dass es dem Deutschen auffallen würde, wird das Essen auch an schlechten Tagen schon nicht sein. Und selbst wenn, hätte er wohl kaum das Selbstvertrauen, dies dem Lokal anzulasten, denn der Deutsche hält sich für einen Kenner und weiß immer genau, wo es was am besten gibt. Und wo er hingeht, da isses gut, todsicher.

Also, das mit der Frische der Vongole muss man dem Zufall überlassen, wobei man einige Fehler natürlich vermeiden kann. Am Montag sowieso nie, weil am Sonntag nichts gefischt und nichts geliefert wird. Was am Montag gefischt wird, kommt frühestens am Dienstag auf den Tisch, es sei denn, man wohnt in Mailand. Am Meer aber eher nicht. Auch würde ich Spaghetti alle Vongole besser am Mittag als am Abend essen. Die Muscheln sind dann einfach sechs Stunden weniger alt. Ob am Samstag die Reste vom Freitag verkauft werden? Nicht ausgeschlossen. Am Sonntag ganz bestimmt. Oder doch nicht? Und was ist mit Donnerstag? Schwer zu sagen.

Die besten Vongole aß ich einmal, als man mich mehr als

eine Stunde darauf warten ließ. Bei einem Fisch wäre ich davon ausgegangen, dass da jemand mit dem Föhn zugange ist, was bei einer tiefgefrorenen *spigola* dauern kann. Doch hatte man mir glaubhaft versichert, dass die Ware einfach noch nicht eingetroffen sei, aber jeden Moment eintreffen werde. Und so war es, ein Mann kam mit einem triefenden Paket herein, von dem man sah, dass es kühl und frisch war. Sie haben wunderbar geschmeckt.

In Rom sagt man übrigens manchmal, da der Römer den Singular liebt, *spaghetto* anstelle von *spaghetti. Uno spaghetto* oder, da es der Römer gerne kurz hat, *uno spaghett*, gesprochen *Schbaget*. Ganz römisch ist *lo schbaget*. Man sagt das aber nur so, im Teller sind dann meistens mehrere *spaghetti* (deutsch: *Spagettis*, ohne *h* und mit Plural-*s*).

Über die Zubereitung sage ich nichts, das ist zu kompliziert, und wir sind hier kein Kochbuch. Nur so viel, dass sie zu cremig oder aber zu ölig oder aber zu trocken sein können. Die Perfektion liegt wie so oft nicht im Mehr, sondern im Weniger. Weniger cremig, weniger ölig, aber vor allem auch weniger trocken. Also etwas mehr Öl. Die *cottura* darf auf keinen Fall zu weich sein, das ist der sichere Tod. Lieber ein bisschen zu hart. Und die Petersilie, sie darf nicht zu klein geschnitten sein, auf keinen Fall. Zu groß wäre aber auch schlecht. Am besten also genau richtig, so wie die Cottura. Und lieber die großen *vongole verace*, oder die mittleren, oder die kleinen *lupini*, oder *arselle*? Das kommt darauf an, mal so und mal so. Wichtig ist, dass man im richtigen Moment weiß, was das Richtige ist. Frisch müssen sie sein und richtig zubereitet.

Vongole kann man, wie alle Muscheln, auch ohne Pasta essen, als Sauté. Dabei ist alles schwierig, gerade da es so einfach ist. Die Muschel muss, wie immer, stimmen, aber auch das Öl, vor allem die Menge (weniger!) und die Knoblauchisierung desselben. Eine kleine Zehe *peperoncino*? Vielleicht. Gibt es ein deutsches Wort für *peperoncino*? In einem gewissen Lokal in

Neapel, wo es das beste Sauté gibt, werden nicht nur Muscheln, sondern auch kleine Weißbrotwürfel ins Öl geworfen, wenige natürlich. Schmeckt ganz großartig. Ein gehobenes Sauté besteht selbstverständlich nicht nur aus *vongole*, sondern auch aus anderen Muscheln, den großen rötlichen *fasolare* zum Beispiel, deren orangefarbener Muskel wie eine riesige Zunge herausfahren kann, wenn man sie noch lebend in Wasser einlegt. Oder die *tartufi di mare*, hoch gewölbt und weiß geriffelt. Ganz besonders die *cannolicchi*, die langen, schmalen Stabmuscheln, die aber äußerst heikel sind, rasch sich unwohl fühlen und absterben. Sie fangen dann sofort an zu stinken, man riecht das manchmal an der Fischtheke im Supermarkt. Verboten, aber äußerst schmackhaft die *datteri di mare*. In Neapel gab es die früher recht umstandslos, man zertrümmerte zum Zweck der Ernte einfach die unterseeische Felsenwelt mit Hammer und Meißel. *Cozze*, die Proletarier unter den Muscheln, kann man zur Not dazumischen, aber nur bei Vongole. Sie sehen, mit dem *Pizzaprosciuttismo* kann man viel erleben.

Auch die klassische Pasta al Ragù (in Deutschland besser bekannt unter Spagetti Bolognese) ist eine Unterart der Pizza Prosciutto. Schon als Kind habe ich sie gegessen, natürlich so, wie meine deutsche Mutter sie machte: Hackfleisch und Thomy-Tomatenmark. Heute muss ich sagen: Wer wie ich mit Spagetti Bolognese aufgewachsen ist, hat nicht die entfernteste Vorstellung, wie das Gericht südlich der Alpen schmeckt und wie es dort zubereitet wird. Wir wollen, wie gesagt, nicht in die Niederungen der Kochbücher hinabsteigen, nur eines vielleicht: Es ist besser, schon einen Tag vorher zu wissen, ob man eine Pasta al Ragù essen möchte. Fällt einem das erst eine Stunde vor dem Essen ein, ist es längst zu spät. Zwei, eigentlich eher drei oder vier Stunden muss man mindestens einrechnen. Jeder Schweinsbraten geht schneller. Tomatenmark kommt in keiner Sekunde dieser drei Stunden auch nur in die Nähe des Geschehens. Passierte Tomaten auch nicht. Sondern ganze Tomaten, die man zerschneidet, aber nur wenige, ja man kann auch ganz darauf verzichten. Der *soffritto* ist das Wichtigste, wobei man eine Zeitlang offenlassen kann, ob es eine Gemüsesuppe oder ein Ragout werden soll. Vier verschiedene Gemüsesorten kommen hier zum Einsatz. Sie sind für den Erfolg entscheidend. Viele Deutsche glauben, die Beigabe schwerer Alkoholika wie dunklen Rotweins oder gar von Kakaopulver hätte etwas mit höherer Küche zu tun. Auch hier: weglassen. Anbrennen sollte natürlich nichts in diesen drei Stunden, oder höchstens ein ganz kleines bisschen, das ist förderlich. Die gekochte Pasta muss mit dem heißen Ragout am Ende in einem heißen Topf geschwenkt werden. Auf keinen Fall Pasta und Ragù getrennt servieren. Das gilt für alle Pastasorten.

Zur engeren Familie der Pizza Prosciutto, der Spaghetti alle Vongole sowie der Pasta al Ragù gehört auch die *bistecca fiorentina*. In Deutschland glaubt man ja allgemein, etwas von Steaks zu verstehen, vor allem Männer. Da gibt es solche, die sich für Hunderte Euros Pfannen und für Tausende Dollars Grills kaufen, dazu japanische Messer aus in Vulkanen gehärtetem Damaszener Stahl. Damit, so glauben sie, besitzen sie den Schlüssel zum *perfekten* Steak, das gemeinhin mit *außen knusprig und innen zart* beschrieben wird. Tatsächlich stehen sie von vornherein auf verlorenem Posten mit ihren gusseisernen Pfannen, ihren Grill-Sarkophagen und ihren Damaszenerklingen. Denn sie werden das richtige Fleisch nicht finden. Da können sie noch so viel eingeschweißte argentinische Tomahawks bestellen oder Kobe-Rind, noch so lange am Bio-Hof antichambrieren, sie werden es nicht kriegen, nicht für Geld und auch nicht für etwas anderes.

Schon in Rom ist es nicht mehr ganz einfach. Man muss in die Toskana. Das Produkt heißt schlicht und einfach *bistecca fiorentina*, was man sehr ungenau als *T-Bone-Steak* übersetzen könnte, wenn es nicht zu sehr nach Rodeo-Steak im Steakhouse klingen würde. Die Bistecca Fiorentina kauft man selbstverständlich nicht konfektioniert, sie wird am Stück angeboten, als ein anfangs etwa ein Meter langer, am einen Ende breiter und nach unten zulaufender Riegel oder Barren, die sogenannte *lombata*, also das zwischen den Vorder- und den Hinterläufen sich erstreckende Lendenstück. Vorne ist es schmal und fast rund, bevor ab einem gewissen Punkt, wo der Rippenknochen sich tatsächlich T-förmig ausbildet, das *filetto* hinzukommt, zunächst als schmaler Strang, am Ende als prächtiges Stück.

Ich will gar nicht ausschließen, dass man das entsprechende Stück in Deutschland irgendwo kaufen kann. Was ich ausschließen kann, ist, dass es dann auch die erforderliche Reife aufweist. Deutsche sind zaghaft und ängstlich, vielleicht auch ein bisschen pingelig in ihren Hygienevorstellungen, was die Frische von Lebensmitteln betrifft. Bei Muscheln ist dagegen auch nichts einzuwenden. Beim Fleisch sieht das anders aus.

Ich erinnere mich, als relativer Anfänger im Zentrum Roms eine Metzgerei betreten zu haben, nicht weit vom Pantheon, wo auf riesigen uralten Marmorplatten einige wenige Stücke eines dunklen Etwas in weitem Abstand voneinander auslagen. An der ebenfalls marmorgetäfelten Wand hing das ausgestopfte Haupt eines riesigen schwarzen Rindes mit weit ausschwingenden Hörnern, damit auch jedem klar war, was hier verkauft wurde und wo es herkam. Das Fleisch wartete also auf Kundschaft, und das nicht erst seit gestern. Allgemein herrscht die Vorstellung, Fleisch müsse von frischer, lebhaft roter Farbe sein, ungefähr wie das Blut im *Tatort*, wo die Leichen selten mehr als eine halbe Stunde alt sind. Hier in dieser Metzgerei war das anders. Ich möchte nicht so weit gehen zu vermuten, dass das Fleisch auf dem antikischen Marmortresen tatsächlich von jenem Tier stammte, das da wie ein Fallada-Kopf an der Wand hing. Aber vor einer Woche hatte es nicht mehr gelebt, auch nicht vor zweien oder dreien. Im Vormonat schon noch, aber wohl eher in der ersten Hälfte. Leichen, die im *Tatort* so lange abhängen, bis man sie findet, bekommen in der Regel nur noch die Gerichtsmediziner zu sehen, und wir nur die Gesichter der Gerichtsmediziner. Hier konnte man ein Fleisch dieser Reife nicht nur sehen, sondern ohne ärztliches Rezept und amtliche Genehmigung sogar kaufen, ohne dass dies im Verborgenen geschah oder eine Behörde einschritt. Die Farbe hat mit der gängigen Vorstellung von Rot kaum noch etwas zu tun. Mit der Kategorie Purpur kommen wir der Sache schon näher, auch Violett ist dabei, auf alle Fälle im Ganzen dunkel und schwärzlich.

Ich sah das Fleisch auf der Marmorplatte liegen, es war nur noch ein Stückchen von etwa einem Kilo, sah die Farbe und dachte, dass ich noch nie im Leben ein Stück derartig gefärbten Fleisches zum Verkauf habe ausliegen sehen. Ich sah aber auch, dass der Metzger, der vor einer Kulisse von leeren, etwa hundert Jahre alten Fleischerhaken gelassen wartete, nicht den geringsten Anlass sah, das Erscheinungsbild seiner Ware zu erläutern oder gar zu rechtfertigen. Das gab mir die nötige Zuversicht, den Kauf einer Scheibe dieses seltenen Filetto als Möglichkeit ins Auge zu fassen, wobei die völlige Unmöglichkeit nachgeholfen haben mag, hier ohne einen Einkauf wieder herauszukommen.

Ich hatte nach einem Filetto gefragt und wurde auf den schwärzlichen Klumpen verwiesen, man führte, was ich begehrte. Was hätte ich sagen sollen? Etwa: Sind Sie sicher, dass man das noch essen kann? Die Frage war durch die Tatsache, dass es hier öffentlich zum Kauf auslag, ja schon beantwortet. Ich habe in Italien viele Fehler dieser Art gemacht, aber zum Glück nicht diesen einen. So habe ich, nach einem längeren Schweigen, das mein Gegenüber problemlos aushielt, gesagt: *Ja, sehr gut.* Oder besser, ich habe jemanden, der offenbar über meine Stimme verfügte, *sì, benissimo* sagen hören.

Auf dem Weg nach Hause überlegte ich, ob ich das Fleisch nicht besser entsorgen oder einem streunenden Hund anbieten sollte, obschon es ziemlich viel gekostet hatte. Ich konnte mich nicht dazu entschließen. Schließlich hat es jemand, der aussah wie ich, in eine sehr heiße Pfanne gelegt, es zweimal gewendet und schließlich gegessen, und zwar ganz. Wie es dann geschmeckt hat? Zu sagen, dass es das beste Filet war, das ich je gegessen habe, trifft es nicht ganz. Es war völlig unvergleichlich.

Der zweite Gesichtspunkt, den ich beim Thema Bistecca erst lernen musste, war jener der erforderlichen Mindestdicke. Was man in Deutschland in dieser Hinsicht für angemessen hält, bewegt sich im Vergleich hierzu in den Kategorien des Aufschnitts. Der Begriff *Scheibe* erfasst nicht, was hier gefordert ist. Um es bildlich auszudrücken: Die Mindestdicke entspricht in etwa der Höhe einer aufrecht stehenden Schachtel Zigaretten oder, wenn dieses Bild als Maßeinheit nicht mehr geläufig ist, der Höhe eines durchschnittlichen Wasserglases, in Zahlen ausgedrückt: zehn Zentimeter, mindestens. Ich habe aber auch schon *bistecche* auf den Grill gelegt, die sich der Fünfzehn-Zentimeter-Marke annäherten, das ist dann schon fast die Länge eines Smartphones. Das hängt dann auch ein bisschen davon ab, ob man vom breiten Ende mit Filetto oder vom schmalen Ende ohne Filetto bedient wird. Beides hat Vor- und Nachteile.

Wie auch immer, alles, was unter einer solchen Mindestdicke bleibt, ist eine Verschwendung von kostbaren Ressourcen, ist Frevel. Nicht alle Metzger sind auf der Höhe dieser Einsicht. Vielleicht meinen sie auch, einen Ausländer, als der ich ja immer noch leicht erkannt werde, nach nord- oder mitteleuropäischen Standards bedienen zu müssen. Vielleicht wissen sie es aber wirklich nicht. Nicht alle von ihnen sind Berufene und in der Lage, ein solches Stück gerade vom Restbarren zu trennen, wozu neben dem Messer auch Beile und Sägen zum Einsatz kommen. Leider muss ich sagen, dass Frauen, sollten sie, was selten ist, tatsächlich einmal in der Metzgerei bedienen, dies selten wirklich hinbekommen. Das ist deswegen besonders ärgerlich, weil eine variierende Dicke die konstante *cottura* erschwert. Die dicke Fettrinde darf auf keinen Fall entfernt, wohl aber eingeschnitten werden.

Die Cottura nun ist der nächste Punkt. Eine Bistecca hat *al sangue* zu sein, da gibt es leider nichts zu diskutieren. *Al sangue* hat aber relativ wenig damit zu tun, was in unseren Breiten als *blutig* oder (zumindest in meiner Kindheit) als *englisch* bezeichnet wird. Das französische *bleu* trifft es schon eher. Um es so zu sagen: Das Fleisch darf lediglich von seiner Tot-Temperatur, also jener des Kühlhauses, wieder auf Lebend-Temperatur gebracht werden, und die liegt beim Rind bei etwa achtunddreißig Grad. Kein Grad mehr, eher weniger. Nun gibt es nichts Jämmerlicheres, als in der Küche oder am Grill mit Thermometern zu hantieren, das machen wirklich nur deutsche Hobby-Männerköche mit ihrer Superausrüstung in ihren Superküchen. In Italien macht das kein Mensch, man hat es im Gefühl, so wie beim Frühstücksei.

Wenn das Fleisch dann fertig ist, wird es mit einem riesigen Messer vom Knochen getrennt, in bauklotzgroße Würfel geschnitten und zusammen mit Olivenöl, Pfeffer und Salz serviert. Bitte keinen Senf. Und: Bitte keine übertriebenen Elogen oder Versuche, das zu beschreiben, was man auf den Teller bekommt. Dasselbe gilt für den Wein. Was man im Sommelier-Kurs gelernt hat, behält man besser für sich. Über Wein spricht man nicht, man trinkt ihn und basta. Vermeiden Sie in Italien auch das traute, ernsthaft gedämpfte Gespräch mit Ihrem Tischnachbarn. Hier unterhält man sich immer mit dem gesamten Tisch, und zwar so, dass alle auch verstehen können. Dass man nie auf die Idee kommen sollte, ein sich als kontrovers abzeichnendes Thema aufzugreifen oder gar *auszudiskutieren*, versteht sich von selbst. Das aber nur nebenbei.

Nur kurz zum Wein, ein zwar weites, in Deutschland aber völlig überschätztes Feld. Man macht in Italien nicht so ein furchtbares Gewese um das, was man trinkt. Vor allem entfällt die kindische Verehrung für gewisse Sorten und Lagen, und das aus gutem Grund. Was verfällt der Deutsche nicht in ehrfürchtiges Schweigen, wenn er den Namen *Vino Nobile di Montepulciano* hört. Dabei ist das, in die Sprache Luthers übersetzt, nichts anderes als ein Flohberger Edelzwicker. Der Pecorino ist ein Schaflinger, meine Damen und Herrn. Der Brunello ein Bräunling, der Amarone ein Bitterling, der Vermentino ein Wurmling und der Prosecco ein Fürtrockner. Kein Grund, aus dem Häuschen zu geraten. Trinken Sie einfach, genießen Sie und schweigen dazu. Und wünschen Sie nie *Guten Appetit*, denn ob es dem anderen schmeckt oder nicht, ist seine Privatsache. Zum Wohl!

# VIII.
# Römische Idyllen

# Eine Wanderung von Rom nach Neapel

**Wenn man so wie ich** in Rom lebt, im Frühjahr, im Sommer, im Herbst und im Winter, jahrein und jahraus, dann könnte man in seiner Verstädterung fast vergessen, dass der liebe Gott seine liebste Stadt mit der herrlichsten Landschaft umgeben hat, die man sich vorstellen kann. Natürlich ist Landschaft Geschmacksache. Aber wenn Ihnen die Landschaften auf den Gemälden eines Gaspard Dughet, Jean-François Millet, Nicolas Poussin, Claude Lorrain, Jakob Philipp Hackert oder eines Joseph Anton Koch gefallen, um nur einige zu nennen, dann werden Sie sich auch mit dem römischen Umland anfreunden. Dort finden Sie jene Landschaften in natura, mit denen Sie sich vielleicht an regnerischen Novembernachmittagen im Museum trösten.

Es ist nun mehr als zwanzig Jahre her, dass ich auf den Hängen und in den Tälern der Abruzzen regelmäßig unterwegs war, stets gemeinsam mit G., dem liebsten aller Freunde. Heute habe ich dazu keine Zeit mehr, die Umstände des Lebens und der Arbeit, und G. lebt leider nicht mehr in Rom. Damals aber, in den Jahren um die Jahrtausendwende, habe ich in Rom zwar auch ein wenig gearbeitet, aber doch in erster Linie gelebt. Regelmäßig fuhren wir mit einem von G.s wechselnden alten kleinen Autos hinaus auf das Land und hinein in die Berge.

Wanderungen in dieser Gegend ließen sich damals – und vielleicht ja auch heute – nicht so sorgfältig planen wie im Schwarzwald oder den Bayerischen Alpen. Hierfür fehlte schon die kartographische Grundausrüstung. Es gibt für Italien ganz grundsätzlich keine auch nur halbwegs brauchbaren Wanderkarten, denn der Italiener geht nicht in den Wald, es sei denn zum Jagen, Pilzesammeln, Motorradfahren oder Müllabladen.

Dazu braucht man keine Wanderkarten. Ausnahmen bilden Südtirol, einige Ecken der Toskana sowie die Insel Ischia. Der Rest Italiens ist, was das Wandern betrifft, ein einziger weißer Fleck auf nicht vorhandenen Karten.

Dabei sind die italienischen Landvermesser, die *geometri*, auf dem Gebiet der Kartographie europäische Spitze, auch und vor allem historisch gesehen. Die letzte große Aktion, den gesamten Stiefel von den Alpen bis Sizilien in all seiner Herrlichkeit und bis in die kleinsten Details zu kartographieren, geht auf die Zeit zwischen den Weltkriegen zurück. Beauftragt wurde das 1865 in Florenz, der kurzzeitigen Hauptstadt, gegründete und rätselhafterweise nicht mit nach Rom umgezogene Istituto Geografico Militare. Dieses hatte bereits kurz nach seiner Einrichtung mit der Vermessung des gesamten neuen Königreichs im Maßstab von 1:100 000 begonnen und dafür mehr als dreißig Jahre benötigt. Damit gab man sich unter Mussolini nicht mehr zufrieden. Man wollte nicht nur jede Straße sehen, sondern auch jedes Wegelchen und – buchstäblich – jedes Haus.

So entstand die berühmte Serie 25/V (M 891), die *Carta Topografica d'Italia alla scala 1:25 000*, die Königin aller Kartenprojekte, ein militärisches Projekt, selbstredend. Einem Zentimeter auf der Karte entsprechen 250 Meter in der Wirklichkeit. 3545 Einzelkarten waren am Ende nötig, um ganz Italien unterzubringen. Produktion und Aktualisierung wurden 1990 eingestellt, was nicht heißt, dass alle der 3545 Karten zu diesem Zeitpunkt noch einmal mit der Wirklichkeit abgeglichen wurden. Bei einigen geschah dies seit den 1950er Jahren nicht mehr, bei anderen überhaupt nie, vor allem wenn es sich um verlassene Gebiete wie jenes handelte, wo wir wandern wollten.

Nun sind alte Karten besser als gar keine Karten, vor allem wenn sie so unendlich genau sind wie jene der Serie 25/V. Erhältlich waren sie damals ausschließlich bei einem speziellen Kartenhändler, den wir an einem heißen Sommermittag in seinem von Zigarettenrauch gewürzten Geschäft nahe der Piazza della Repubblica aufsuchten. Heute ist er verschwunden, man kann die Karten online bestellen. Macht wahrscheinlich niemand.

Das erste Mal haben wir diesen Laden im Vorfeld unseres größten Projekts aufgesucht, der berühmten Wanderung von Rom nach Neapel – ein Vorhaben, an dessen Durchführbarkeit uns auch die Tatsache nicht zweifeln ließ, dass wir hierauf nur drei, höchstens vier Tage verwenden konnten. War Napoleon mit seinen Fußtruppen nicht täglich bis zu siebzig Kilometer weit gekommen? Da konnten wir uns Zeit lassen. Natürlich erklärten wir dem alten Kartenhändler, der mit dickem Bauch und dicker Brille laut in seinen nikotingelben Schnurrbart schnaufend am Tresen lehnte, was wir vorhatten. Unsere törichte Einfalt war ihm nicht einmal den Ausdruck der Verachtung wert, schweigend rollte er die Karten zusammen. Als wir gingen, sagte er dann aber doch: *Non c'è un goccio d'acqua in queste montagne*, in diesen Bergen würden wir keinen Tropfen Wasser finden. Wir haben es denn auch literweise mitgenommen, auch das, wie sich herausstellen sollte, keine gute Idee.

Aus heutiger Sicht bin ich immer wieder erstaunt, wie völlig unzureichend unsere (und vor allem meine) Ausrüstung für eine Wanderung napoleonischen Zuschnitts gewesen ist. Aber es war eben die Zeit, als ich moderne Materialien und Produkte als Ausfluss von Konsumgesellschaft und uneleganter Pöbelherrschaft grundsätzlich ablehnte und folglich in alten Tweedanzügen zum Skifahren ging. Anstelle ordentlicher Wanderschuhe, womöglich noch aus wasserabweisenden Textilien, trug ich uralte, nicht einmal sehr fest gebaute Lederschuhe, die ich am Vorabend der Wanderung so stark eingefettet hatte, dass noch tagelang Staub und Erde daran hängen blieben. Dazu halblange, mit einem Leinengürtel verschließbare Khakis aus Restbeständen des britischen Afrika-Korps. Meinen Oberkörper bedeckte ein mit allerlei Taschen und Schulterklappen ausgestattetes Hemd des italienischen Heeres, das, wie ich zu spät herausfand, überwiegend aus Polyester bestand und martialische Schweißausbrüche verursachte. Der Rucksack war ein Rucksack, also ein Sack aus grünem Leinen, den man auf dem Rücken trug, mit Lederriemen natürlich. Als Kopfbedeckung erstanden wir in den seltsamen, schon damals von Chinesen geführten Geschäften um die Piazza Vittorio herum chinesische Reisbauernhüte, oder was wir dafür hielten, ein flaches, federleichtes, weit ausgreifendes Flechtwerk, das mit einem Riemen unter dem Kinn befestigt werden konnte.

So ausgestattet zogen wir los, und es sind dies die zauberhaftesten Momente, die das Leben und die Freundschaft bereithalten. An einem dieser herrlichen römischen Sommerwochentage, in aller Frühe, aber auch nicht zu früh, mischten wir uns, angetan in der beschriebenen Aufmachung, in einer dieser wunderbar leistungsfähigen Bars bei Bahnhof Termini unter die Massen der braven Werktätigen, die sich vor den Mühen des Tages stärkten. Dort fassten wir Proviant, bestehend aus etlichen Tramezzini und vielen Wasserflaschen. Herrlich sind die alten, klapprigen und schmutzigen *treni regionali* mit den trüben, im Sommer meist heruntergelassenen Fenstern, die von Rom aus in die Landschaft hinaus fahren und an jedem dieser kleinen Bahnhöfe mit wohlklingenden Namen halten (Campoleone!), herrlich vor allem dann, wenn man sie nicht jeden Tag benutzen muss. Um einen guten Einstieg zu finden, hatten wir beschlossen, bis Velletri mit dem Zug zu wandern, das Durchqueren der nachbarocken Auswüchse Roms entlang der Via Appia Nuova reizte uns nicht. Im hochgelegenen Velletri selbst, wohin vom Bahnhof eine heftig befahrene, mit abwechslungsreichem Müll gesäumte Schnellstraße führt, ergänzten wir unsere Vorräte mit Brot, Schinken, Käse und Salami sowie – eingedenk der Warnung des Kartenhändlers – einer Flasche Rotwein. Denn wenn es da oben schon kein Wasser gab, dann bestimmt auch keinen Wein. Das wog natürlich alles.

So zogen wir los und ließen schon bald die letzten Bauten der Etruskerstadt hinter uns.

Seit 1940, dem Stand unserer Karte, hatte sich in dieser Gegend nichts Grundlegendes verändert. Natürlich, die müllgesäumte Schnellstraße, auf der wir gekommen waren, hatte es damals noch nicht gegeben, sie fehlte auf der Karte. Dafür waren die dort deutlich eingezeichneten *mulattiere*, die Eselssteige, nun vor Ort nicht zu finden. Wir fragten einen Mann, der auf einer Leiter in seinem Zitronenbaum stand, welcher denn der richtige Weg nach Cori sei, dem berühmten Cori mit seinen Zyklopenmauern. *Ma siete in macchina?*, seid ihr mit dem Auto da, fragte uns der Mann, obschon wir in unserem Aufzug, zu welchem tüchtige Wanderstäbe aus Schilfrohr hinzugekommen waren, ganz offensichtlich zu Fuß unterwegs waren. Wir verneinten und erwiderten, dass wir, wie man sehen könne, zu Fuß gingen und uns auf einer Wanderung von Rom nach Neapel befänden, bis Velletri hätten wir es schon geschafft. Ich glaube, der Mann überlegte einen Moment lang, ob er blitzartig von seiner Leiter springen, davonrennen und die Polizei alarmieren sollte. Dann siegte aber doch seine alte lateinische Menschenkenntnis, und er erklärte uns, wie wir hinab in die Ebene und dort entlang der Schnellstraßen an unser Ziel gelangen könnten. Vielleicht würde uns ja auch ein Auto mitnehmen. Aber, riefen wir aus, wir wollten doch *wandern*, durch Gottes schöne Natur, und zwar über jene gewundenen Eselspfade, die ja vielleicht noch sein Vater als Jüngling benutzt hatte. Der Mann starrte auf die Karte aus seines Vaters Jugendtagen, die wir ihm vorhielten, fuhr darauf ein bisschen mit dem Finger herum und erklärte schließlich unser Vorhaben für unmöglich.

Am Ende haben wir den Eselspfad irgendwie gefunden, er war tatsächlich noch da und endete, so wie er dies nach der Karte auch tun sollte, auf einer riesigen Hochebene, die wir mittags erreichten. Ab hier waren keine Wege mehr verzeichnet. Wir hatten uns daher vorgestellt, über sanfte Almwiesen geradeaus auf unser Ziel zumarschieren zu können. Tatsächlich aber gab es unzählige, glatt ausgetretene Pfade durch ansonsten undurchdringliches meterhohes Gestrüpp, die den Geometern des Ventennio offenbar entgangen waren. Wie wir bald herausfanden, waren sie auch keineswegs menschlichen Ursprungs, sondern von den prächtigen, frei hier oben umherziehenden Rindern in den letzten Jahren, Jahrzehnten und Jahrhunderten nach Gutdünken angelegt worden. Einige davon schienen vielversprechend, da sie ausreichend breit waren und in die richtige Richtung führten. Nun wollen aber Rinder, Schafe und Pferde in der Regel nicht nach Cori. Sie wollen vielmehr in diesem Gebiet, das ihnen von den Besitzern zur köstlichen Heimstatt angewiesen wurde, weidend umhergehen, um die Wiesen, die schattigen Hänge, das schützende Dickicht oder die letzten Wassergumpen in den tief eingefurchten Tälern aufzusuchen. Im Großen und Ganzen bewegen sie sich dabei in unterschiedlich weit ausholenden Kreisen, Schleifen und Ellipsen, geschickt dem Terrain folgend, um irgendwann zum Ausgangspunkt zurückzukehren. So schön diese Wege auch sein mochten, so sehr sie an frühere Zeiten und alte Gemälde erinnerten, sie waren, wie man so schön sagt, nicht zielführend. Man konnte ihnen durchaus eine Weile folgen, um sich aber, wenn sie in routinierter Wendung von der gewünschten Richtung abbogen, schweren Herzens von ihnen zu trennen. Dann ging es querfeldein durch dichtes, dornenreiches Unterholz, bis man abermals auf Pfade stieß, denen man sich mit neuer Hoffnung ein Stück weit anvertraute.

Die Sonne stieg und brannte heiß. Der mit Wasser, Wein und Käselaiben gefüllte Rucksack sowie das italienische Armeehemd taten ein Übriges, um den fatalen Kreislauf aus Schwitzen und Trinken, Trinken und Schwitzen in Gang zu setzen. Nach einigen Stunden waren die Vorräte weitgehend aufgebraucht, meine Kleidung troff von Schweiß. Der Freund G. dagegen trug nur eine Flasche Wasser im entsprechend leichten, aus modernen Funktionsmaterialien gefertigten Rucksack, von der er ab und zu ein wenig nippte.

*

Es war ein herrlicher Gang. Ein Gang durch Antike, Mittelalter und 19. Jahrhundert, geleitet von Vergil und Ferdinand Gregorovius, gesehen durch die Bilder eines Jacob Wilhelm Mechau, Albert Christoph Dies, Johann Christian Reinhart oder Joseph Anton Koch.

Nun ist die italienische Vorstellung von landschaftlicher Schönheit eine ganz andere als die deutsche. Mit Unberührtheit oder gar Wildnis hat sie nichts zu tun, im Gegenteil. Erst dort, wo der Mensch kräftig Hand anlegt, wo er der Natur gestaltend zu Leibe rückt, sie bändigt und bearbeitet, um schließlich in Jahrzehnten und Jahrhunderten den Kräften des Wachstums und der Erosion einen Waffenstillstand aufzuzwingen – erst dort ist verwirklicht, was Vergil in seinen Eklogen besingt und auch seine heutigen Nachfahren mit Wohlgefallen betrachten: die mediterrane Kulturlandschaft. Alles, was einmal wilde Natur gewesen ist, wird einem grundlegenden Umbau unterworfen. Nicht brachial und auch nicht sprunghaft, heute so und morgen anders, sondern in sanfter Verfolgung einmal umrissener Ziele, an denen Generationen in stiller Übereinkunft unbeirrt und mit zähem Willen festhalten.

Parzellen werden gerodet und von jeglichem Bewuchs befreit, das Erdreich umgepflügt, die Steine gesammelt und zu sanft geneigten Mäuerchen geschichtet, in deren Ritzen seit Theokrit die Eidechse wohnt mit grünlichem Rücken. Hier und da wird das Terrain sanft nivelliert, werden Mulden verschüttet und Hänge terrassiert, so dass aus zwei, drei Fleckchen ein langes, schmales, lieblich gebogenes Weizenfeld entsteht oder ein kleiner Weinberg mit drei Reihen von Rebstöcken, geschützt nach Norden durch Steinaufschichtungen und undurchdringliche Brombeerhecken. Dazwischen festgestampfte Wege mit einigen steinernen Treppenstufen, ein furchenartiger Graben, der zum Zuschütten zu tief war und einfach belassen wurde, wo man störende Steine hineinwarf und alte, löchrige Eimer aus rostigem Emaille. Aus diesen Klüften wuchert es kräftig, dichtes Gestrüpp von Brombeere und Ginster, Lorbeer, Eiche und Feigenbaum. Sie bilden grüne Inseln, winzige Haine, aus denen zwei, drei kleine Bäume hervorragen, tief und geheimnisvoll. So etwa stelle ich mir die heiligen Orte der Alten vor, wo man die Gegenwart einer Gottheit vermutete – Orte, an denen dann Heiligtümer entstanden, Delphi, Eleusis, Epidauros.

Hinter den ummauerten Feldern die abfallenden Weiden, die von den Mauern zu den Wäldern reichen. Jedes genießbare Kraut wird von den Tieren brav und zuverlässig abgefressen, jedes erreichbare Blatt von den Bäumen gerupft, so dass am Boden die Stämme und Felsen zierlich freigefressen liegen und oben die Laubmasse wie mit dem Lineal beschnitten scheint. Dazwischen überall Pfade und Wege, die sich durch das Unterholz schlängeln. Die schmalen stammen von den Ziegen, sie sind zu eng für uns Menschen, die wir die breiten, von Rind und Pferd geschaffenen suchen. Wo freistehende Bäume sich über die Fraßzone hinaus in die Höhe gerettet haben, bilden sie breite, schirmende Kronen, in deren tiefen Schatten sich mittags das Vieh versammelt, prüfend die Mäuler nach oben reckend, ob nicht doch noch ein Blättchen zu greifen ist, die Rinden glattreibend mit ihren schweren Leibern, den Boden zu feinem Staub zerstampfend. Manchmal liegen sie in erdigen Kuhlen, Rinder und Ziegen, wie Vögel in ihren Nestern. Auch in die kleinen, heiligen Haine führen ihre Wege hinein, durch Breschen hindurch, die Bäuche und Hufen in die Brombeerwälle geschlagen haben. Dort drinnen stehen sie dann, regungslos kauend, den Schatten genießend, ab und zu nur zuckt ein Ohr, schwingen die Fliegen vertreibenden Schwänze.

Es ist genau das, was man bukolische Landschaft nennt, das

reinste Produkt unablässiger menschlicher Mühe und göttlichen Segens. Mit Landschaftsgärtnerei hat das freilich nichts zu tun, im Gegenteil. Geringster Aufwand bei höchstem Nutzen ist die Devise. Kein sentimentaler Gedanke leitet die Hand mit der Harke, die Gruppe der Eichen mit den schön geschwungenen Stämmen, die Claude Lorrain gemalt haben könnte, sind zwei Klafter Brennholz, vielleicht auch drei. Dafür erfreut sich das Auge des Bauern am tief durchpflügten, steinfreien Acker und der sauber geschichteten Mauer. Der Garten entsteht nebenbei, und zwar in reiner klassischer Schönheit, wie nur pragmatisch ruhige Arbeit gegen den Widerstand der Natur sie hervorbringt. Die Steine der Mauern entstammen den Äckern, die sie umziehen, die Äcker selbst gerade so groß, wie es geht, ohne Felsen zu sprengen und Berge zu schleifen. Als Grenze bleiben auch jene felsigen Furchen, die im Frühjahr Sturzbäche ins Tal tragen, niemand würde sie zuschütten. Geschnitten wird das, was stört, der Rest wächst, wie er will. Wo Gatter gemacht und Zäune gezogen werden, nimmt man Äste und Stämme der heiligen Haine, ohne sie lange zu kürzen oder zu glätten. Und so, mit den wenigsten Kräften das meiste bewirkend, bewegen sich Menschen und Tiere durch diese Landschaft, die so ganz von ihnen geformt ist und doch alles aus sich nimmt, ohne Fremdes, Herbeigeschafftes. Die Linien der Mauern sind jene des Hügels, ihre Farbe die des anstehenden Felsens. Dazwischen der erdfarbene Acker und die gelblich lehmigen Wege.

*

Natürlich ist das, was ich hier beschreibe, in den meisten Fällen nur noch Erinnerung. Denn sobald man sich von den kleineren Ortschaften entfernt, verschwindet jene Kulturlandschaft schlagartig, bleibt als nicht lohnend sich selbst oder dem Vieh überlassen. Die Mauern sinken zusammen, stürzen um, werden unter Dornen begraben, aus den Äckern wuchert es umso saftiger, je feiner die Erde gepflegt war. Die Olivenbäume verkrauten, von Efeu erdrückt, wild wuchert der zeckentragende Lorbeer. Nur was die Tiere fressend beackern, bleibt als Wiese erhalten, mit Rasen manchmal so fein, dass man Golf spielen könnte darauf. Wenn man, aus Deutschland kommend, das erste Mal auf den so beschaffenen Hängen der Abruzzen einem Rind begegnet, denkt man unwillkürlich an ein entlaufenes Exemplar, das nun hilflos und verloren herumirrt im Walde. Dann trifft man ein zweites, dann ein drittes, schließlich eine ganze Gruppe, angezeigt durch frische, nach Kräutern duftende Fladen, ein vermehrtes Aufkommen an summenden, metallisch glänzenden Fliegen und frischen Hufabdrücken auf den Wegen. Man begreift, dass nicht die Kühe es sind, die den Wegen der Menschen bequemlich folgen, sondern dass im Gegenteil wir die Wege der Kühe gehen. Und dass es völlig in Ordnung ist, dass sie frei hier herumlaufen, weidend ihre weit ausgreifenden Kreise ziehen, ohne sich im Großen und Ganzen vom Fleck zu bewegen. Sie bleiben auf ihrem Berg und in den eingrenzenden Tälern, schauen allenfalls auf dem Nachbarhügel vorbei, bewegen sich sachte in uralten Bahnen, und wenn sie nach einer Woche wieder an derselben Stelle vorbeikommen, ist das Gras schon wieder ein bisschen nachgewachsen. Es sind natürlich keine Milchkühe, die gemolken werden müssten, sondern solche, denen man eines Tages als Bistecca wiederbegegnen könnte. Sie haben riesige Hörner, lang und perlmuttergrau, elegant in zwei flachen Windungen geschwungen, man sieht sie schon auf den Bildern des Jakob Philipp Hackert und Joseph Anton Koch.

Dass wir außer diesen Rindern und Pferden, die ebenfalls frei hier oben herumlaufen, ohne dass sie davonlaufen würden, keinen Menschen trafen – wirklich niemanden –, versteht sich von selbst. Was sollte ein solcher hier oben auch tun? Einige bunte, leergeschossene Schrotkartuschen vergangener Jagden, das unzerstörbare Papier eines Schokoriegels sowie eine vergilbte

Plastikflasche waren über Tage die einzigen Spuren höherer Zivilisation. Einmal aber stießen wir auf eine Hütte aus Ästen und Wellblech, die einigermaßen instand war. Ab und zu musste also jemand vorbeikommen, ohne hier eigentlich zu wohnen. Drinnen auf dem gestampften Lehmboden einige leere Konservendosen, zwei Kerzenstummel, verbogenes Blechgeschirr, ein umgestülpter Plastikeimer als Sitz und an der Wand ein sonderbares Ding, das sich als Ziegenfell herausstellte, genauer als zwei zusammengenähte Ziegenfelle, eine Art Hose, die man sich von vorne auf beide Beine binden konnte, wie man das bei den Hirten auf alten Fotografien noch sehen kann. Hier hing das Ding an der Wand, vielleicht nicht gestern benutzt oder vorgestern, aber immerhin doch in einer Vergangenheit, die eben erst Gegenwart zu sein aufgehört hatte. Wir bestaunten das Fell wie die trockene Haut einer Schlange, leblos und dünn wie Papier, aber doch ein Teil des starken, glänzenden Leibes, der sich daraus gelöst hat und nun verschwunden ist, so wie die Zeit der Hirten, deren letzte Hülle da an der Wand hing.

*

Am Abend marschierten wir hochgestimmt im altehrwürdigen Cori ein, vom Ortsrand an begleitet von einer Kinderschar, die uns schreiend dem Dorf ankündigte. *Veniamo da Roma, andiamo a Napoli*, erklärten wir allen, die es wissen wollten. Wir wurden nicht verhaftet, auch wenn uns in der Apotheke, wo wir neben Pflastern einen zu Hause vergessenen Kamm kaufen wollten, ohne näheres Nachfragen ein solcher zur Entlausung mit mütterlicher Sorge angeboten wurde.

Am nächsten Morgen, nachdem die Hälfte der Pflaster an meinen Füßen klebte, besahen wir uns den sogenannten Herkulestempel und auch die Zyklopenmauer. Danach wieder in die Wildnis.

Noch im Ort hatten wir, auch um im Falle unseres Verschwindens Spuren zu hinterlassen, den Weg nach Norma erfragt, der nächsten Station. An unseren redlichen Absichten zweifelte man nun nicht mehr, eher vielleicht an unserem Verstand. Aber die Auskünfte, die wir erhielten, halfen in der Regel nicht weiter. Die hingehaltenen Landkarten betrachteten die Angesprochenen, als sei dort das Nildelta oder Patagonien zu sehen.

*

Man erkennt einen Stier an seinem gedrungenen Körperbau, an den fehlenden Eutern sowie an den langen, gelblich-zauseligen Fellsträhnen, die in der Mitte des Bauchs vom Gemächt herunterhängen. Und natürlich am Gemächt selbst. Dass es auch hier oben Stiere gab, war bei den vielen Kühen mehr als wahrscheinlich, wurde uns als Möglichkeit aber erst bewusst, als es zu spät war. Und das, obwohl G. während der Reisevorbereitungen öfter aus den *Wanderungen* des Ferdinand Gregorovius vorgelesen hatte, und zwar gerne auch jene Stellen, wo von ebensolchen Tieren die Rede ist. Ich höre ihn noch, mit der nötigen Emphase, die unsterblichen Sätze rezitieren: *Aber mit der ehernen Stirn stößt er den Menschen um, welchen er verfolgt und erreicht, dann senkt er seine plumpen Knie auf seinen Leib und zerstampft ihm die Brust, so lange er noch einen Odemzug darin verspürt.* In der römischen Wohnung konnte man dazu genüsslich am Weinglas schlürfen und einen Zug aus der leise glimmenden Pfeife nehmen. Nun also in der Wildnis, irgendwann am Nachmittag nach verspeister Brotzeit und geleerter Weinflasche, als wir in innerer Heiterkeit einen Hohlweg dahinzogen, stand er vor uns, ER, der Stier.

Auch er hatte offenbar nicht mit uns gerechnet, schien aus dem Unterholz gekommen und war, wohl in der Absicht, den Weg zu queren, auf diesem stehen geblieben, also quer. Der Weg mochte vier Meter breit sein, und während die hin und her schlagende Schwanzspitze des Viehs noch die Äste des Gehölzes streifte, aus dem es getreten war, so berührte das äußere Horn des zu uns gewandten Hauptes bereits das Laubwerk der gegenüberliegenden Seite, wo zu verschwinden er offensichtlich gerade im Begriff war. Unser Auftauchen ließ ihn sein Vorhaben aber vergessen, jedenfalls blieb er stehen und schaute uns an.

Es gibt Momente, die ich, der Nebenfach-Archäologe, als *antikisch* bezeichnen würde, als edel und einfach, erhaben und klassisch, verweisend auf bildliche und literarische Topoi der Alten, von Homer bis Vergil, vom Parthenon-Fries bis zur kaiserzeitlichen Reliefkunst. Das Erscheinen des Stiers und seine Erscheinung waren antikisch in hohem Maße, da gab es gar keinen Zweifel. So stand er vor uns im schattigen nachmittäglichen Dunkel des Hains, dessen Stille erfüllt war vom Summen der Fliegen, die seinen göttlichen Leib umschwirrten, und vom Schnauben, mit dem er sie von seiner feuchten schwärzlichen Schnauze verjagte, auf welcher die winzigen Sonnenflecken aufblitzten, die ihren Weg durch das dichte Laubdach fanden. Einige Speichelfäden liefen von ihr hinunter. Der Schädel, fast ohne Hals festgewachsen am riesigen Rumpf, war breiter als lang, mit dunkel glänzenden, schwer geschwungenen Hörnern, die eherne Stirn mit dichtem Gewölle bedeckt. Zwischen den Beinen sah man hindurch auf die rettende andere Seite des Weges, den er versperrte. Er tat, die bei unserem Anblick unterbrochene Bewegung zu Ende führend, noch einen halben Schritt nach vorn, wobei das Vorsetzen der hinteren Flanke das Organ der Zeugung entblößte, wie Fußbälle so groß.

Ein antikischer Moment, wie gesagt, ein Bildungserlebnis schönster Art, das, um mit Goethe zu sprechen, Bildung zum *lebendigen Wort* werden ließ: *Pascite ut ante boves, pueri, submittite tauros!* Oder: *Dann entspannet dem Joche der rüstige Pflanzer die Stiere.* Vergessen geglaubte Verse standen mit einem Mal deutlich in der stierisch duftenden Luft, Verse, vor zweitausend Jahren in diesen Gefilden gedichtet, schienen so frisch und wahr wie am ersten Tag. Auch G. kamen, nach einer

Weile des Schweigens, alte Zitate in den Sinn, wacker aus dem Gedächtnis zitierend: … *dann senkt er seine plumpen Knie auf seinen Leib und zerstampft ihm die Brust, so lange er noch einen Odemzug darin verspürt.* Ach Gregorovius, und wir zwei Wanderer, allein mit dem Stier!

Unsere Wanderstöcke hatten wir bei der letzten Rast liegen lassen. Die Entfernung zwischen uns und ihm mochte etwa acht Meter betragen. Zeit genug, um im Falle des Angriffs die Böschung des Hohlwegs zur Rechten zu erklimmen? Vielleicht ließ er sich ja auch vertreiben, etwa durch Steinwürfe. Doch geeignete Steine waren nicht näher als der rettende Wald. So standen wir still, und auch der Stier stand und schlug nur langsam mit dem Schwanz um die mächtigen Lenden, die erdverkrustet und staubig waren, wohl vom mittäglichen Liegen. Minuten vergingen. Einmal fuhr die gewaltig hellrosa aufscheinende Zunge aus dem feuchten Maul, fing eine herabhängende Speichelgirlande dumpf schmatzend auf und fuhr mit der Spitze in eines der Nasenlöcher. Und dann, als uns schon die Beine müde und zaghaft wurden, kam plötzlich eine sachte Bewegung in den langen, dunklen Riesenleib. Der Stier senkte den Kopf, berührte leise das Laub und schob sich hinein in das dichtdunkle Gebüsch, das ihn wenige Momente später vollständig verschlungen hatte. Nur am Krachen der Äste und am Rascheln des trockenen Laubes war noch zu hören, dass er sich mit schweren, stetigen Schritten entfernte.

*

Am Nachmittag fing es an zu regnen. Regen ist im römischen Sommer das Letzte, woran man denkt, und auch wir hatten gar nicht damit gerechnet, zumindest ich nicht, denn während G. eine wasserdichte Überhose aus dem Rucksack hervorholte und sie unter meinen verächtlichen Blicken anzog, hatte ich gar nichts dergleichen dabei. Nach wenigen Minuten war alles durchtränkt, vor allem die Schuhe. Das wäre an sich zu ertragen gewesen, denn was nass ist, wird schon wieder trocknen, solange man sich nur in Bewegung hält, und genau das taten wir ja. Die Sache war aber, dass mein ledernes Schuhwerk sich durch die Nässe derart erweiterte, dass der Fuß darin eine parallele Wanderung veranstaltete.

Beim Einlaufen in Norma, wo das rettende Nachtquartier aufgeschlagen werden sollte, konnte ich mich nur noch mühsam humpelnd fortbewegen. Als wir endlich im Hotelzimmer uns daranmachten, die nassen Kleider vom Leib zu schälen, war ich nicht ganz sicher, ob die bei jedem Schritt schmatzend-schlürfende Flüssigkeit in meinen Schuhen noch Regenwasser war oder nicht doch schon Blut. Es war, wie sich herausstellte, eine Mischung. Als ich mich vom triefenden Hemd befreite, sah ich, dass auch dieses im Rücken blutrot besudelt war, und tatsächlich zeigte ein Blick in den Spiegel die über dem Gürtel aufgescheuerte Haut. Es war das Werk meines Rucksacks gewesen, dessen leinene, an dieser Stelle mit einem Lederstreifen versteifte Rückwand beim Gehen hin und her schleifte.

Am nächsten Morgen gingen wir noch vor dem Frühstück in die Apotheke, um weitere Pflaster und Binden zu kaufen. Die vom Vortag noch nassen Hemden und Strümpfe, die in der Nacht nicht trocknen wollten, hatten wir über unsere Rucksäcke gespannt, was malerisch aussah. So nahmen wir, schwer angeschlagen, den Weg in Richtung Neapel wieder auf.

Nachdem wir ein Tal durchstiegen hatten, drang uns ein zunächst süßlicher, dann stärker ins Faulig-Beißende umschlagender Geruch entgegen, der schließlich so stark wurde, dass die Ursache sich jeden Moment enthüllen musste. Der Gegenstand, der da offensichtlich verweste, musste eine gewisse Größe haben, die Frage war nur, ob es tatsächlich ein Tier war. Wie immer in solchen Situationen erhofft man das Schlimmste und fürchtet es zugleich. Beides war berechtigt. Denn plötzlich stand eine zunächst nur im Augenwinkel wahrgenommene Kuh vor uns, und es brauchte eine Weile, um zu sehen und zu erkennen, dass diese Kuh bereits teilweise skelettiert, also wahrscheinlich tot war. Dennoch stand sie vor uns, auf einem Felsenvorsprung, den Kopf mit aufgerissenem Maul in den Himmel gehoben.

Erst nach und nach begriffen wir das grässliche Unglück, das hier passiert war. Die arme Kreatur war mit einem Huf in einen Felsspalt gerutscht und hatte sich dabei derart verklemmt, dass sie nicht mehr vom Fleck kam und elendig zugrunde ging. Die Hinterläufe eingesackt, aber mit den vorderen, eingeklemmten aufrecht stehend wie ein schauriges Denkmal. *Et Ego in Arcadia*, dachten wir, Auch ich, der Tod, bin in Arkadien, und wir schöpften Trost aus diesem unverhofften Bildungserlebnis.

Am Abend erreichten wir Sezze, das wie so viele italienische Bergnester das Format eines Dorfes, aber das Ansehen und die Ausstattung eines kleinen Städtchens hat, samt Dom, Bischofspalast, Kirchen, Palästen, einer *rocca*, also der Stadtburg, und einer Geschichte, die länger zurückreicht, als es in Deutschland überhaupt Menschen gibt. Der göttliche Herkules hat es gegründet, und schon 382 vor Christus war es römische Kolonie. So thront es seit Jahrtausenden am südlichen Rand der Monti Lepini hoch über der pontinischen Ebene mit ihren klassischen Sümpfen und lässt die Via Appia, wie überhaupt die Weltgeschichte, gelassen an sich vorbeiziehen. Vom Süden grüßt der Monte Circeo, und mit ihm grüßen Odysseus und Maga Circe.

Wieder erfreuten wir uns an unserer Bildung, die sich bei der Suche nach einer Bleibe jedoch als weniger nützlich erwies. Es mochte in Sezze siebzehn Kirchen geben, deren Patrozinium wir kannten, aber nur zwei Pensionen, und die waren aus unerfindlichen Gründen belegt, obschon es Ende Juli war. Vielleicht wollten sie uns ja auch nicht haben, mit unseren Reisbauernhüten und den inzwischen tadellos trocken von den Rucksäcken flatternden Hemden und Socken. Wir wurden hierhin geschickt und dorthin geschickt, klingelten an vielen Türen, alles umsonst. So blieb uns nichts anderes übrig, als bei einer Krisensitzung im Café an der Piazza bei einer Flasche Wein über die Lage zu beraten. Das Ergebnis war, dass eine Übernachtung im Freien aus verschiedenen Gründen nicht in Frage kam und die Mission Roma–Napoli als vorläufig gescheitert angesehen werden musste. Auch Napoleon hatte stets gewusst, wann es Zeit zur Umkehr war.

Blieb die Frage, wie ein geordneter Rückzug aussehen könnte, es wurde ja schon langsam Abend. G. hatte – das alles ist etwa ein Vierteljahrhundert her – ein kleines, tragbares Kästchen dabei, ein Telefon, wie sich herausstellte, das von einer in der Regel leeren Batterie versorgt wurde und mit dem man, sofern eine Funkverbindung möglich war, andere Menschen anrufen konnte, ohne dass man hierzu ein Kabel hinter sich hätte herziehen müssen. Da in den Wäldern eine solche Funkverbindung meist gar nicht gegeben war und auch nicht der Wunsch, mit anderen Menschen zu sprechen, lag dieses kleine, tragbare Telefon immer irgendwo unten im Rucksack, also in G.s Rucksack, dem wasserdichten. Nun war der Augenblick gekommen, da dieses neumodische Wunderding hervorgeholt und die Nummer der großartigen U. gewählt wurde, die wir in Rom zurückgelassen hatten, wo sie vermutlich voller Unruhe auf Nachrichten von den kühnen Abenteurern wartete.

Eine solche Nachricht kam jetzt, und zwar dahin gehend, dass wir in Sezze säßen auf der Piazza und dass es ein schöner Abend sei. Ob sie denn nicht Lust habe, uns mit dem Auto zum Abendessen zu besuchen. Wir würden ihr dann auf der Rückfahrt nach Rom Gesellschaft leisten. Und da U. einfach die großartige U. ist, sagte sie freudig zu und fand sogar den Weg, ganz ohne Navigator.

Es war ein schönes Essen auf der Piazza in Sezze, wir ließen uns ausgiebig bewundern und bemitleiden und erzählten von den Abenteuern einer Wanderung von Rom nach Neapel. Schön war's. Lange ist's her.

# Porta Portese

**Es kann schon vorkommen,** dass man vom Flohmarkt bei Porta Portese mit Dingen zurückkommt, die man nicht unbedingt gewollt hatte. Sonst könnte dieser Flohmarkt auch nicht überleben, denn von den wenigsten Dingen, die hier jeden Sonntag zwischen fünf Uhr morgens und ein Uhr mittags angeboten werden, kann man sich vorstellen, dass irgendjemand sie gerne hätte oder gar brauchen würde. *Du musst einfach früher hingehen*, pflegte mein hochgeschätzter Kollege O. zu sagen, *die guten Sachen werden noch beim Auspacken weggekauft*. O. hatte mich auf Porta Portese eingeführt, ohne dass wir jemals zusammen dort gewesen wären.

Fünf Uhr früh am Sonntag – das habe ich nicht einmal vor fünfundzwanzig Jahren geschafft, außer einmal, als ich, von einem Abendessen in Monteverde heimkehrend, um etwa diese Uhrzeit an Porta Portese vorbeikam, wo tatsächlich die *furgoni*, die Kleintransporter mit den neapolitanischen Kennzeichen, schon mit geöffneten Ladeflächen herumstanden, auf denen Männer mit Taschenlampen zwischen Kartons und geknülltem Zeitungspapier wühlten. Ich stellte mich dazu, verstand aber bald, dass meinesgleichen um diese Uhrzeit hier nichts zu suchen hatte. Es ist die Stunde der Händler, und O. war einer, wenn auch nur nebenbei. Durch ihn habe ich das meiste gelernt, was ich heute über Antiquitäten weiß, zumindest gab er die entscheidenden ersten Hinweise. Und so habe ich mich dann, meist fünf bis sechs Stunden später, auf eigene Faust durch die überfüllten Zeilen geschoben, habe Kerzenleuchter aus Messing gewendet, um festzustellen, ob sie gedreht oder nur gegossen waren, habe Silberstempel lesen gelernt und überhaupt vieles über Materialien, Verarbeitungen und Formen.

Wer lernt, muss Lehrgeld zahlen, und mein Lehrgeld war jenes, was bis heute auf meinem Konto fehlt. Voll ist dagegen meine Wohnung, und zwar mit Gegenständen, auf die ich inzwischen zwar gut verzichten könnte, deren Studium aber, dem die zweite Hälfte des Sonntags und manchmal auch die ganze kommende Woche vorbehalten war, ich viel verdanke. Heute wüsste ich ganz genau, was ich kaufen würde. Na ja, nicht alle waren Fehlkäufe, und es kam nur selten vor, dass ich beim Kaufen einen Fehler zweimal machte. Wenn ich mich bei mir so umsehe, dann weiß ich noch immer genau, was von Porta Portese stammt, oft erinnere ich mich an die Situation des Kaufes und manchmal sogar an den Preis.

Mit Porta Portese ist es genauso wie mit Rom. Wer vor fünfzig Jahren dort gewesen war, sagte mir vor fünfundzwanzig Jahren, dass es keinen Sinn hätte, zu Porta Portese zu gehen. Die Zeit sei vorbei, man finde dort nur noch Müll. Das Gleiche sage ich heute denen, die zum ersten Mal hingehen. Und gehe doch selbst hin, wann immer ich kann. Aber es stimmt schon: Charakterisierte Émile Zola den Markt von *Les Halles* als den *Bauch von Paris*, so ist der Flohmarkt von Porta Portese so etwas wie die Müllkippe von Rom, oder zumindest ein Vorplatz dazu. Früher nahmen die Gegenstände aus den Haushalten von Rom und Neapel auf dem Weg zum Müll ihren Umweg über Porta Portese. Heute werden sie in großen Teilen durch fabrikneuen Müll ergänzt, der, containerweise aus China herangeschafft und nicht selten mit schwachen Batterien versehen, zudem ein Entsorgungsproblem darstellt.

Aber ich übertreibe natürlich, wie meistens. Warum ich selbst nicht davon loskomme, ist schwer zu sagen. Es gibt eben Dinge, die sind so schnell nicht kaputtzumachen, etwa die Menschen dort. So wurde ich, nach zehn Jahren der vollständigen Abwesenheit, bei der ersten Rückkehr von einigen Händlern wiedererkannt. Nicht dass man mir um den Hals gefallen wäre, die schlechte Laune gehört hier zum Geschäft. Aber ein leise geknurrtes *ben tornato* bei gleichzeitigem leichten Entblößen eines der ursprünglich zwei gelben Eckzähne im angegrauten Stoppelfeld als Andeutung eines Lächelns – das ist mehr, als ich damals, in den alten Tagen, jemals zu träumen gewagt hätte. Rom vergisst nicht, der verlorene Sohn kann immer wiederkommen. Man ist getrennt voneinander gemeinsam älter geworden, aber immer noch da, schon das verbindet. *Si tira avanti.*

Die meisten der Gestalten hier, Sie erahnen es, haben schon bessere Tage erlebt, wenn auch nicht sehr viel bessere. Denn ein Verkaufsstand bei Porta Portese ist nicht unbedingt die Krönung im Leben eines Antiquars. Es ist vielmehr eine der unzähligen Varianten des Sich-Durchwurstelns, womit die Mehrheit der Arbeitsverhältnisse von Rom an südwärts charakterisiert werden kann, Tag für Tag, Woche für Woche, Jahr für Jahr. Man verkauft, was man eben so hat und finden kann, oder besser, man versucht es zu verkaufen, oder noch genauer, man legt es bei Porta Portese auf oder neben ein schmutzig-weißes Betttuch auf die Straße, hockt sich dahinter auf eine Kiste und wartet, wartet auf das Unwahrscheinliche, nämlich dass irgendein Depp kommt und kauft, so wie ich. Und an den erinnert man sich eben lange.

Den meisten Dingen sieht man an, dass sie Sonntag für Sonntag immer wieder angeschleppt, ausgepackt, hingelegt, eingepackt und wieder weggekarrt werden, einige kennt man schon von früheren Besuchen. Ein allgemeines Bild der Ware ist schwer zu geben. Da gibt es die Piazza, wo die Trambahn hält und die beiden Hauptarme des Marktes sich vereinen, mit einem Salsiccia-Stand als Zentrum. Der ist wichtig, hier lasse ich mir am späten Vormittag erst einmal eine jener typisch römischen dicken kurzen plattgedrückten Bratwürste in der Semmel machen, mit Sauerkraut und Senf. Das ist mein Porta-

Portese-Frühstück, und die Besitzerin, die sich über die Jahre recht gut gehalten hat und an ihrem Grill nur ein wenig brauner und magerer geworden ist, erkennt mich auch zuverlässig wieder, mit breitem Lächeln. Hier an der Piazza haben die Neapolitaner das Sagen, hier parken ihre schrottreifen Transporter, aus denen alles quillt, was man in Neapel nicht mehr braucht und in Rom zu verkaufen hofft. Viele historisierende Möbel, Rokoko-Anrichten aus den Fünfzigerjahren, Frührenaissance-Stühle von 1965, dazwischen ein billiges Empire-Service von 1970 oder auch eine Charles-Eames-Nachahmung von 1985 aus Kunstleder. Einige Teppiche, in denen so ziemlich alle Hausmilbensorten der letzten Jahrzehnte archiviert sind. Dazwischen Bilder, Bilder und immer wieder Bilder.

Wer begreifen will, wie schwierig es ist, ein gutes Bild zu malen, der muss auf Porta Portese gehen. Die Entstehungszeit der Werke – meist Öl auf Holz, Leinwand oder Pappe – umfasst im Wesentlichen die Periode zwischen 1920 und 1970, also Faschismus und Postfaschismus, vor allem aber den Dilettantismus. Suchen Sie ein kulturanthropologisches Lebensprojekt, das Jahrzehnte an Fördermitteln zu binden in der Lage ist? Dann rate ich dazu, ein *Corpo dei dipinti nelle trattorie d'Italia* (CDTI) zu erstellen, ein *Gesamtverzeichnis der Bilder in italienischen Trattorien*, was natürlich auch den riesigen auf Flohmärkten angebotenen Bestand umfasst. Ich würde das gerne einmal machen, schon der Aussicht wegen, dienstlich und mit Kostenerstattung regelmäßig in Trattorien wie auf Flohmärkte zu gehen. Trattorien, speziell jene etwas älteren mit erhaltener Ausstattung aus den Siebziger- und Achtzigerjahren – die anderen kommen ohnehin nicht in Betracht –, sind neben Orten, wo man essen und trinken kann, immer auch Pinakotheken des bürgerlichen Kunstschaffens, das in kleineren, aber auch mittleren Formaten die Wände bedeckt. Ob es die Freunde früherer Wirte und Köche waren, die diese Werke gestiftet haben, ob sie eigens gekauft oder von ihren zahlungsunfähigen Erschaffern als Kompensation zurückgelassen wurden, wer mag das wissen.

Neben den Bildern gibt es freilich noch andere Dinge in großer Zahl und Auswahl auf Porta Portese, etwa gebrauchtes Werkzeug. Riesige Tische, die übersät sind mit Hämmern, Zangen, Schraubenziehern, Feilen, Sägen, Stemmeisen, Handbohrern, Spachteln, Griffeln, Scheren, Schraubzwingen und was sonst noch alles. Wunderbar, dachte ich, als es darum ging, den neuen Hausstand in Rom angemessen auszurüsten, und kaufte solche Stücke, die mich durch ihr Alter, ihre Patina oder ihr Material überzeugten. Richtig funktioniert hat hiervon eigentlich nur der Hammer, wenn auch sein schwerer, malerisch gealterter Kopf sich neulich vom Stil gelöst und eine meiner Majolika-Fliesen zertrümmert hat. Pazienza. Die Schraubenzieher erwiesen sich als zu abgenutzt, die Zangen zwickten und die Feilen feilten nicht. Dabei hatte ich für diese Dinge ungefähr das Gleiche gezahlt, was ihre funkelnagelneuen, wenn auch seelenlosen Entsprechungen im *ferramenta*, in der Eisenwarenhandlung, gekostet hätten.

Dennoch kann ich mich nicht dazu durchringen, diese Erwerbungen als Fehler anzusehen. Ich freue mich an diesen schönen, ehrlichen und in ihrer Nutzlosigkeit geradezu anrührenden Werkzeugen. Denn wozu ist ein Werkzeug, mit dem man keine Werke mehr zeugen kann, noch gut? Zu nichts, es hat ausgedient und erwartet die sichere Verschrottung, so wie dem lahmenden Jagdhund das Schicksal jener Tiere droht, die er im Dienst des Menschen zur Strecke zu bringen geholfen hat. Es sei denn, sein Herr ist eine milde Seele und stellt ihm noch ein paar Jährchen sein Futter hin, anstatt ihm die Kugel zu geben, in stiller Anerkennung der geleisteten Treue. Und so dürfen auch die alten Werkzeuge bei mir noch ein Weilchen herumliegen im Kasten, wo ein Fach als eine Art Gnadenhof für sie reserviert ist, in Anerkennung der geleisteten Dienste, die bestimmt solider Natur gewesen waren, ausgeführt von ehrlichen

Männern mit schwieligen Händen, die am Abend wussten, was sie am Tage verrichtet hatten. Dort liegen sie neben ihren billig glänzenden, perfekt arbeitenden chinesischen Verwandten, die Vertreter einer alten, verschwundenen Welt neben denen, die heute den Ton angeben.

Auch das ist Porta Portese, ein Lazarett der aus dem Leben der Menschen versehrt und verkrüppelt zurückgebliebenen Dinge. Die verbeulten Kochtöpfe aus tausendfach gescheuertem Aluminium mit den stumpfen, verkratzten Plastikgriffen, die man heute nicht mehr benutzen darf, weil man weiß, dass ihre Legierung giftig ist, und die doch durch Jahrzehnte ihren Dienst in der Küche getan und ihre Familien begleitet haben in guten wie in schlechten Zeiten. Dinge, von denen man ahnen kann, welche Freude und Hoffnung mit ihrem Kauf und Besitz einst verbunden waren, und die nun hingeschüttet auf das Pflaster miteinander um die vorletzten Plätze kämpfen, um die Gnade nämlich, zu Spottpreisen erworben und noch einmal mitgenommen zu werden in ein menschliches Leben. Ironische Zurschaustellung ist alles, worauf sie in der Regel hoffen können.

Das gilt auch für die gerahmten Fotografien von Kindern, Müttern und Großvätern in den Arbeits- und Lebensuniformen vergangener Welten. Manchmal gibt es Teile dieser Uniformen gleich dazu, eine Schürze, eine Kohlenhändlermütze, einen Waffenrock. Ich kann mir nicht helfen, aber diese herumliegenden Fotorahmen mit ihren namen- und heimatlos gewordenen Bewohnern greifen mir ans Herz, dieses Treibgut aus den gescheiterten Schiffen enttäuschter Erwartungen, die auf keinen Kommoden mehr stehen, wo sie von Söhnen den Enkeln erklärt und ab und zu auch abgestaubt werden. Sie waren Hoffnung auf Erinnerung, auf ein ganz klein wenig Bleiben in der Welt der Lebenden, sie waren Trost den Zurückgebliebenen, solange sie weiterlebten, Erinnerungen an hellere Tage und bessere Zeiten, an vergangene zumindest.

Ganz wenige versuchen, ihrem Angebot den Anschein eines ernsthaften Antiquitätenhandels zu geben. An Kleiderständern schwanken Leuchter mit falschen Kristalllüstern, die einmal im *salotto* das neidvolle Staunen der Verwandtschaft gewesen sind, falsches Silber liegt in Schaukästen mit gesprungener Scheibe, glänzende Kerzenleuchter, gegossen, nicht gedreht, wie ich inzwischen weiß, viel dunkel gegerbtes Holz, barock gewunden und stumpf vergoldet, und natürlich wieder Bilder, die aus dem 17. Jahrhundert zu kommen vorgeben, Häfen, Hunde, Schiffe und Paläste zeigend, mit einem Firnis so dick wie Honig und einem Krakelee, das auf einen tüchtigen Backofen hindeutet.

In ihrer unwahrscheinlichen Hoffnung auf eine letzte, kleine Chance sind die Dinge von Porta Portese mit ihren Verkäufern verbunden. Bei den meisten hat man nicht den Eindruck, als müssten sie einen Sonntag des Familienglücks oder des Freizeitvergnügens opfern, um ihre Ware hier anbieten zu können. Auch sie scheinen überwiegend aus dem Geschäftsverkehr der aktiven, auf Glück und Zukunft hinwerkelnden Menschheit ausgemustert. Wer weiß, ob noch irgendwo von ihnen gerahmte Fotos auf Spitzendeckchen herumstehen, vielleicht bei einer alten Mutter in den Eingeweiden der Peripherien, oder ob diese Fotos nicht doch schon im Treibgut der Flohmärkte schwimmen, eingewickelt in das Papier vergilbter Zeitungen, die von alten Morden und alten Beziehungsdramen berichten, oder einfach in abgewetzte Kartons geschüttet, die jede Woche wieder hingestellt werden.

Früher hatte ich die eitle, am Ende nie verwirklichte Idee, solche Fotos zu kaufen und daheim aufzustellen, als Dokument zu einer alternativen Identität, wie man heute sagen würde, mit Kindern und Damen, Soldaten und Hunden, Häusern und Autos, die es in der Familie nie gegeben hat. Das Leben der Anderen sozusagen. Fesselnd auch alte Fotoalben, aus denen die Hälfte der Fotografien herausgefallen sind, Lebensgeschichten erzählend entlang der großen Momente kleiner Existenzen, Hochzeiten und Geburten, Familienfeiern und Ausflüge, mit Uniformen und Anzügen und jenen sonderbaren Kunstwelten aus neubarocken Möbeln und Landschaftstapeten, wie sie die Fotografen früher als Hintergrund in ihren Ateliers hatten.

*

Spätestens jetzt ist es an der Zeit, noch eine Salsiccia-Semmel zu erwerben, mit Senf und *krauti*, vielleicht auch ein kleines Bierchen dazu, denn der Mittag ist längst vorüber und der ganze Markt, also die für diesen Tag von den parkenden Autos entblößten Straßen, die man unter der Woche kaum wiedererkennt, mit ihren Tischen, Schirmen, abgestellten Kleinlastern, den Händlern und dem die Gassen dazwischen verstopfenden Volk, das sich leider nie darauf einigen kann, in welcher Gasse man hin- und in welcher man zurückgeht – dieser lagerartige Kosmos, der eine halbe Stunde zuvor für die Ewigkeit eingerichtet schien, ist mit einem Mal vom Wirbel der Auflösung ergriffen. Plötzlich sieht man halbleere Tische, Schirme klappen ein, Kartons stapeln sich, alte Fiat-Transporter mit Nummernschildern, wie sie seit 1985 nicht mehr vergeben werden, schieben sich zentimeterweise durch die Menge, die noch einmal die Alleen abgeht, untergehakt, in Gruppen oder vereinzelt, Beute fortschaffend in grünen Plastiktüten, überwiegend zufrieden, schwatzend, telefonierend und rauchend, hinwegsteigend über Warenreste, die nicht mehr mitgenommen werden von ihren Anbietern, die, jetzt ganz offiziell Müll, in einer Stunde von einem Bataillon Müllautos und Straßenfeger zusammengekehrt und fortgeschafft werden.

Jetzt gibt es die Chance, noch einmal zuzuschlagen, die Preise sind im freien Fall. Und da liegt es, ein altes, schönes Zeremonienmesser aus dem ostafrikanischen Stamm der Kuba, über jeden Zweifel erhaben, unberührt in seiner Patina, wohl von einem italienischen Kolonialoffizier in den Zwanzigerjahren als Trophäe, als handliches Raub- und Beutegut mitgebracht, von unwissenden Erben ausgesondert und von einem ebensolchen Händler angeboten. Sieben Stunden der öffentlichen Zurschaustellung hat es unentdeckt überdauert, jetzt bin ich da. Fünfzehn Euro will er, ich biete zehn, er will weg, hat keine Lust mehr, zupft eine grüne Plastiktüte aus einem Bündel, das Stück ist mein. Wenn demnächst alle Museen alle ihre Stücke wieder nach Afrika zurückgeben, dann bleibt zumindest dieses eine Messer hier. Das Gefühl des in den Kopf steigenden Blutes, wo es eine Weile wie guter Champagner perlt.

Dieser etwas rabiate Rückzug gegen Mittag, dieses unvermittelte, jede Gemütlichkeit im Keim erstickende Aufhören, wenn's grade am schönsten ist, unterscheidet diesen Markt von jenen behäbig-beschaulichen, in ihrer kleinbürgerlichen Gesittetheit ein wenig selbstgefälligen Märkten beispielsweise in Florenz, wo kein Gedränge herrscht, wo Ordnungsleute in gelben Westen für Ordnung sorgen, wo die Ware geputzt auf Tischen und gebügelten Bettlaken liegt und spät in die Gänge gekommene Familien ohne Hast und Eile zwischen den Ständen herumtrödeln. Hier dagegen herrscht das raue Leben in schmutziger Vitalität und resignierter Todesahnung, raubtierhafter Überlebens- und Beutewille, fatalistisches Durchwursteln bis zum Ende. Man ist nicht zum Spaß hier, sondern weil man keine andere Wahl hat. Händler sein auf Porta Portese ist Schicksal und Beruf, wie jener des Kanalreinigers oder des Zeitungsverkäufers, beide ohne große Aussichten, weder für den Tag noch für die Zukunft, dafür aber anstrengend und unerbittlich.

Das färbt ab auch auf den Flaneur, der es sich leisten kann, hier nicht dazuzugehören, der kommen kann, wann er will, und auch wieder gehen, und der, wenn er Glück hat, sogar ein Kuba-Messer für das Dreißigstel seines Wertes findet. Porta Portese zieht einen an in ungeduldiger Angst, zu spät zu kommen, den letzten Kilometer bis zum Markt lege ich fast im Laufschritt zurück. Bei der Ankunft dann die hohe Spannung und völlige Konzentration, um im chaotischen Geschiebe die in ungeordneten Haufen ausgeschüttete Ware mit kühlem Blick zu scannen, alle Erkennungsprogramme auf Hochleistung zu fahren, sich nicht ablenken zu lassen, zumindest nicht in der ersten Runde, Fehler zu vermeiden, vor allem Fehlkäufe, skeptisch zu bleiben, aber ja keine Chance zu verpassen. Noch heute erinnere ich mich an negative Fehlkäufe, also an irrtümlich Nicht-Gekauftes, das mich verfolgt wie die Geister von Ertrunkenen. Das spannt ab, und am Ende ist es fast gleichgültig, ob die Jagd erfolgreich war oder nicht, das Gefühl, das Falsche gekauft oder das Richtige nicht gekauft zu haben, läuft aus wie die Milch einer geplatzten Tüte auf dem Boden, man kriegt sie nicht wieder hinein in den Behälter. Leere und Scham über das gierig Sich-hingegeben-Haben auf diesem Satyr-Fest. Wehe dem, der nichts mehr vorhat an diesem Nachmittag, so wie ich vor vielen Jahren, als ich noch viel Zeit und wenig zu tun hatte. In solchen Post-Porta-Portese-Depressionen suchte ich Stille und Einsamkeit, und die findet oder fand man in Rom eigentlich nur an einem Ort, nämlich unten am Tiber.

# Am Tiber

**Der Tiber – in früheren** Jahrhunderten sagte man im Deutschen auch *die* Tiber – floss bereits durch Rom, als es dieses Rom noch gar nicht gab. Er fließt dort noch immer und wird auch dann noch fließen, wenn es dieses Rom einmal nicht mehr geben wird. Damit ist über ihn das Wesentliche gesagt, *il resto sono chiacchiere*, Geschwätz. Rom hat seinen Tiber nie besungen wie Heidelberg den Neckar oder München die Isar. Er war da und floss, brachte halbwegs sauberes Wasser aus den Bergen heran, um still und brav den Kot und Urin, den Dreck und die Abfälle zum Meer fortzuschaffen. Über Jahrtausende war das die stille Abmachung zwischen der Stadt und dem Fluss, gegen die er nur ab und zu rebellierte, indem er, wild und schlammig über die Ufer tretend, die niedrig gelegenen Behausungen der Plebs unter sein stinkendes Wasser setzte. Was man nicht mehr brauchte, warf man hinein, wo es entweder wegschwamm oder unterging. Noch heute ist das so, von den Brücken aus sind Fahrräder zu sehen und Einkaufswägen, verbogene Absperrgitter, Verkehrsschilder und Möbelstücke. Lange lag auch der nach oben gekehrte mächtige Rumpf eines Kahnes aus einer Art Zement im Flussbett, weiß vom Kot der Möwen, Enten und Kormorane, denen er eine willkommene Insel war. Ich hatte dieses malerische Wrack sehr gern in seiner poetischen Sinnbildlichkeit des elementaren Scheiterns, welche Stadt hat so etwas schon? Dann haben die Väter und Mütter dieser Stadt sich seiner irgendwann geschämt und es fortschaffen lassen, nichts ist ewig, nicht mal in Rom. Die Wasservögel sitzen nun wieder auf den felsenartigen Fundamentresten des antiken Pons Neronis, die schwärzlich aus dem gelblichen Wasser ragen.

Als Rom zur Hauptstadt Italiens wurde, beschloss man, dem Fluss sein Rebellentum auszutreiben, und zwar gründlich, ein für alle Mal. Wozu Kaiser und Päpste sich nie hatten aufraffen können, wurde nun mit der Konsequenz des industrialisierten Bürgertums durchgezogen: Man hat den Fluss kurzerhand eingekerkert zwischen haushohen, in ihrer piranesischen Gewaltigkeit auch schon wieder sehr römischen Kerkermauern, zu deren Bau man die bis dahin das Ufer säumenden Häuserzeilen, und was eben sonst noch im Wege stand, recht umstandslos abriss. Damals traute man sich noch etwas. Manchmal musste auch die zweite Häuserzeile daran glauben, um Platz zu schaffen für die breiten Boulevards, die entlang der Mauerzinnen errichtet wurden. Die Idee war klar: Hauptstadt, Metropole, Europa, Paris. Nur ist Rom eben nicht Paris und wird es nie werden. Keine Buchstände säumen die Quais, die hier *lungotevere* heißen, keine Verliebten verweilen auf den Brücken und blicken hinab in die silberne Seine. Nur ab und zu heben die Römer den Blick beim Queren der Brücke, und zwar immer dann, wenn es besonders viel oder besonders wenig regnet, um nachzusehen nämlich, wie stark der Fluss schon angeschwollen oder ausgetrocknet ist. Ansonsten liegt der Tiber unbeachtet in seinem steinernen Verlies.

Vor einiger Zeit wollten die Römer das ändern und die breiten, befestigten, an sich schön angelegten Wege, die tief unten, aber doch etwa einen Meter über dem normalen Wasserpegel den Flusslauf zu beiden Seiten begleiten, für das römische Freizeitleben urbar machen. Aber da die Römer als echte Südländer die ungezähmte Natur, den rohen Boden und vor allem Gottes offenen Himmel von alters her fürchten, ließen sie auch hier nichts unversucht, um aus diesem Freiluft-Draußen ein kulturell umhegtes Drinnen zu machen, durch zahllose Zelte und Buden, Podeste, Geländer, Markisen und Blenden, Gitter und Kordeln, Stühle und Sofas, loungemäßig angeordnet, alles tüchtig beleuchtet aus Millionen LEDs und beschallt aus ebenso vielen Lautsprechern, so dass für einige Wochen am rechten Tiberufer in der Höhe der Insel eine langgezogene, heerlagerartige Siedlung entsteht, wo man vom Fluss und der römischen Nacht so sicher ist wie auf der Piazza Navona. Sogar der Geruch des Flusses wird stellenweise von synthetischen Riech-Essenzen überlagert. Das Rauschen der Strömung, das Rascheln der Rattenfüßchen und den Silberteppich des Mondes in den Wellen sucht man hier vergebens.

Der Tiber, den ich aufsuche, wenn ich der Stadt da oben für eine Stunde entkommen will, ist ein anderer. Er beginnt dort, wo das Spaß-Dorf aufhört, also an der Insel flussabwärts. Interessanter ist, in Fließrichtung gesehen, die linke Seite. Zunächst muss man eine der steilen, steinernen Treppen hinabsteigen, die an den Brückenköpfen zu beiden Seiten nach unten führen, und aufpassen, dass man nicht in Fäkalien tritt oder auf den glitschigen, mit Laub, Müll und Spritzen bedeckten Stufen ausrutscht. Die Römer mögen diese Treppen nicht, so dass man, hat man es glücklich nach unten geschafft, mit sich und dem Fluss alleine ist. Fast alleine. Denn es gibt schon einige Menschen, die wie ich die abgeschiedene Ruhe des Ufers suchen, wenn auch selten nur für eine Stunde. Sie leben hier, entweder ganz oder doch tagsüber, und tun Dinge, wie man sie die sonderbar zerlumpten Gestalten auf den Tiberveduten des Piranesi tun sieht, nämlich herumsitzen oder angeln. Dass man im Tiber angeln kann und möchte und dies auch tatsächlich tut, wäre mir, oben wandelnd, kaum in den Sinn gekommen, hier unten liegt es dann gar nicht so fern. Es gibt Angelplätze, wie sie kaum eine andere Stadt bieten dürfte.

Da sind die mächtigen Gesteinsbrocken um die noch stehenden Pfeiler des Ponte Rotto, einer Brücke aus dem zweiten Jahrhundert vor Christus. Ja, *der* Ponte, nicht *die*. Eigentlich heißt er Pons Aemilius, wird aber, wie so vieles Alte und Ehrwürdige in Rom, von den Römern mit einem jener Spitznamen belegt, die augenfällige Eigenarten, Gebrechen oder Defekte benennen, den Dingen also einen Namen geben, der gradheraus ausdrückt, was jeder sieht, Ponte Rotto nämlich. Die Brücke ist *rotto*, gebrochen, kaputt, und wie: Es steht nur noch eine Bogenstellung auf zwei mächtigen Pfeilern, deren Kern antik ist und deren Oberfläche die bis in die frühe Barockzeit ungebrochene Zuversicht spiegelt, das Bauwerk doch stabilisieren zu können. Papst Gregor XIII. Boncompagni (1572–1585) hat hier sein Wappentier hinterlassen, einen drolligen, herrlich ungezogenen kleinen Drachen, den ich immer gerne anschaue, wenn ich vorbeikomme.

Die Hoffnungen, das Bauwerk retten zu können, blieben indes fromme, passend zum Papst. Die Strömungen am Zusammenfluss der die Insel umrundenden Fluten waren nicht zu beherrschen. Was blieb, war diese gewaltige Insel im Strom, ein Triumphbogen des heroischen Verfalls, so römisch wie nur irgendetwas. Besonders augenfällig muss die Größe des Vergangenen gewesen sein, als man in den letzten Jahren der Papstherrschaft die herrlichen Reste als Unterlage einer stählernen Hängebrücke nutzte, ein kurzer, leicht schäbiger Triumph des modernen Ingenieurswesens über jenes von Antike und Renaissance. Auch diese ist freilich längst verschwunden, ersetzt durch eine stark befahrene Stahlverbundbrücke, die den Fluss unmittelbar neben ihrer gebrochenen Schwester quert. Man kann, auf jener gehend, auf das noch erhaltene Stück Fahrbahn des Ponte Rotto hinuntergucken, wo manchmal die Möwen brüten.

Im Schatten der neuen, auf den erhabenen Fundamenten der alten Brücke, hocken nun manchmal die Tiberfischer in trauter Gesellschaft tierischer Anglerkollegen, der Möwen und Kormorane. Wie sie durch das gar nicht so seichte Wasser dort hingelangen, bleibt ein Rätsel, doch ihr Anblick lohnt den Weg hier hinunter. Außer am Ponte Rotto gibt es noch weitere Anglerstellen flussabwärts, meist in den Strom vorgeschobene Steinblöcke, die sich aus der Uferbefestigung gelöst oder es sonst wie dorthin geschafft haben. Zu diesen Stellen führen schmale Trampelpfade durch das Dickicht des Uferbewuchses, antikisches Schilfrohr, das leise raschelt, Brennnesseln, Brombeerranken, allerlei Springkraut und kleine Bäume, in deren Ästen bunte Plastikfetzen – Überreste des letzten Hochwassers – heiter im Wind flattern wie tibetische Gebetsfahnen. Man blickt zu ihnen hinauf und staunt, wie hoch das Wasser gestanden haben muss. Diese Anglerplätze sind oft unbesetzt, doch finden sich Spuren, Reste von Angelleinen, rostige Rasierklingen, manchmal ein altes Pizzamesser mit Plastikgriff, in der Sonne glänzende Fischschuppen, Zeitungspapier und Sitzflächen aus gefaltetem Karton. Es ist an diesen Stellen, wo man aus leicht vorgeschobener Position einen schönen Blick hat auf den Fluss, wie er da ruhig und grüngelb unter der brennenden Mittagssonne dem Meer entgegenfließt, nur hier und da ein leichtes Gluckern von sich gibt und diesen algigen Geruch verströmt, der so anders ist als der aller anderen Flüsse, die ich kenne. Nichts bewegt sich, nur die Sonne glitzert in den gemächlichen Strudeln der Strömung, worin lange Schnüre aus Wasserpflanzen langsam hin und her schwingen.

Die Fische, die man hier fängt, werden nicht, wie bei italienischen Hobbyanglern oft üblich, wieder in den Fluss geworfen, sondern ausgenommen und auf kleinen Feuerstellen zubereitet und verzehrt. Gesundheitliche Bedenken scheinen nicht zu bestehen oder von anderen Sorgen überwogen zu werden. Denn so romantisch huckleberryfinnisch dieses Flussleben auch anmuten mag, sehr viel tiefer geht es in Rom nicht mehr. Weiter flussabwärts trifft man auf richtige Behausungen, mit Brettern, Paletten, Kartons, Blechteilen und Plastikfolien in das dichte Strauchwerk hineingebaut und dort bis zum nächsten Hochwasser ein Obdach bietend. Kochstellen sieht man da und Wasserkanister, zerbrochene Plastikstühle und zwischen Ästen gespannte Wäscheleinen. Es geht freilich noch einfacher, wie die Schlafstellen auf Kartons unter den Brücken zeigen, auch hier die kalten Feuerstellen zwischen einigen Steinbrocken. Ein bevorzugter Ort ist der aus mächtigen gelblichen Sandsteinquadern gemauerte Ausfluss der antiken Cloaca Maxima, auf dessen oberer Rundung ein aufwendig präpariertes Schlaflager bereitet ist, von Wind und Wetter geschützt durch einen zweiten, noch gewaltigeren Bogen, mit welchem die moderne Uferbefestigung über das Werk der Antike hinwegsetzt. Der übermannshohe Ausfluss der Cloaca – dieser Mutter aller Abwasserkanäle, über dessen geregeltes Abfließen einst eine eigene Gottheit wachte, die Venus (!) Cloacina – ist heute durch ein Eisengitter verschlossen, in dessen Streben dichte Girlanden von Plastikmüll hängen, ein mäßiges Rinnsal fließt darunter hervor. Möge die Venus auch über jene wachen, die heute Schutz auf ihrem Gewölbe suchen.

Der Nachmittag ist spät geworden, ein Wind kommt auf und weht vom milchig blauen Himmel flussabwärts, die silbrig grünen Laubmassen der Platanen dort oben auf der Uferkrone in ein sanft rauschendes Wirbeln versetzend. Mein Weg führt über hellen Sand und gehärteten Schlamm mit eingetrockneten Reifenspuren weiter in Richtung des Gazometro, jenes zierlich in den Himmel sich hebenden alten Gasspeichers, ein Kolosseum aus zarten Stahlstreben. Zu seinen Füßen liegt jene Restaurantterrasse, wo Pier Paolo Pasolini unmittelbar vor seiner Ermordung am 2. November 1975 ein letztes mitternächtliches Abendmahl einnahm, während unten der blonde Tiber schon mal in Richtung Ostia floss. Dort fand man am nächsten Morgen die Leiche. Jeder Zentimeter ist in Rom Geschichte, man braucht sie nur erzählen.

Hier ist auch das Gebiet von Ripa Grande, dem alten Hafen, und wenn das Wasser tief steht im Sommer, entblößt der Strom einen Streifen seines Bettes. Nichts ist schöner, als dort hinunterzusteigen und zu besichtigen, was der Fluss gewöhnlich unter seiner Oberfläche verbirgt. Interessant besonders, was nach Artefakt aussieht, und davon gibt es mehr als genug. Eisenstreben, von Moos und Algen belegt, Behälter, vielleicht alte Töpfe, aber auch Maschinen- und Getriebeteile, Reste von Seilwinden, die hier vor hundertfünfzig oder fünfhundert Jahren ihren Dienst getan haben mögen. Natürlich prüft man jeden rundlichen Stein, ob er nicht doch das Kopffragment einer antiken Skulptur sein könnte, es muss ja einiges hier zusammengekommen sein in den letzten zweitausend Jahren. Ab und zu liegt da eine Scherbe, meist von weiß glasiertem Steingut, Reste jener Teller, aus denen frühere Römer einst Gerstenbrei und Bohnen gelöffelt haben. Manchmal sind diese Scherben auch älter, weisen blaues und gelbes Ornament auf, Renaissance vielleicht, oder etwas später. Und dazwischen dann etwas, was noch älter aussieht, ein Amphorenfuß, ein Henkelfragment, Bruchstücke eines Gefäßrandes. Nehme ich natürlich mit, obschon das streng verboten ist. Ganz selten, aber eben doch, finden sich kleine, versinterte Täfelchen, die sich nach der Reinigung als Bruchstücke antiker Marmorverkleidungen herausstellen, gelber Africano, grüner Serpentin, manchmal etwas Porphyr, Zwiebelstein.

Ich erinnere mich, wie vor vielen Jahren für Reparaturarbeiten an den Fundamenten des Ponte dei Quattro Capi, der das Ghetto mit der Tiberinsel verbindet, der linke Flussarm durch eine Barriere trockengelegt wurde. Es bildeten sich kleine Seen und Pfützen, aus denen Sandbänke, Geröll und Steinbrocken ragten. Von der Brücke aus konnte ich beobachten, wie am helllichten Tag ein Trupp von *barboni*, also Obdachlosen, mit entblößten Oberkörpern, Schaufeln, Hacken, Eimern, Sieben und einigen Bierflaschen angestrengt zu Gange waren, um mit einer gewissen Planmäßigkeit Brauchbares aus dem plötzlich frei liegenden Flussbett zu fördern. Das interessierte mich natürlich, und ich stieg hinab, um ihnen dabei zuzusehen. Das war ihnen aber offenbar nicht so ganz recht, und sie antworteten auf meine naiven Fragen ziemlich einsilbig. Auf einem flachen Stein hatten sie bereits einige Funde sortiert, Scherben, Tonlampen, Gefäßteile, Marmorstückchen. Sie forderten mich auf, etwas davon mitzunehmen, wie um mich zum Komplizen ihres problematischen, sich gleichwohl in aller Öffentlichkeit abspielenden Geschäfts zu machen, das dem meinigen an Ripa Grande zwar nicht ganz unähnlich sein mochte, aber doch in ganz anderem Maßstab mit Werkzeugen, Plan und Vorsatz betrieben wurde. Ich lehnte dankend ab und gab durch eine Geste zu verstehen, dass sie sich wegen meiner Person keine Sorgen zu machen brauchten. Ihr Chef dankte mit breitem Grinsen, die schlammige Hand an eine imaginäre Mütze gelegt, ein Freund mehr in Rom. Mit Sicherheit würde man die auf dem Stein ausgebreitete Ausbeute am nächsten Sonntag irgendwo auf Porta Portese wiederfinden.

Unser Spaziergang neigt sich dem Ende zu. Der Nachmittag ist ein Spätnachmittag geworden, der Wind bläst warm den Fluss hinunter, erste Gedanken ans Abendessen auf meiner kleinen Terrasse, ein paar Freunde werden kommen, man muss etwas vorbereiten. Ich kehre also um, aus der geplanten Tiber-Stunde sind schon zwei, fast drei geworden. Die Zeit fließt hier unten mit dem Wasser dahin und verschwindet lieblich gluckernd in Richtung Meer, und dieses Wegfließen geschieht so sachte und beständig, dass man es gar nicht merkt. Ich drehe dem Gazometro, der schon ganz nahe ist, den Rücken und wende mich wieder der Stadt zu, wo die Tiberinsel mit dem Glockenturm wie ein tief im Wasser liegendes Schiff aufragt. Links der lange, glatte, gelbrosa leuchtende Bau des ehemaligen Frauengefängnisses San Michele a Ripa; rechts, hinter der Mauer und den darüber trocken rauschenden Platanen, der Aventin mit der roten Malteserfahne im spätnachmittäglichen Himmel.

Bei der Insel angekommen, steige ich eine dieser steilen Treppen nach oben, darauf achtend, dass ich nirgendwo reintrete, nicht ausrutsche. Auf den letzten Stufen schwillt der Lärm des Sonntagsverkehrs an, dann stehe ich oben, umringt von den an der Ampel sich stauenden Touristen, das Fahrrad steht noch genau dort, wo ich es abgeschlossen habe. Die Stadt hat mich wieder, jetzt nichts wie heim. Ein schöner Nachmittag.

# Rom liegt am Meer

**Rom liegt bekanntlich nahe,** aber eben nicht direkt am Meer, obschon dort durchaus Platz für eine solche Stadt gewesen wäre. Aufmerksamen Beobachtern ist dieses Fast-aber-nicht-ganz immer schon aufgefallen. Cicero meinte dazu, dass die Stadtgründer es mit Bedacht so gewählt hätten, und zwar aus strategischen wie aus moralischen Gründen. Denn die Lage am Meer ist gefährlich, der Feind kommt lautlos mit seinen Schiffen in der Nacht. Über das Meer kommen aber nicht nur Piraten und Bösewichter, sondern auch fremde und damit schlechte Sitten und Gebräuche, eingeschleppt von Prostituierten, Philosophen und sonstigem Gesindel, vornehmlich aus Griechenland. Alle die stolzen Städte am mittelmeerischen Gestade seien daran moralisch zugrunde gegangen, wogegen Rom in strenger Zucht und festen Sitten treu dem Vorbild der Vorväter im Hinterland gewachsen ist. Man kann dem nur zustimmen. Nicht auszudenken, wenn Rom auch noch ein Hafenviertel hätte.

Dennoch blieb die Sehnsucht nach dem in erreichbarer Ferne liegenden Meer über die Zeiten hinweg bestehen. Es ist eine auf reine Imagination beruhende Sehnsucht, denn sehen tut man das Meer von keinem Punkt der Stadt aus, da mag man noch so hoch hinaufsteigen. Nur die Möwen und das abendliche Spektakel der am südwestlichen Horizont aufreißenden Wolkendecke, hinter der ein glühender, durch Meereseinfluss völlig klarer Sonnenuntergang sich zeigt, erinnert daran, dass Rom fast am Meer liegt. Wer konnte, hatte daraus schon früher Nutzen gezogen. Von Torre Astura über Nettuno, Anzio, Ostia bis Santa Severa und Santa Marinella zeigen Türme und Kastelle, Schlösser und Villen, dass die Freude am Meer größer war als die Angst vor Feinden und sittlichem Verfall. Arnold Böcklin hat an diesen flachen melancholischen Gestaden seine *Villa am Meer* zusammengeträumt, eine der zentralen Bilderfindungen des 19. Jahrhunderts. Die Villa am Meer als das Nonplusultra im Wortsinn, weiter nach draußen geht es nicht, die Sehnsucht muss physisch haltmachen am Meeressaum, nur die Seele kann hier noch weiter, auf der Suche nach dem Unfindbaren.

Auch Mussolini strebte ans Meer. Die Küste war dabei nicht Ziel und Endstation, sondern Ausgangspunkt einer mehr als nur geistigen Expansion. Das Imperium der Römer galt es neu zu gründen, und da die Besetzung Germaniens und Galliens im Augenblick nicht in Frage kam, richtete sich das Auge auf die verlorenen Provinzen *oltre mare*. Das Meer selbst nahm Mussolini schon einmal für sich in Anspruch und nannte es, wie schon die alten Römer, Unser Meer, *Mare Nostrum*. Dorthin, zu den Küsten dieses italienischen Haus-Meeres, wollte er die Hauptstadt ausdehnen. Als ersten Schritt hierzu ließ er eine ordentliche Straße anlegen, die von seinem Amtssitz an der Piazza Venezia so direkt wie möglich zu jenem Ufer führte, wo einst Eneas gelandet war. Was dieser Straße im Wege stand, wurde abgerissen. *Via dell'Impero* nannte er sie, was man zurück- wie auch vorausschauend verstehen konnte. Unterwegs ließ er auf halber Strecke ein neues Rom errichten, eine Trabantenstadt mit Obelisken, Kolonnaden, riesigen Brunnen und Blickachsen, einem quadratischen Kolosseum, einer den heiligen Peter und Paul geweihten Super-Kirche mit gewaltiger Betonkuppel, deren Architekten die frühen Entwürfe Michelangelos für Sankt Peter gekannt haben müssen. Es sollte der staunenden Welt als Schauplatz der Weltausstellung von 1942 dienen, der *Esposizione Universale Roma*, abgekürzt E. U. R., die dann kriegsbedingt leider ausfallen musste. Nach dem Krieg baute die Italienische Republik ungerührt und detailgetreu weiter, was der Diktator halb fertig liegen ließ, und auch der Name E. U. R. konnte bleiben, der nun irgendetwas mit Europa zu tun zu haben schien.

Die Idee, dem abgewrackt-ranzigen Altstadt-Rom diese unwirklich modernistisch-metaphysische Kulisse neu erfundener antiker Großbauten entgegenzusetzen, verfehlt nicht ihre Wirkung: gleißend weiße Marmorklippen, gemacht, wie um von de Chirico gemalt zu werden, eine in die Zukunft gebaute Parade des Vergangenen, weit und raumgreifend, lichtdurchflutet und luftdurchblasen, kein Staubkorn mehr vom Rom der Kaiser und Päpste, das als zu übertreffender Maßstab aber doch überall präsent ist. Es gab eine Zeit, da war es schick, hier zu wohnen. Antonionis Film *L'eclisse* von 1962 zeigt die Flucht aus der Vergangenheit in eine traurig-schöne Zukunft. Monica Vitti und Alain Delon geben dieser großartig-tristen Vision eines modernen, vom historischen Gerümpel der Jahrtausende befreiten Italien ihre kühlen modernen Gesichter. Auch Fellini drehte hier einen seiner pathetischen Filme.

Es gab viele damals, denen die Vorstellung eines solchen radikalen Schnitts wohltat, und man kann sie auch irgendwie verstehen. Wir aber wollen ans Meer und fahren weiter. Nach wenigen Minuten liegt die großspurige Mondstadt wie ein Wachtraum hinter uns, ebenso der Palazzo dello Sport und das elegante Hochhaus des staatlichen Energieversorgers ENI, Ikonen der Fünfzigerjahre, ein Hauch von East River und Glaspalast. Endlich wendet sich die Straße nach einer weiten Rechtskurve dem Meer zu. Sie ist nun, wie der Duce sie haben wollte, breit und schnurgerade, geht leicht bergauf und leicht begab, gesäumt von antikischen Pinien und in allen Farben explodierendem Oleander im Mittelstreifen, bei deren Anblick jeder deutsche Terrassengärtner vor Neid erblasst. Ab und zu eine Ampel, die den Drang zum Meer bremst und zugleich stetig wachsen lässt. Manchmal gibt es auch hartnäckige Staus, bei denen man durch das offene Fenster die Läuse auf den Oleanderblättern studieren kann. An den Ampeln erweitert sich die Straße von zwei auf drei Spuren, um dahinter wieder auf zwei zusammenzulaufen. Das bedeutet, dass von den drei in Poleposition wartenden Fahrzeugen es nur zwei in die erste Reihe werden schaffen können, eines wird auf der Strecke bleiben. Eine Herausforderung für Fahrer und Maschine, die der Landsmann eines Michael Schumacher jedoch nicht zu fürchten hat; denn die Römer träumen an den Ampeln, fummeln an ihren Radios und Handys herum oder gucken einfach woandershin, und wenn das Licht dann auf Grün springt, so dauert es immer erstaunlich lange, bis die in erster Reihe Stehenden davon Kenntnis nehmen – meistens durch das Hupen der Autos dahinter – und losfahren.

Schließlich taucht es auf am Horizont, das Meer, ein schmaler Streifen, mal tief- mal hellblau, oft grau, manchmal grün, je nach Wetter und Tageszeit. Die Straße führt gerade darauf zu, scheint darin zu enden. Unmittelbar vor dem Wellensaum dann ein Kreisverkehr: Rechts geht es nach Ostia Downtown, links zu den *cancelli*.

Die Cancelli. Ort der Sehnsucht und der Erinnerungen, die fünfzig Jahre alt scheinen und doch erst zwanzig zurückliegen. Man kann natürlich auch mit den öffentlichen Verkehrsmitteln zum Strand fahren, das kostet nicht mehr als eine innerstädtische Strecke, derzeit einen Euro fünfzig. In München könnte man dafür eine halbe Haltestelle weit fahren. Tarifmäßig liegt Rom also doch am Meer. Der Zug empfiehlt sich vor allem an Sommerwochenenden, da die Autos bei überfüllten Parkplätzen bis auf die Küstenstraße hinaus parken, manchmal ist auch dort kein freies Fleckchen mehr zu finden, und dann ist eben doch die Polizei manchmal da und verteilt Strafzettel.

Die Zugfahrt ist angenehm, ja poetisch. Zunächst muss man die Stazione Ostiense unweit der Cestius-Pyramide aufsuchen, was die Gelegenheit bietet, den Badeausflug mit einem kleinen Friedhofsgang zu verbinden. Dort, auf dem nicht katholischen Friedhof, liegen unter Pinien und Zypressen all jene Nichtkatholiken, die es in Rom bis zum Ende ausgehalten haben, vor allem Engländer und Deutsche. Keats liegt hier und Goethes

Sohn, aber das ist ein anderes Thema. Schön ist es auf dem Friedhof in jedem Fall auch vor dem Tod, man könnte in der Zwischenzeit gleich hierbleiben. Aber wir wollten ja ans Meer.

Dem Lebenden meldet sich der Hunger, und für diesen gibt es an der Stazione eine jener wunderbaren, leistungsfähigen Bahnhofsbars, die langsam aussterben. Schnell ein Tramezzino, dann kann es losgehen. Die kleinen Züge, die zwischen hier und Ostia verkehren, sind etwas klapprige, mitgenommene Blechschlangen, deren Sitze, außer dass man auf ihnen sitzen kann, keinen weiteren Komfort bieten. Aber das ist jetzt gleichgültig. Der Wagen ist halb leer, denn man ist nicht so früh unterwegs, um mit den Bade-Römern zu reisen. Ein paar ältere Rentnerpaare sind noch da, vorausschauend schon in Badelatschen, mit riesigen Strandtaschen und kleinen Enkelkindern, die in Italien im Sommer zum Leidwesen der Eltern gefühlt ein halbes Jahr schulfrei haben.

In scheppernder Fahrt geht es durch die verschiedenen Ringe der römischen Peripherie, die, wenn man dort nicht wohnen muss, ihren ganz eigenen Reiz haben. Die trüben, verkratzten und beschmierten Fenster sind halb heruntergelassen, südlichstaubiger Sommerwind bläst herein, und draußen öffnet sich die Landschaft allmählich, noch, denn es wird überall ein bisschen gebaut. Dichte Schilfgürtel, die am Bahndamm wachsen, fliegen in hellem Grün vorbei, ein ehrwürdiges Unkraut, das auf der Fahrt zum Strand an mittägliche Antike, an Pan und Syrinx erinnert. An der Endhaltestelle muss man aussteigen und einen jener Busse nehmen, die auf dem weiten Betonfeld vor dem Bahnhof meistens schon warten. Diese schließlich fahren dann die Cancelli an, aber nur in der Saison. Im Winter kann man hier lange warten, doch dann nimmt man ohnehin besser das Auto.

Zunächst durchfährt man in ziemlichem Tempo ein anmutiges, dicht mit herrlichster Küstenvegetation bewachsenes Uferland und fragt sich, warum hier nicht schon längst alles zugebaut ist. Der Grund ist, dass tiefer im Landesinneren einsam das Castel Porziano liegt, der Sommersitz des italienischen Staatspräsidenten. Drum herum hat man alles weitläufig zur *zona militare* erklärt, zum militärischen Sperrgebiet, das nicht einmal die Vögel überfliegen dürfen. Italien besteht, wenn man genauer hinsieht, zu etwa einem Viertel aus *zone militare*, durch martialische Warnschilder als solche ausgewiesen und mit schwer vor sich hin rostenden Stacheldrahtbarrieren eingefriedet. Geschossen oder geübt wird in diesen Gebieten in der Regel nie, aber da sie irgendwann einmal als *zone militare* ausgewiesen und vielleicht auch als solche genutzt wurden, belässt man es einfach dabei. Vielleicht sind sie ja auch mit militärischen Altlasten kontaminiert. Wie auch immer – diese *zone militare* sind ein wahrer Segen für das Land, einfach aus dem Grund, da hier nichts geschieht. Sie sind so etwas wie ein gewaltiges inoffizielles Natur- und Landschaftsschutzprogramm, und man kann nur hoffen, dass die Zeiten nie so friedlich werden, dass der Staat auf die Idee kommt, sie abzuschaffen.

Plötzlich bremst der Bus ohne Vorwarnung, man ist am ersten der Cancelli. Mit *cancelli* bezeichnen die Römer jenen endlosen, breiten, mit schönstem Sand bedeckten und von Dünen und Macchia beschirmten Badestrand bei Castel Porziano, der 1965 von der Gemeinde Rom als *spiaggia libera* eingerichtet und mit einer hochfortschrittlichen Infrastruktur ausgestattet wurde. *Spiaggia libera* meint etwas, das an Nord- und Ostsee eher die Regel, rund um den Stiefel aber entschieden die Ausnahme ist, einen privatwirtschaftlich nicht genutzten Strand, der für alle Bürger jeden Standes und beiderlei Geschlechts frei zugänglich ist, ohne dass sie gezwungen sind, eine Strandliege samt Sonnenschirm für einige Stunden, Tage oder die ganze Saison zu mieten. All das bringen die Römer in reichlicher Menge und unterschiedlichster Ausführung selbst mit, ein buntes Durcheinander von *ombrelloni*, *lettini*, *straia*, *materassini* und *sedie*, dazwischen Handtücher und Sandburgen, alles so nah wie möglich am *bagnasciuga*, am Wellensaum, wo der Sand noch fest und feucht ist. Die erste Reihe, die *prima fila*, ist auch hier den Frühkommern vorbehalten.

Die Cancelli sind ausgesprochen unelegant, demokratisch, ja proletarisch. Fleisch sitzt hier fröhlich an Fleisch, das sich in wundervoll souveräner Missachtung der sonst so ubiquitären Schönheitsnormen wenig darum kümmert, welche *figura* es macht. Die wenigen Ausnahmen dazwischen wirken seltsam deplatziert, nicht ganz ernst zu nehmen. Hier ist man Römer, hier darf man's sein. So erstreckt sich ein kilometerlanges buntes Band von Nordwesten nach Südosten, das man sogar vom Flugzeug aus erkennen kann, erfüllt vom Rauschen der meist mäßigen Brandung und von der Musik römischer Radiosender, ein Geschnattere und Geplapper, ein beständiges Essen und Trinken und Ermahnen der Kinder, das Hauptgeschäft italienischer Mütter. Ab und zu platzt, als eine Art Orwell'sche Übermutter, die schlecht gelaunte Stimme einer unsichtbaren Oberstrandwärterin durch die knackenden Lautsprecher, die falsch parkende Autos ausruft oder die Badenden zu Ordnung und Sitte ermahnt.

Nur das Meer, das liegt rein und frei, zumindest nach den ersten zwei, drei Metern. Denn die Römer gehen eher ungern ganz ins Wasser, allenfalls bis zu den Knien, höchstens bis zum Bauchnabel, das aber gerne stundenlang. Zu zweit und zu dritt stehen sie da im Seichten und reden und reden, bewegen Beine und Füße langsam im Wasser, das sie ab und zu mit den herabbaumelnden Armen und Händen etwas aufrühren. Nur gelegentlich wirft sich ein junger Held vor den Augen seiner Lieben todesmutig in die eiskalte Flut, um nach einigen mächtigen Kraulbewegungen prustend hochzufahren, das bärtige Haupt schüttelnd. All das geschieht im hüfthohen Wasser. Schwimmen im Meer gilt als gefährlich und eher unratsam, wenn auch nicht ganz so fatal wie das Schwimmen in Flüssen und vor allem in Seen. Wer in solchen badet, speziell in den herrlichen blauen

Vulkanseen um Rom, gilt als verrückt oder lebensmüde, warten dort doch stille und unheimliche Strömungen und Strudel, die den Schwimmer unweigerlich in die Tiefe ziehen: *ti tira giù!* – ein Glaube, dem ich die schönsten einsamen Badefreuden an jenen Orten verdanke. Wer sich hier am Meeresufer weiter hinauswagt und mit der Brust im Wasser steht, löst unweigerlich das Aufblicken, ja Aufspringen des *bagnino* aus, des Bademeisters, der unter einem schönen roten Sonnenschirm über seine Schäfchen wacht und stets bereit ist, mit einem gleichfalls roten, katamaranartigen Ruderboot zur Rettung in See zu stechen. Meist genügt es freilich, mit der Trillerpfeife zu trillern, um die tollkühnen Transgressoren zur sofortigen Umkehr zu bewegen.

Die Bezeichnung *cancelli* leitet sich von jenen großen Gittertoren entlang der Küstenstraße ab, die nachts verschlossen werden. Spiaggia libera hin oder her, ab Sonnenuntergang hat man hier nichts zu suchen, Ordnung muss sein. Die Lautsprecherstimme lässt daran keinen Zweifel, wenn sie ab fünf Uhr nachmittags in ständiger Wiederholung die Räumung des Geländes anordnet. Eine Strandeinheit besteht aus einem riesigen sandigen Parkplatz sowie einem langen, flachen Gebäuderiegel mit Umkleidekabinen, Duschen und Klos, kostenlos und für jedermann. Dazu gibt es Freiduschen, die im duftenden Ufergestrüpp versteckt sind. Das Wichtigste jedoch ist die Bar, ein Komplex aus Kiosk, Café, Restaurant und geräumigen hölzernen Veranden, alles etwas schief, da auf Sand gebaut. Auch der Bademeister mit seinem Schirm, einem Hochstand sowie einem Fahnenmast gehört zu so einer Einrichtung, die sich entlang des Strandes mit minimalen Abweichungen genau achtmal wiederholt.

Die Frage, welcher dieser acht Cancelli der beste sei, ist eine durch und durch weltanschauliche, die Freundschaften entzweit und Familien spaltet. Von der Nummer acht abgesehen, sind eigentlich alle gleich, aber niemand, der von alters her die Nummer sechs aufsucht, würde im Traum daran denken, sich weiter oben bei den niedrigen Nummern blicken zu lassen. Die Nummer acht dagegen ist allgemein verpönt, in Verruf geraten, nicht wegen der Leute an Nummer acht selbst, sondern weil sich danach, gewissermaßen als Nummer neun, ein Bereich anschließt, in welchem, wie man hört, manchmal Nudisten gesehen worden seien.

Hier muss ich ausholen und ein Thema streifen, das wie kaum ein anderes Deutsche von Italienern trennt und Ursache so mancher Missverständnisse war und ist: die öffentliche Nacktheit. Schon Thomas Mann erzählt in seinem 1930 erschienenen *Mario und der Zauberer* von der Verständnislosigkeit, ja Unversöhnlichkeit, mit der die beiden einander sonst nicht unbedingt verfeindeten, in vielen Dingen sogar schwesterlichen Kulturen in ebendiesem Punkt aufeinanderstoßen. Alle kulturellen Revolutionen der Nachkriegszeit haben daran nichts Grundlegendes geändert. Das nackt Herumsitzen, Herumgehen und Herumstehen war an den Bade- und Liegeorten Deutschlands – als Münchner nenne ich hier nur Isar und Englischen Garten – ja schon in den Siebzigern nichts Ungewöhnliches und erhielt durch die diesbezüglichen Bräuche der ostdeutschen Brüder und Schwestern nach dem Fall der Mauer zusätzlichen Auftrieb. In Italien dagegen ist nichts dergleichen zu beobachten. Die Vorstellung, sich am öffentlichen Strand körperlich zu entblößen, ist dem Italiener so fremd und exotisch, wie es seinen Vorfahren die Schilderungen des Tacitus über nackt auf ihren Schilden die Hügel hinunterrodelnde Germanen gewesen sein mögen. Dieses sich Verschließen gegen die öffentliche Nacktheit ist wiederum dem Deutschen völlig unverständlich, Thomas Mann spottet über *spröde Zucht und Sitte*. Dabei sollte doch, so könnte man aus deutscher Sicht meinen, die Nacktheit gerade hier im Süden ganz natürlich sein, vor allem für die Erben der römischen Antike, wo es von nackten Bildnissen doch nur so wimmelt. Schon Winckelmann dachte sich sein altes Griechenland von nackten, Sport treibenden Jünglingen bevölkert. Was ist so schlimm an nackten Körpern am Strand, wenn man in den Museen sogar dafür bezahlt, welche zu sehen?

*Caro Tedesco, sono cose diverse*, das eine hat mit dem anderen nichts, aber auch rein gar nichts zu tun. Die antikische Nacktheit ist, wie uns schon Winckelmann hätte erklären können, eine *heroische* Nacktheit. Was das bedeutet? Nun, der heroisch-nackte Körper ist Attribut des Heros, des Helden. In seiner vollendeten Ausformung spiegeln sich Vorzüge und Tugenden, die eben nicht nur körperliche sind, sondern, fast noch mehr, sittlich-kulturelle. Das ist nicht nur jener *gesunde Geist in einem gesunden Körper*, diese alte Kleinbürger-Spitze der Sportlehrer gegen das gymnasiale Dandytum. Der heroisch-nackte, in jeder Hinsicht stilisierte Körper ist Ausdruck einer Vorstellung höheren menschlichen Daseins, höher zumindest, als es dem real existierenden Menschentum in der Regel gegeben ist. Der so verstandene nackte Körper kleidet den Träger eher, als er ihn entblößt, ist Rüstung, Livree und Uniform – aber ganz bestimmt nicht die Mitteilung eines jeweiligen Status quo an die geneigte Umwelt, wie sie der Isar-Sitzer ebenso freundlicher- wie ungebetenerweise zu geben bereit ist.

Aber wie ist das denn mit der Natürlichkeit – ist das Nackte nicht natürlich und in dieser Eigenschaft jeder Infragestellung entzogen? Waren nicht Adam und Eva im Paradies nackt und glücklich? Und ist die Furcht vor der Nacktheit nicht bloß verkrampfte Prüderie, frömmelnde Bigotterie, in jedem Fall rückständig und obsolet? Genau hier liegt das alte Missverständnis des Barbaren, der sich Kultur nicht anders denn als Zwang vorstellen kann. Alles, was der postkindlichen Entfaltung von Körper und Person einhegend und kanalisierend entgegentritt, empfindet er als diktatorische Begrenzung seiner Freiheit, unter der er das Recht versteht, in seiner Umwelt ohne Beschränkung und Norm wie eine Qualle im Meer herumzuwabern. Bei den Erben der klassischen Kulturen dagegen hat – mit gewissen Abstrichen – ein Kulturverständnis überlebt, das in Regel,

Norm, Kanon, Konvention und Dekorum die Grundlagen für ein gesittetes Zusammenleben sieht. Die Freiheit des Einzelnen zählt gar nichts, wenn sie um den Preis des allgemeinen Missfallens behauptet wird. Wer etwas tut, was Missfallen erregt, ist nicht frei, sondern schlecht erzogen, *maleducato*.

Und genau hierhin gehört das Thema Nacktheit. Man möchte eben nicht allzu genau informiert werden über die Beschaffenheit primärer Geschlechtsteile. Wer sich entblößt, zwingt den anderen dazu wegzublicken, und einen solchen Zwang auszuüben, ist unhöflich. *Non si fa*, das tut man nicht.

Nun ist es beim Baden ja so, dass man nicht immer schon in Badekleidung ankommt. Auch will man diese, sobald sie nass geworden ist, gegen trockene tauschen. Beide Situationen erfordern eine wenn auch nur sehr flüchtige Entblößung, um die man in Deutschland auch dort, wo generell nicht nackt gebadet wird, kein großes Aufheben macht. Ratsch-runter-ratsch-hoch-fertig. Nicht so hier. Wer sich einfach so mit fröhlichem Ruck der nassen Badehose entledigt, um in die trockene hineinzuschlüpfen – ein Unterfangen, das womöglich durch das Haften und Einrollen der trockenen Hose am noch feuchten Körper verzögert wird –, ist schon deklassiert. Denn diese Art des hastigen Umkleidens und des vorübergehenden Sich-Entblößens verstößt gegen Respekt und Benehmen, mehr noch aber gegen Anmut und Haltung. Man windet sich selbstverständlich ein schönes großes, frisch gewaschenes und in Falten gelegtes Handtuch um die Hüften, schließt es über der linken Lende nach Art der alten Ägypter mit einem antikischen Klemmknoten, und an der sicheren Eleganz dieser an sich einfachen Kulturhandlung erkennt man den Wohlerzogenen.

*

Ich habe die Cancelli zu Beginn des Jahrtausends für mich entdeckt, als meine Arbeitsumstände es erlaubten, sie unter der Woche aufzusuchen, im Winter. Mein Freund G., von dem schon ausführlich die Rede war, unterhielt ein kleines Autochen, das ich zu diesem Zweck nutzen durfte und nutzte, jeden Mittwoch, während G. es vorzog zu arbeiten. Früher war es in Italien zwar nicht verboten, aber völlig unüblich, nach September an den Strand zu gehen oder gar zu baden. Als ich damit begann, war das im Wesentlichen immer noch so, doch gab es bereits erste Zeichen eines epochalen Umbruchs. So fand ich zu meinem Erstaunen nicht nur das Tor eines der Cancelli geöffnet, es war jenes der Nummer sechs, sondern auch – und das war die eigentliche Sensation – die dazugehörige Bar.

Ich wurde Stammgast. Gegen elf Uhr stellte ich das Auto am sonst leer gefegten Parkplatz ab, eine von Dünen und würzigem Uferkraut eingefasste Sandfläche. Wenig später war ich dann im Wasser, wo ich auch im Januar mehrere Minuten blieb, um jenen Punkt zu erleben, an welchem sich das Blut deutlich spürbar in Champagner verwandelt. Nichts ist besser, vor allem wenn man weiß, dass draußen ein sonniger Platz im Windschatten eines umgekippten Bootes da ist, wo man auf dem Bauch im warmen Sand liegend die kleinen, tief grünen Blättchen der Fettpflanzen betrachten kann, die hier, am Rand der Dünen, scheinbar aus dem Nichts sich nährend, wie kleine Oasen nach oben stoßen. Oder den schwarz glänzenden Skarabäus, der wie eine kleine Maschine sich durch das wellige Terrain arbeitet, Erosionen von in die Tiefe polternden Sandkörnchen auslösend. Die kleine, kurvige Spur, die er zurücklässt, wie ein winziges Kettenfahrzeug. Und, vor allem, wenn ein bereits vorbestellter Teller herrlicher Spaghetti alle Vongole samt einem tüchtigen Glas Weißwein wartet – und man die Zigarillos nicht zu Hause vergessen sowie am Bahnhof in Rom die Zeitung gekauft hat.

Dann ist er da, der geglückte Tag, ein aus dem trüben Ozean der Zeit gezogenes goldenes Fischlein. Unvergesslich diese Stunden vollkommener Einsamkeit, wenn die Sonnenwärme durch die Intervalle gebremster Windböen dringt, die vom Salzwasser getrocknete Haut am Rücken spannt, das Holz der Veranda nach dem Anstrich früherer Sommer duftet, der Sand sich bis auf zwei Zentimeter Tiefe erwärmt, darunter aber frisch und kühl bleibt. Keine Marmortische waren je herrlicher als jene Tische aus Plastik mit dem runden, jetzt leeren Schirmloch in der Mitte, aus dem Schatten der Veranda auf die sandigen, von der Wintersonne gewärmten Holzplanken gerückt. Nichts, was ich an diesen Mittwochen sonst hätte machen können, auch nicht die angestrengteste Arbeit, hätte mir bleibendere Werte beschert als jene müßigen Meeresstunden, in denen, an besonders begünstigten Tagen, irgendwann zwischen zwölf und zwei Uhr jener kurze Moment sich auftut, in denen die Zeit endlos wird.

Diese Tage, Stunden und Momente sind unwiederbringlich vorbei. Denn selbst wenn ich jetzt die Zeit hätte (und das Auto): den leeren, in der Wintersonne leuchtenden Strand von einst – ich fände ihn nicht wieder. Denn die Römer, so konservativ sie sein mögen, sind doch auch neugierig. Irgendjemand, vielleicht war ich es auch selbst, muss ihnen so oft und so leuchtend vom Glück des Winterstrandes erzählt haben, bis sie sich dazu entschlossen, einmal selbst nachzusehen. Die Folgen konnte ich wenige Jahre später bei einem missglückten Rückkehrversuch besichtigen.

Die Heimfahrt abends im Winter ist von elegischer Schönheit. Man tritt sie zwischen vier und fünf Uhr an, wenn sich die Sonne rot auf das ruhige Meer herabsenkt, die Leute von der Bar schon weg sind und jene Januarkälte aus den Sträuchern kriecht, die den Sand erstarren lässt. Ich verabschiede mich von jenen hurtigen Vögelchen, die, am Wellensaum entlangtrippelnd, noch den einen oder anderen Sandfloh erwischen, und gehe, ihnen den Strand überlassend, zum Auto. Hat man es geschafft, den Wagen heil aus der Ausfahrt auf die rasend befahrene Küstenstraße zu bringen, so ist man für einige Minuten auf einer zauberhaften Strecke unterwegs, die es im Licht der blauen Stunde mit allen Corniches dieser Welt aufnehmen kann.

Kaum erreicht man die Stadtgrenze, wird man vom Abendverkehr erfasst, eine stockende Flut an Autos und Lichtern, man schlüpft durch die großen Bögen der Stadtmauer am Flüsschen Almone, kämpft sich durch zum heimischen Quartier, und irgendwann findet man sogar einen Parkplatz. Das Meer und die Stunden am Strand sind mit einem Schlag verschwunden. War man wirklich dort gewesen? Ungläubig betrachte ich den Sand, der abends beim Entkleiden aus dem Wollstrumpf rieselt. Ja, Rom liegt am Meer.

# Paris?

## Eine Nachrede

**Zwei Tage** – und beinahe hätte ich wieder den Kopf verloren, an diese Sirene an der Seine, genau wie damals, als ich zwanzig war und auch Lutetia noch ein bisschen jünger. Mein Paris-Fieber reicht weit zurück, vielleicht nicht gerade in die Kindheit, doch in die Jugend auf alle Fälle, und es war, wie sollte es anders sein, eine literarische Infektion. Ich sage nur: Hemingway. Marcel Proust kam später, und blieb. Hemingway dagegen war ein flüchtiger Kumpel halbstarker Tage, ich bewunderte ihn wie einen großen Bruder. In seinem Paris-Buch beeindruckte mich besonders jene Szene, in der er als junger, brotloser Schriftsteller durch das regnerisch-kalte November-Saint-Germain tigert, hungrig auf der Suche nach Stoff und Nahrung. Und genial, wie er ist, macht Hemingway kurzerhand die Nahrung zum literarischen Stoff: Austern. Er bestellt zur Sicherheit gleich achtundvierzig Stück und einen Liter Weißwein, geschehen in den frühen Zwanzigerjahren in irgendeiner Brasserie des fünften Arrondissement gegen elf Uhr vormittags, während Frau und Kleinkind in der ungeheizten Wohnung saßen.

Ich zitiere das alles aus jahrzehntealten Erinnerungen, aber die Art, wie Hemingway den mineralischen Geschmack der Austern beschreibt und jenen metallischen des Weißweins, hat in meine jugendliche Vorstellungswelt eingeschlagen, mit bleibenden Folgen. Ich, der ich noch nie eine Auster gesehen hatte (gab's damals nicht in München), wollte nun unbedingt eine essen, und zwar in Paris. Und da man in der Regel schafft, was man sich wirklich in den Kopf setzt, saß ich einige Jahre später an einem regnerisch-kalten Novembervormittag gegen elf Uhr in einer Brasserie im fünften Bezirk, aß Austern und trank Weißwein, zwar nur sechs Stück und ein Gläschen, aber das reichte. Es war genau wie im Buch.

Die nächsten Jahre drehten sich um Paris und Frankreich, bis mir plötzlich Bella Roma über den Weg lief, und ich hinterher. Wir haben uns dann mehr als zwanzig Jahre nicht gesehen, Paris und ich. Und nun auf einmal das Zusammentreffen, unerwartet.

Ich stieg, beruflich unterwegs und nichts ahnend, vom Flughafen Charles de Gaulle kommend aus irgendeiner Metrostation hoch an die Oberfläche, und da stand sie – Lutetia, die Geliebte herrlicher, längst vergangener Jahre, von ihren Freunden Lulu genannt, was ich nie mochte. Sie sah mich kurz und leicht spöttisch an, wie sie das immer getan hat, drückte mir zwei Küsschen in den kleinen Luftraum zwischen Ohr und Wange und hauchte mit dieser Stimme, die schon damals so erregend erwachsen geklungen hatte: *Bonjour, mon petit. Wie siehst du denn aus? Hast du Hunger?* Sie hakte sich entschlossen unter, ich spürte ihren festen Arm, und mehr als erwartbar ausschreitend in ihren flachen Mokassins ging es dahin zu einer Brasserie, wo die Kellner sie kannten und mich etwas von oben herab ansahen.

Wir setzten uns an einen der zierlich-runden, mit einem Messingreifen gefassten und auf gusseisernen *trépieds* felsenfest auf dem Pflaster ruhenden Tischchen. Sie bestellte – eine ironische Anspielung – Austern und Weißwein, ich gab ihr Feuer. Gerade noch schien es mir, als sei sie erst vor einer Stunde aufgestanden und nur eben auf die Straße gegangen, um ein Croissant und die *Libé* zu holen, also die *Libération*, die sie, glaube ich, nie las. Aber, das sah ich erst jetzt, ihr gegenübersitzend, sie war schon in ihrer vollen Rive-Gauche-Caviar-Vollendung, deren Erlangung keine Minute und kein Jahr weniger erfordert als die byzantinische Pracht der Römerin. Die Nägel hell und schimmernd wie die Innenseiten der Austernschalen, die sich auf den kleinen Tellerchen zu stapeln begannen. Zähne wie die darin schlummernde Perle, die der Kellner beim Öffnen weggesteckt hat. Ein Anflug von Rot auf den Lippen, deutlich blasser als jenes, das mir ihr Anblick und der Weißwein auf die Wangen zaubern. Kein Ring an den schlanken kräftigen Fingern (auch kein Ehering, *tiens!*), kein Kettengerassel am knabenhaft knochigen Handgelenk, immer noch die Plastikuhr, weil sie die Cartier von Papa vor Jahren irgendwo daheim verschlampt hat. Lulu eben. Der schmale Fußrücken, nur leicht gebräunt, Deauville. Und dann ihr Haar, das ihr etwas ins Gesicht weht und das sie nicht wegstreicht, immer noch dieses Graublond, schwer zu sagen, ob immer noch das Grau mehr Arbeit macht oder schon das Blond. Der spöttische Blick, bleigrausilbrig wie die Dächer unter dem Himmel von Paris, mein ungeschicktes Hantieren mit den Austern musternd.

*Wie lange bleibst du?*, fragte sie, den Rauch ihrer Zigarette knapp über meinen Scheitel hinwegblasend. *Nur zwei Tage*, stotterte ich. *Ah bon*, sagte sie und lächelte trocken, *et après tu rentres, chez elle?* Ich nickte, aber ohne große Überzeugung. So sehr ich auch nach innen starrte, ich sah es nicht, das Antlitz meiner Roma, oder nur ganz verwaschen fern, wie ohne Brille. Dann sah ich auf zu ihr, Lutetia, so kühl und schön und scharf geschnitten wie am ersten Tag.

Sie hatte sich mit einem kleinen Ruck der Schultern aufgerichtet, lächelte, wie Romy Schneider lächelt, wenn es nichts zu lachen gibt, fischte einen fast farblosen Lippenstift aus der Handtasche, die ich bislang noch gar nicht bemerkt hatte, zog etwas nach, schraubte ein, klackte den Deckel zu und erhob sich. *Je n'ai pas changé mon numéro de téléphone*. Ein Küsschen in die Luft in meine Richtung, und weg war sie.

Ich saß da, allein mit der Rechnung und den Gedanken. Paris? Paris! Dann die Uhr, meine Uhr, auch aus Plastik: Mon dieu, der Termin! Es war höchste Zeit. Ich zahlte und stürmte los, nicht rechts noch links blickend, den Boulevard hinunter, den

Trolley hinter mir her. Ein spöttischer Blick in meinem Nacken. An der Ampel drehte ich mich um. Nichts.

Die nächsten zwei Tage gab ich acht, keine Sekunde allein zu sein. Essen mit Kollegen, jeder Gang mit ihnen, bis abends zum Hotel. Nur IHR nicht noch einmal begegnen. Irgendwie habe ich es dann zum Flughafen geschafft. Ich stieg in die Maschine, die Triebwerke heulten, wir hoben ab.

Nach einer Dreiviertelstunde öffnete ich die Augen. Unter mir rechts die Apuanischen Alpen mit ihren Marmorklippen, aus denen der David Michelangelos gemacht ist und manches Badezimmer, dahinter der strahlende Saum des Meeres und leuchtende Erinnerungen. La Spezia, Porto Venere, Lerici, erste Reise mit achtzehn. Dann die spitzen Hügel von Tolfa, wo ich einst, von Rom kommend, fast vom Blitz erschlagen wurde auf dem Fahrrad. Monte Argentario. Santa Severa. Ostia. Torre Astura und Monte Circeo. Gregorovius und Odysseus. Da! Die Cancelli, man konnte die Sonnenschirme unterscheiden. Dann die weite Schleife aufs blaue Meer hinaus, auf dem die Wellen sich nun sichtbar kräuselten, Südostwind heute, Anflug. Die dunklen Augen der runden Seen links in den grüngelben Hügeln. Landung.

Sofort die eingeschalteten Handys überall um mich. *Pronto!* Bei mir kein Netz, natürlich nicht. Alle stehen schon, zerren die Koffer aus den Laden und quatschen, während der Flieger noch rollt. Dann dauert es, bis die Treppe kommt, sie stehen und stehen, niemand beschwert sich. Und dann draußen, auf der Gangway, der hohe Ton der sausenden Turbinen, Geruch von Kerosin, die warme Luft schlägt mir entgegen, das blendende Licht, hell, schrill, Süden. Rom! Ich bin wieder da. *Je ne regrette rien.*

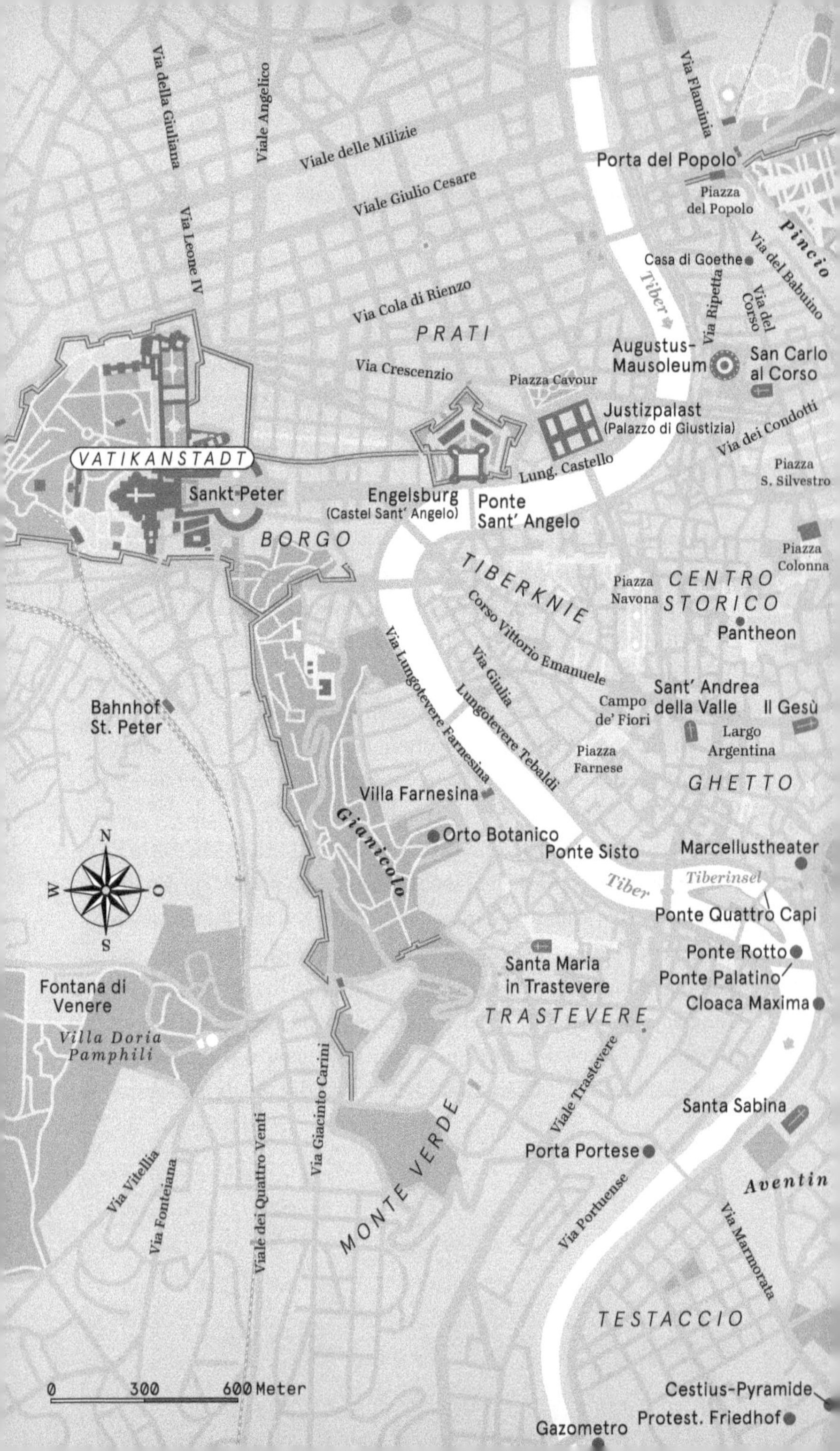

Via della Giuliana
Viale Angelico
Viale delle Milizie
Viale Giulio Cesare
Via Leone IV
Via Flaminia
Porta del Popolo
Piazza del Popolo
Pincio
Casa di Goethe
Via del Babuino
Tiber
Via Ripetta
Via del Corso
Via Cola di Rienzo
PRATI
Augustus-Mausoleum
San Carlo al Corso
Via Crescenzio
Piazza Cavour
Justizpalast
(Palazzo di Giustizia)
Via dei Condotti
VATIKANSTADT
Lung. Castello
Piazza S. Silvestro
Sankt Peter
Engelsburg
(Castel Sant' Angelo)
Ponte Sant' Angelo
BORGO
Piazza Colonna
TIBERKNIE
Piazza Navona
CENTRO STORICO
Corso Vittorio Emanuele
Pantheon
Via Lungotevere Farnesina
Via Giulia
Lungotevere Tebaldi
Campo de' Fiori
Sant' Andrea della Valle
Il Gesù
Bahnhof St. Peter
Largo Argentina
Piazza Farnese
Villa Farnesina
GHETTO
Gianicolo
Orto Botanico
Ponte Sisto
Marcellustheater
Tiber
Tiberinsel
N
W
O
S
Ponte Quattro Capi
Santa Maria in Trastevere
Ponte Rotto
Ponte Palatino
Fontana di Venere
Cloaca Maxima
TRASTEVERE
Villa Doria Pamphili
Viale Trastevere
Via Giacinto Carini
Santa Sabina
MONTE VERDE
Viale dei Quattro Venti
Porta Portese
Via Vitellia
Via Fonteiana
Aventin
Via Portuense
Via Marmorata
TESTACCIO
0
300
600 Meter
Cestius-Pyramide
Protest. Friedhof
Gazometro